생명과학기술과 정치

생명과학기술과 정치

초판 1쇄 발행 2022년 2월 28일

지은이 고우정, 권혜연, 김동현, 김영근, 박지영, 박진곤, 연상모, 정진화, 한의석
펴낸이 김선기
펴낸곳 (주)푸른길
출판등록 1996년 4월 12일 제16-1292호
주소 (08377) 서울시 구로구 디지털로 33길 48 대륭포스트타워 7차 1008호
전화 02-523-2907, 6942-9570-2
팩스 02-523-2951
이메일 purungilbook@naver.com
홈페이지 www.purungil.co.kr

ISBN 978-89-6291-953-0 93190

이 책은 2021년도 성신여자대학교 부설연구소 지원 과제에 의하여 연구되었음.

생명과학기술과 정치

푸른길

머리말

코로나19 바이러스로 인한 팬데믹 상황은 전염병에 대한 생물학적, 의학적 차원의 대응을 넘어 다양한 정치적 갈등으로 이어졌다. 방역 과정에서 전문가의 지식과 의견이 우선되어야 한다는 주장이 많았지만, 단순히 질병으로서가 아니라 사회적·경제적 맥락에서 대응해야 할 사안이므로 다양한 이해 관계자들의 견해가 고려되어야 한다는 주장도 설득력 있게 들렸다. 그러한 관점의 차이는 결국 과학기술과 정치의 관계를 어떻게 설정해야 하는가에 관한 질문으로 이어지게 된다.

과학기술이 급격한 속도로 발전하며 개인과 공동체의 삶에 엄청난 영향을 미치는 현재에 있어서, 과학기술로 인한 경제적·사회적·정치적 변화와 이러한 변화에 대한 대응 방식은 깊이 논의되고 분석되어야 할 대상임에 분명하다. 특히 제4차 산업혁명으로 불리는 인공지능(AI), 나노기술, 생명공학, 디지털기술 등 최신 과학기술의 발전은 인간의 삶을 유래 없는 새로운 환경으로 이끌고 있으며, 다양한 윤리적·철학적 쟁점들에 직면하게 했다. 하지만 과학기술이 갖는 정치적 중요성에도 과학기술과 정치의 상호작용에 대한 논의는 잘 이루어지지 않고 있다.

이 책은 정치적 중요성이 커지고 있는 다양한 과학기술 분야 중, 생명과학기술과 정치의 관계에 주목하여 기술발전이 야기할 수 있는 정치적 쟁점들을 소개하고, 이를 통해 생명과학기술에 대한 정지적 관심을 세고하려는 의도로 기획되었다. 저자로는 성신여자대학교 동아시아연구소의 학술연구

활동에 참여하고 있는 8명의 연구자들이 함께했다. 본인들의 세부 전공과 달라서 글쓰기의 어려움이 배가 될 수 있음에도 새로운 분야에 대한 지적 호기심과 일종의 의무감으로 참여해 주신 선생님들께 감사의 마음을 전하며, 이 책을 통해 독자들이 생명과학기술의 발전이 우리 사회와 개인의 정치적 삶에 미치는 영향에 대해 생각해 보는 계기가 될 수 있기를 바란다.

　성신여자대학교 동아시아연구소는 축적된 지역연구 역량에 더하여 동아시아 국가들을 중심으로 과학기술의 발전이 각국에 미치는 사회경제적·정치적 영향력, 그리고 과학기술에 대한 사회적 수용성과 다양한 정치적 쟁점들을 중심으로 연구를 계속해 나가고자 한다. 이 책은 그 출발을 알리는 것이다. 정치학적 연구 주제가 우리의 삶에 대한 관심과 연결되어야 한다는 당연한 생각을 되새기면서, 작은 성과가 정치학 연구의 지평을 조금은 더 넓히는 데 보람이 되기를 기대해 본다. 이 책을 완성하는 데 도움을 주신 푸른길 박미예 씨와 동아시아연구소의 이현주 연구원께 감사의 말씀을 드린다.

2022년 2월

저자들을 대표하여,

한의석

차례

생명과학기술의 발전과 정치적 쟁점

한의석(성신여대)

과학과 정치, 과학기술과 민주주의의 관계에 대한 관심이 점차 높아지고 있다. 특히 코로나19와 같이 불확실성이 가득한 팬데믹 상황은 과학과 정치 중 무엇이 우선되어야 하는지에 대한 논쟁으로 이어지기도 한다. 과학의 객관성을 들어 양자가 구분되어야 함은 물론 과학이 우선되어야 함을 주장하는 사람들이 있는 반면, 민주적 원칙과 책임성, 사회적 합의를 강조하며 정치의 역할을 중시하는 사람들이 있다. 한편 양자가 대립적이라기보다는 상호 보완적이며 과학기술 전문가가 민주주의를 강화할 수도 있다는 주장도 있지만,[1] 과학기술발전으로 생겨난 새로운 쟁점들에 대한 판단의 기준을 과학과 정치 중 무엇에 두어야 하는지에 대한 논쟁이 지속되고 있으며 과학기술의 영향력에 대한 낙관론과 비관론이 대립하고 있다.

---

[1] 해리 콜린스(Harry Collins)와 로버트 에번스(Robert Evans)의 *Why Democracies Need Science*(2017)가 대표적이다

1. 우생학과 정치

4차 산업혁명으로 지칭되는 과학기술의 급속한 발전, 특히 생명과학기술은 인간의 삶에 직접적인 영향을 미치는 가장 중요한 분야이다. 생물학이나 의학, 유전학 등 생명에 관한 연구를 의미하는 생명과학의 발전은 신과 자연, 인간에 대해 새로운 관점을 제시하는 한편 인간의 존재 이유와 방식에 대해 근본적인 질문들을 제기하고 있다. 또한 생명과학기술은 윤리성에 대한 논의, 권력으로서의 생명과학기술의 활용, 생명과학기술의 적용에 따른 사회경제적 불평등과 같이 과학기술 그 자체로서만 존재하는 것이 아니라 다양한 윤리적, 경제적, 정치적 쟁점들과 연결되어 있음을 알 수 있다.

생명과학기술의 정치적, 정책적 파급 효과에 대한 대표적인 사례로 우생학(Eugenics)을 들 수 있다. 19세기 말 골턴(Francis Galton)이 제창한 우생학은 인간의 유전적 요소를 개량하는 것을 주된 목적으로, 악성유전성 질환을 예방하고 우수한 유전적 요소를 가진 인구의 수를 증가시키는 데 의의를 두는 과학 분야이다.[2] 골턴은 미래 세대의 육체적, 정신적 자질을 개선하거나(positive eugenics) 악화하지 않도록 하는(negative eugenics) 것이 우생학의 목적이라고 언급했는데, 이러한 관점에서 결혼 및 출산이 주요 관심사가 되었다(Levine and Bashford 2010, 5).

20세기 초반 정치적, 사회적, 문화적 운동으로 확장된 우생학은 공중 보건 및 위생, 인구정책 등에 반영되었으며, 인종주의 및 민족주의와 결합되면서 비윤리적이고 반인권적인 정책으로 변질되기도 했다. 예를 들어, 미국의 경우 1907년 인디애나주에서 정신질환자 등을 대상으로 하는 불임

---

2 https://www.scienceall.com/%ec%9a%b0%ec%83%9d%ed%95%99eugenics-2/?term_
   slug=

수술(sterilization)법이 채택되었고, 이후 각 주에서 이를 허용하기 시작했다. 강제적 불임수술에 대한 위헌 논란이 제기되기도 했지만 1927년에 연방대법원은 불임수술법이 합헌이라고 판결했다. 당시 다수 의견은 "열등한 (degenerate) 후손들이 범죄로 인해 사형당하거나 저능하여 굶어 죽게 되는 것을 기다리는 대신에, 명백히 부적격인(unfit) 자들이 재생산되는 것을 사회가 중단시킬 수 있다면 온 세상을 위해 그것이 더 바람직하다"는 논리를 제시했다.[3] 불임시술의 법적 정당성을 확인한 이후 미국에서는 1970년대까지 6만 명 이상이 강제적 불임수술의 대상이 되었다.[4] 이처럼 현재의 기준으로 비윤리적, 반인권적 정책이 당시에는 '과학'에 대한 믿음을 바탕으로 정당화되었다. 특히 신체적, 정신적 약자 및 유대인에 대한 독일 나치정권의 박해와 인종청소는 극단적인 우생학의 폐해를 보여 준 대표적 사례였다. 이러한 부정적 사례 및 인식과 별개로 우생학은 '혁신적(progressive)' 정치 어젠다로 인식되면서 서구 국가들만이 아니라 멕시코, 이란, 중국, 일본 등 다수의 비서구 국가들에서도 적극적으로 수용되었고, 스웨덴이나 노르웨이, 덴마크 등 북유럽 국가의 자유주의자, 사회민주주의자 및 페미니스트들 또한 우생학을 사회 변화와 개혁을 향한 경로로 인식했다(Tydén 2010, 366). 다만 각국의 우생학적 정책들을 비교해 보면 국가적 차원에서 각각의 필요나 인식, 사회문화적 맥락에 따라 다양한 방식으로 적용되었음을 알 수 있다.

　제2차 세계대전 이후 우생학에 대한 부정적 인식이 확산되면서 각국에서 불임수술 등 대표적인 우생학적 정책들이 폐지되었고 우생학이라는 용어 자체도 폐기되기 시작했다. 하지만 유전학(genetics)의 발전으로 유전자 치

3　벅 대 벨 사건(Buck v. Bell; https://www.law.cornell.edu/supremecourt/text/274/200)
4　https://embryo.asu.edu/pages/buck-v-bell-1927

료(gene therapy) 등이 확산되면서 새로운 우생학(New Eugenics)이라는 용어가 사용되기 시작했는데, 이는 유전공학을 우생학의 연속으로 바라보는 시각과 리프로제네틱스(reprogenetics)를[5] 비판적으로 바라보는 관점을 모두 담고 있다(Bashford 2010, 539-541). 다만 새로운 우생학 또는 유전학은 과거 국가와 사회에 의해 강제되었던 우생학적 정책들과 구분되어야 한다는 주장들이 있다. 이른바 자유주의 우생학(liberal eugenics)을 지지하는 자들은 유전적 강화(genetic enhancement)가 더 나은 미래를 제공할 수 있다는 점과 자유로운 선택이라는 자율성을 기초로 이를 옹호하고 있다(마이클 샌델 2016, 99-101).

어두운 역사에도 불구하고 우생학적 사고는 여전히 특정한 사회정책이나 제도를 통해 지속되고 있다. 1980년대에 싱가포르에서는 고학력 대졸 여성들의 결혼과 출산을 장려하기 위해 이들을 대상으로 수혜를 제공하는 한편, 고등학교를 졸업하지 못한 저소득층 여성을 대상으로 불임수술을 전제로 아파트 계약금 일부를 지원하기도 했다(마이클 샌델 2016, 93; 김호연 2012, 211). 한편 1986년부터 혼인증 발급을 위해 혼전 검사(결혼 전 건강검진)를 의무화했던 중국은 2003년에 이를 폐지했다. 하지만 신체적 결함이 있는 신생아들의 수가 늘어나자 일부 지방정부에서 이를 부활시키기도 했으며, 혼전 검사를 다시 의무화해야 한다는 주장이 2019년에 이어 2021년의 전국인민대표대회에서 제기되었다.[6] 이처럼 우생학의 사례는 생명과학기술이 단지 과학기술에 그치는 것이 아니라 지속적으로 대면해야 할 정치적 문제임을 보여 주고 있다.

---

5 생식(reproduction)과 유전학(genetics)의 합성어로 생식기술과 유전학적 방법의 결합을 의미한다(https://www.ncbi.nlm.nih.gov/pmc/articles/PMC3983589).

6 한국일보 2021년 5월 23일. https://www.hankookilbo.com/News/Read/A2021051017320005392

2. 책의 구성

제1장은 생명과학과 정치의 관계에 있어서 정치학적 사고의 출발점이 될 수 있는 미셸 푸코, 위르겐 하버마스, 마이클 샌델 등 생명과학기술과 정치적 쟁점들에 대해 논의한 정치철학자들을 중심으로 생명과학의 발전에 대한 비관론과 낙관론을 소개한다. 저자는 정치가 아직은 과학의 발전 과정에 중요한 역할을 할 수 있다고 주장하면서 생명과학의 시대에 있어서 인간의 본질, 정치의 본질은 무엇인지 질문을 던지고 있다.

제2장은 생명권력(bio-power), 통치성(governmentality), 거버넌스 등 푸코의 생명정치를 이해하는 데 중요한 개념들을 소개하고 있으며, 이를 통해 푸코가 제시한 생명과 정치의 연계성 및 생명정치의 작동 메커니즘을 설명하고 있다. 또한 푸코의 생명정치 관점에서 생명과학기술의 발전으로 인해 당면하게 될 정치적 문제점들을 제시하고, 이를 해결하기 위한 생명정책 거버넌스의 필요성과 방향성을 제안한다.

제3장은 생명정치에서 주목하는 '생명'을 인간안보(human security)의 관점에서 접근하고 있으며, 경제, 문화, 환경, 의료 등 다양한 학문들과 연계된 융복합적인 학문으로서의 생명정치학(바이오정치학)의 가능성과 방향성을 제시하고 있다. 특히 인간의 미래에 있어서 생명정치와 생명경제의 중요성을 강조하고 있으며, 그 과제로 '안전국가(safety state)'론이나 '21세기 마셜플랜(재난기본소득)' 등을 제안하고 있다.

제4장은 정치참여에 있어서 유전자가 미치는 영향에 대한 연구 결과들을 소개하고 있다. 정치참여와 정치성향은 정치행태 연구의 주된 관심사였다. 개인 수준에서의 정치참여에 대한 기존 연구들은 주로 환경적 요인에 중점을 두고 있었지만, 유전학이 활용되기 시작하면서 개인의 유전적 특질이

중요한 결정 요인이 될 수 있다는 주장들이 주목받기 시작했다. 저자는 유전학의 도입과 활용으로 정치행태 연구가 새로운 국면을 맞이할 것이라고 예상한다.

제5장은 바이오 빅데이터와 AI 기반의 바이오경제 시대의 도래에 주목하고 있으며, 바이오 빅데이터를 통해 실현될 수 있는 사회적·경제적 가치와 함께 이로 인해 발생할 수 있는 사회적 문제점들에 대해 논의하고 있다. 저자는 바이오 빅데이터를 활용하는 방식에 있어서 국가별 차이를 비교하는 한편, 바이오 데이터의 저장과 활용, 개인정보 보호 등 다양한 문제점들을 극복하기 위한 바이오 정보 거버넌스의 필요성을 강조하고 있다.

제6장은 인공생식기술과 관련된 종교계의 정치참여에 대해 미국과 한국의 기독교를 중심으로 비교하고 있다. 사람을 대상으로 하는 인공생식기술은 1970년대 후반부터 활용되기 시작했는데, 천주교와 개신교는 인간 인공생식기술에 대해 비판적 견해와 우려를 표명하고 있다. 저자는 다양한 종교들이 생명과학기술의 변화를 어떻게 받아들이고 있는지에 관심을 표명하며 생명과학기술의 적용과 종교적 정치참여의 관계에 대한 연구의 필요성을 언급하고 있다.

제7장은 중국의 생명과학기술 발전 현황에 주목하면서 권위주의적이고, 국가주의적인 체제에서 발생하고 있는 윤리성의 결여와 불법적 행위들에 대해 지적하고 있다. 또한 생명과학기술이 인공지능 분야와 함께 미중 기술경쟁, 패권경쟁의 핵심 분야임을 강조하면서 이러한 경쟁이 윤리적 문제와 불법적 행위로 이어질 것이라고 주장한다. 저자는 최근의 미중 반도체 경쟁에 이어 생명과학기술 분야에서 양국 갈등이 심화될 것임을 예고하고 있다.

제8장은 싱가포르와 한국의 바이오산업 정책을 각각 권위주의 체제하의

발전국가와 민주주의 체제하의 포스트 발전국가 관점에서 분석하고 있다. 싱가포르의 바이오산업이 정부 주도, 외국계 다국적 기업 유치를 통한 성장이라는 특징을 지닌다면 한국의 바이오산업은 정부의 지원 속에 국내 민간 기업이 주축이 되고 있다. 저자는 대외 의존적인 싱가포르보다는 자립적인 발전을 추구하고 있는 한국의 바이오산업을 높이 평가하며 적극적인 지원을 제안한다.

참고문헌

김호연. 2012. "새로운 유전학, 과거 우생학의 재현인가?" 인문과학연구. 32호. pp.193-218.

마이클 샌델. 이수경 옮김. 2016. 『완벽에 대한 반론』. 서울: 와이즈베리.

해리 콜린스·로버트 에번스. 고현석 옮김. 2018. 『과학이 만드는 민주주의: 선택적 모더니즘과 메타과학』. 서울: 이음.

Bashford, Alison. 2010. "Epilogue: Where did Eugenics Go?" in *The Oxford Handbook of The History of Eugenics*. (ed.) by Alison Bashford and Philippa Levine. New York: Oxford University Press.

Levine, Philippa and Alison Bashford. 2010. "Introduction: Eugenics and the Modern World." in *The Oxford Handbook of The History of Eugenics*. (ed.) by Alison Bashford and Philippa Levine. New York: Oxford University Press.

Tydén, Mattias. 2010. "The Scandinavian States: Reformed Eugenics Applied." in *The Oxford Handbook of The History of Eugenics*. (ed.) by Alison Bashford and Philippa Levine. New York: Oxford University Press.

제1부

생명과학기술과 정치:
이론

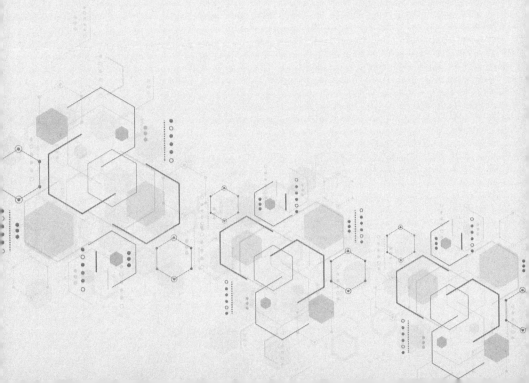

제1장

생명과학과 정치의 인식론적 논의

김동현(서강대)

1. 서론

모든 지배 담론은 자연의 질서가 자신과 같은 편에 있다고 주장하고 자신의 행위를 정당화하기 위해 자연이라는 기준점을 제시한다. 한 사회의 가치체계는 그 시대를 사는 사람들의 세계관 또는 신념체계를 만들고 그 사회에서 용인하는 세계와 매우 유사한 자연에 절대적인 의미를 부여한다. 인간은 이렇게 받아들인 가치체계에 따라 생각하고 행동하는 자신들이 현행 사회의 질서에 잘 부합하는 삶을 살고 있다고 믿는다. 인간의 사회적 행위가 자연 질서를 알맞게 반영한 것이라고 확신하는 동안 그 지배 담론은 유지된다. 지배 담론은 자연에 권위를 부여하고, 인간을 '복종과 체념'으로 이끌어 내기 위해 정치적 수단을 활용하며, 현행 사회의 질서를 합리화하기 위한 보호막을 만든다. 그리고 자연의 질서에 도전하는 것은 무모할 뿐더러 결국 자멸을 초래할 것이라고 경고한다(리프킨 1999, 357-358).

정치가 과학보다 더 빠르게 움직인 시대에는 과학을 통제할 수 있었지만, 과학 기술이 정치보다 더 빠르게 발전하는 시대에 정치는 과연 인간의 수중에서 작동할 수 있을까? 생명과학의 눈부신 발전은 지금까지 생명의 본질과 인간 존재의 의미를 규정해 온 가치체계의 혼란을 초래하고 '자연적인 것'의 개념 변경을 기획하며 새로운 사고의 전환을 요구하고 있다. 이 장에서는 자연 선택에서 인위 선택으로 전환하고 있는 지금 생명과학이 야기하는 이론적 논쟁을 검토하고 과학 기술의 시대에 직면한 정치의 위상을 점검하며 생명과학과 정치의 관계를 고찰한다.

2. 감성, 이성, 문화의 긴장과 지배 담론의 전개

1) 감성, 이성과 지배 담론의 전개

인간의 본성을 지배하는 두 요소인 감성과 이성은 인간의 가치판단과 행위에 지대한 영향을 미친다. 인간이 경험한 지배 담론의 교체는 감각적 인식능력인 감성과 개념적 인식능력인 이성이 서로 교차 반복하는 모습을 띤다. 인간 사유의 토대와 행위의 동기를 지배하는 두 요소인 감성과 이성은 시간의 경과에 따라 지배 담론의 경향이 어떻게 변해 왔는지 알려 준다. 감성과 이성이 추동한 지배 담론의 변화 과정을 계보학적으로 펼쳐보면 신화(감성)→철학(이성)→종교(감성)→과학(이성)이라는 진행 방향을 보인다. 감성과 이성 중 하나가 시대정신과 만나 영향력을 획득하면 가치체계의 틀을 규정하는 지배 담론이 된다. 이렇게 확보된 지배 남론의 영향력은 정당한 권위를 가진 권위체를 만들고 권력의 형태를 취하며 인간의 사고체계를 지배한다. 감성과 이성은 권력을 가진 주체가 누가 되느냐에 따라 권력과 밀접한 관계를 맺고 지배 담론의 질서를 규정한다. 이렇게 인간은 감성과 이성이 강조되는 시대를 서로 교차 반복하고 각각 자신들의 가치체계와 신념에 따라 지배력을 행사하며 인간의 본성을 실현한다.

신화의 시대에 인간이 가장 두려워한 것은 자연이었다. 이 시대에 인간은 권력자의 의도에 따라 자연의 두려움에서 벗어나기 위해 원시적 종교를 관장했던 제사장과 원시적 종교의 한 형태인 샤머니즘으로 자연의 공포를 극복했다. 감성이 주도한 신화의 시대에는 권력자에게 지배의 정통성을 부여하고 신화에 권위를 부여하며 감성적 표상을 통해 지배 담론을 유지했다. 감성이 이성보다 우위에 있던 신화의 시대의 권력자들은 사람들이 이성적으로 사고하는 것을 경계했다.

감성적 지배 담론에 따라 가상으로 구축된 신화에 대해 문제를 제기하고 등장한 철학은 인간의 이성적 사유 능력을 내세우며 철학의 시대를 열었다. 철학의 시대에는 자연적으로 나타난 현상만을 이해하는 것에 몰두했던 신화의 시대와 달리 인간의 사고체계를 지탱하는 중요한 토대가 현상이 아니라 본질의 자각에 있다고 역설했다. 철학의 시대는 현상과 본질이라는 이분법적인 사고체계를 세우고 직접적인 감각을 통해 진리를 포착하는 현상의 강조보다 비록 감각으로 지각되지 않지만, 개념적 사유를 통해 본질을 인식하는 이성적 사고의 탐구를 강조했다. 철학의 시대는 이성적 사유를 통한 본질 탐구에 가치를 부여하고 지배 담론의 토대를 구축했다.

종교의 시대는 철학의 시대에 가치체계의 기틀을 제공했던 현상과 본질이라는 이분법적 사유체계를 그대로 계승했지만, 가치판단의 토대를 이승과 저승으로 대체했다. 종교의 시대에는 이성적 판단으로는 결코 이해하기 어려운 의인화된 권위체인 신이라는 가치체계로 권력의 정통성을 정당화했다. 종교의 시대는 신화의 감성적 표상과 철학적 본질 대신 종교적 신에 절대적 정통성을 부여하고 인간의 구원을 핵심이라고 강조했다. 철학의 시대에 강조했던 본질의 탐구는 종교의 시대에 구원의 갈망으로 대체되었다.

과학의 시대는 지배 담론을 주도했던 신화의 시대, 철학의 시대, 종교의 시대를 탈피한 이성에 기초한 합리적 사유의 시대를 의미한다. 과학은 과학의 시대 이전 세 가지 지배 담론이 경합하는 질서 속에서 단지 부수적인 역할을 담당했지만, 17세기 이후 종교의 시대에 대한 반동적인 형태로 등장했다. 과학은 기본적으로 인간의 감성에는 관심을 두지 않는다. 과학은 인간적인 의미와 맥락을 배격하고 오로지 이성적 사유만으로 자연의 현상을 관찰하고 설명하며 사실에 토대를 두고 과학적 진리를 밝히는 데 몰두한다.

2) 문화적 가치영역의 분화

근대 이전의 시대, 즉 신화, 철학, 종교의 시대에는 문화가 웅대한 우주의 질서 속에 놓여 있다고 믿었고 인간의 삶은 그 질서 안에서 의미를 갖는다고 생각했다. 근대 이전에 인간은 웅장한 우주의 기획에 따라 주어진 목적을 완수하기 위해 단지 역할을 담당하는 이미 결정된 존재였기 때문에 자신을 주체적 자아로 인식하지 못했다. 감성과 이성이 지배 담론의 주도권을 교차 반복하면서 신화, 철학, 종교는 서로 뒤엉킨 채 근대로 접어들었다. 근대 이후 문화의 분화는 인간에게 이러한 웅대한 우주의 계획이나 결정론적 시각에 문제가 있다는 사실을 자각하게 해 주었다. 또한 하나의 지배 담론만으로 인간의 삶의 방식인 문화와 인간의 가치체계를 규정하는 것은 옳지 않다는 사실을 알려 주었다. 그럼으로써 인간이 단일한 사고의 인식론과 결정론적 사고에서 벗어날 수 있도록 도움을 주었고 인간의 문화 속에는 다양한 사유체계가 존재한다는 사실을 깨우쳐 준 계기가 되었다. 이러한 사유체계의 변화는 문화의 영역에서 다양한 가치체계의 분화를 일구어 내며 인간의 삶을 다양성의 측면에서 생각하게 만드는 기회를 제공했다.

근대적 사고는 문화의 가치체계를 세 가지 영역으로 분화시켰고 각 영역마다 성당성을 부여했다. 문화의 세 영역 중 객관적 영역은 철저한 사실 판단에 기초한 수학적 탐구 또는 논리적 논증처럼 빈틈없이 완벽한 과학적 진리를 추구한다. 객관적 영역에서는 인간적인 사유나 특성을 다루지 않는다. 객관적 영역은 의미와 가치 또는 도덕을 염두에 두지 않고 오로지 사실의 발견과 설명에만 관심을 가진다. 객관적 영역은 '참'과 '거짓'으로 확연하게 객관적 진리를 구분하는 과학이 이 영역을 담당한다. 주관적 영역은 미학처럼 아름다움을 탐구한다. 이 영역은 '참'과 '거짓'으로 판명할 수 있는 객관적으로 완벽한 진리를 추구하는 것이 아니라, '좋음'과 '싫음'이라는 개인의 주관적 가치판단 또는 개인의 주관적 선호를 중요하게 생각한다. 주관적 영역은 참과 거짓 또는 옳고 그름을 탐구하는 것이 아니라 주관적인 아름다움을 추구하고 대표적으로 예술과 문예 분야가 이 영역을 담당한다. 규범석 영역은 '옳음'과 '그름'이라는 판단 근거에 따라 정의로움의 가치를 찾는다. 규범적 영역은 본질적으로 정의가 무엇인가를 탐구하고 인간으로서 당연히 해야 할 당위적 규범의 근거가 되는 기준 또는 원칙을 제시한다. 규범적 영역은 옳음과 그름이라는 도덕적 가치판단의 당위적 근거를 제시하고 정치, 종교, 법 등이 이 역할을 담당한다.

문화의 가치체계가 세 영역으로 분화되었다는 것은 지배 담론의 가치체계를 단일하게 규정했던 시대가 끝났다는 것을 뜻한다. 이는 문화의 세 가지 분화된 체계에 따라 인간의 다양한 사고체계가 서로 조율하는 시대로 진입했다는 것을 말한다. 문화의 세 영역이 인간의 가치체계의 분화를 촉진했지만 그렇다고 해서 감성과 이성이 지배 담론을 주도하는 가치체계의 틀에서 완전히 사라진 것은 아니다. 인간의 본성을 지배하는 감성과 이성이라는 가치체계의 틀은 문화의 구조 속에서 좀 더 선명하게 세 가지 영역으로 세분화했다는 것을 의미한다.

문화의 가치영역 중 주관적 영역을 대표하는 예술과 미학은 감성이 지배했던 신화와 종교의 시대에 당시의 지배 담론을 강화하기 위한 부수적인 역할만을 담당했을 뿐 그 어느 시대에도 주도적인 위치를 차지하지 못했다. 철학은 감성의 권력에 호소했던 신화의 시대를 개념적 사유 능력인 이성의 힘으로 제압했다. 그러나 철학은 또다시 인간의 감성에 호소한 종교의 영향으로 쇠퇴했다. 그리고 이제 철저하게 이성으로 무장한 과학은 이성이 주도했던 철학의 자리와 감성이 주도했던 신화와 종교를 대체하고 인간의 사고체계를 주도하는 영역으로 자리매김하고 있다. 궁극적으로 신화, 철학, 종교는 이제 과학이라는 권위에 인간의 미래를 내맡겨야 하는 상황에 놓여 있다.

다원주의적 민주주의의 발전과 함께 문화의 가치 영역은 좀 더 선명하게 분화했고 이후 각 영역은 우월한 영향력을 확보하기 위해 문화 영역 간에 팽팽한 긴장 관계를 유지하고 있다. 이는 문화 영역 간의 힘겨루기가 제어 없는 과학이 주도하는 객관적 영역과 이를 견제하고자 하는 규범적 영역이 서로 세력을 다투는 시대로 접어든 것이라고 할 수 있다. 이 두 영역 간 논쟁의 핵심에는 과연 자연이라는 토대가 왜 인간의 판단 기준의 근거가 되어야 하는가? 자연이 모든 것의 토대가 되어야 한다는 것은 자연에 일종의 초월적 지위를 부여하는 것은 아닌가?라는 질문이 숨어 있다. 이렇게 객관적 영역을 대표하는 과학은 자연이라는 개념에 관해 근본적인 질문을 제기하고 새로운 인식의 전환을 요구하고 있다. 이에 대해 규범적 영역을 대표하는 세분화한 가치체계는 종교의 윤리, 법의 규제, 정치의 결정을 정당성의 근거로 내세우며 객관적 영역의 도전에 힘겹게 맞서고 있다. 다시 말해 제어 없는 과학의 돌진에 대항하기 위해 규범적 영역 내에서 서로 견제했던 세분화 된 가치체계인 종교, 법, 정치는 지금 서로 힘을 합쳐 객관적 영역과 대치하고 있다.

3. 생명과학에 대한 부정적 견해

1) 푸코의 생명정치

푸코(Foucault)는 근대 이후 생명이 의학에 의해 지배되고 생명의 문제가 더 이상 종교나 윤리의 문제가 아닌 권력의 문제, 즉 정치로 인식했다(푸코 1990). 푸코에게 생명정치는 생물학적 결정 요인에 따라 정치의 과정과 구조를 분석하는 것이 아니라, 역사적 과정에서 생명을 하나의 정치적 전략으로 부각시켜 고유한 권력 행사 방식처럼 사용하는 것을 의미한다(렘케 2015, 63). 17세기 이래 생명 권력은 전통적으로 간주했던 인간을 죽일 권리인 주권 권력에서 벗어나 생명을 관리하고 보호하고 계발하고 육성하는 새로운 권력으로 탈바꿈했다. 따라서 생명권력은 훈육이라는 방법을 통해 "개인의 신체를 감독하고 통제하는 것으로 신체의 경제적 생산성을 증대시키는 동시에 정치적 예속을 보장하는 자신의 강제력[을] 약화"시킨다(렘케 2015, 68). 푸코는 주권권력의 격하와 생명권력의 부각이 조절과 통제라는 방법으로 실행된다고 주장한다. 생명정치의 조절과 통제는 개인의 신체가 아니라 인구라는 집합적 신체를 겨냥하고 생물학적 실체로서 인구가 유발하는 위험을 예방하고 상쇄하는 것에 목적이 있다.

생명정치의 역설은 생명의 안전과 개선이 정치권력의 문제가 될수록 기술적·정치적 파괴 수단이 점점 더 생명을 위협하게 된다는 것이다. 푸코는 그 근거를 근대 인종주의에서 찾는다(Foucault 2003, 249, 258). 푸코는 인종주의가 늦어도 19세기 말 이후 국가 활동의 합리성을 주도했다고 보고, "인종 담론이 갖고 있는 전술적인 다가성과 내적인 변형 능력"에 주목한다(Foucault 1980, 100). 푸코의 주장은 주권권력이 생명권력으로 변형되면서 정치-군사 담론이 인종주의-생물학 담론으로 변했다는 것이다(Foucault 2003, 80). 푸코의 생명정치는 인종을 좋고 나쁜 것, 고귀하고 천박한 것, 진화하고 퇴보한 것으로 구분하고 살아야 할 운명과 죽어야 할 운명의 경계를 확정하는 생명에 대한 권력 행사를 통해 종국적으로 인종주의적 관점을 만들어 낸다고 주장한다(Foucault 2003, 305).

푸코는 자유주의를 인간을 통치하는 특수한 기술로 이해하고, 이러한 통치 기술로 국가를 관리할 뿐만 아니라 더 나아가 개인의 자아까지 통제하는 것으로 파악한다(렘케 2015, 81). 푸코는 자유주의를 생명정치의 일반적인 틀로 간주하고, 생명정치 개념을 자신의 통치분석론으로 재구성한다. 이런 점에서 푸코는 자유주의를 철저한 경제 논리가 뒷받침된 '경제적 통치'로 파악하고 인간 존재의 특성과 인간의 존엄성을 다시 한 번 생각하게 만든다(렘케 2015, 83, 87).

하지만 푸코는 생명을 조절하고 통제하려는 권력 과정인 통치는 동시에 인간으로 하여금 이러한 통치에서 벗어나 자유를 확보하기 위한 저항을 촉발하고 사회적 투쟁의 목표를 제시한다고 말한다(렘케 2015, 89). 푸코가 보기에 생명에 대한 통제는 생명체를 통제하려는 체계에 대항해서 사회적 투쟁이라는 목표를 만들었다. 따라서 신체의 훈육과 인구의 조절이라는 새로운 통치 방법은 "권력이 있는 곳에 저항이 있고, 저항이 있는 곳에 권력이 있다"(Foucault 1890, 144-145)라는 기치 아래 새로운 정치투쟁을 유발했다고 주장한다(렘케 2015, 89). 1960년대 이래 생명정치의 갈등은 생태운동, 평화운동, 성소수자 운동처럼 자신의 주체를 찾기 위한 저항 방식으로 표출되었다(Foucault 2000, 331-332). 푸코는 자유주의 통치에 관심을 갖고 저항과 자유의 실천들을 새롭게 평가하며, 저항과 자유의 실천이 생명정치 전략의 '유기적' 요소라고 간주한다(렘케 2015, 89).

2) 생명정치와 자본주의의 침투

푸코의 생명정치를 계승한 하트(Hardt)와 네그리(Negri)는 생명정치를 경제적 관점에서 접근한다. 이들은 생명정치가 경제와 결합되어 새로운 단계의 자본주의 형태로 진입한 것으로 파악하고 이 단계에서는 정치와 경제, 생산과 재생산의 경계가 소멸되는 특징을 보인다고 주장한다(렘케 2015, 110). 하트와 네그리는 1970년대 이후 산업 자본주의의 패러다임을 탈피한 새로운 주권 형태가 출현했다고 본다. 이는 하나의 네트워크로 연결된 지배체제의 형태를 띠고 생산 과정을 정보화하고 자동화하는 '인지 자본주의'라는 세계화된 제국의 질서를 의미한다(Negri 2008, 64). 하트와 네그리는 생명권력을 "자본에 의한 사회의 실질적 포섭"이라고 묘사한다(Hardt and Negri 2000, 255). 또한 '생명권력'은 권위로서 사회 위에 군림하고, '생명정치적 생산'은 사회에 내재하며 협력적인 노동 방식을 통해 사회적 관계와 형태를 창출한다고 말한다(Hardt and Negri 2004, 94-95). 생명정치적 생산은 자본주의가 사회에 침투하는 현상으로서 정치와 경제의 분할, 자연과 문화의 관계라는 기존의 사고를 재편한다(Hardt and Negri 2000, 41). 이 상황에서 기술은 생명 자체에 개입하고 마침내 자연이 자본에 종속되는 상태에 놓인다(Hardt and Negri 2000, 272). 그 결과 자연은 경제 담론의 일부가 되고 자연의 생물학적·유전학적 다양성을 경제 성장으로 전환시켜 수익성 높은 생명 상품을 개발하게 된다고 말한다(Hardt and Negri 2000, 272).

같은 맥락에서 라잔(Rajan)은 생명이 삶을 재조정함으로서 투자가 가능하고 신용할 만한 미래이자 하나의 사업계획으로 변형된 것으로 파악한다(라잔 2012, 414). 라잔은 생명과학이 자본주의의 새로운 얼굴을 대변하고 그 결과 현대 자본주의와 긴밀히 연관된 사업 형태로 전락했다고 말한다(라잔 2012, 414). 그는 과학적 지식 생산이 자본주의적 가치 생산과 밀접하게 연계되어 있고 새로운 치료법이 개발될 것이라는 환자들의 기대를 통해 미래의 수익을 노리는 투기 자본주의의 형태를 띤다고 주장한다(렘케 2015, 182-183). 라잔은 새롭게 부상하는 생명과학 분야에서 과학적이고 기술적인 발전은 현대 자본주의 체계들과 밀접하게 맞닿아 있다고 비판하고 '생명자본'의 문제점을 제기한다(라잔 2012, 17).

푸코의 생명정치에 대한 염려는 과학 기술의 무한한 발전이 경제적 논리에 의해 신자유주의적 우생학이라는 형태로 부활하는 것을 경계해야 한다는 것이다. 푸코의 생명정치에 관한 '계보학적' 분석은 역사적 사실의 추적을 통해 권력의 주체를 밝혀내고 역사적 분기점을 명확하게 지적한다는 장점을 갖는다. 하지만 니체의 사상을 무정부주의적 관점에서 이해한(Rabinow 1984, 373) 푸코의 역사분석은 생명정치의 문제점을 폭로하는 것에만 몰두한 나머지 생명정치와 생명과학이 안고 있는 문제 해결을 위한 대안을 제시하지 못한다는 한계를 깃고 있다. 생명정치에 관한 푸코의 비판은 지금은 나름대로 의미를 가질 수 있을지 모르지만, 생명과학이 비약적으로 발전한 시대에도 그의 통찰이 타당하다고 할 수 있을지는 미지수이다.

3) 하버마스의 자유주의 우생학 비판

하버마스(Habermas)는 생명과학의 도전을 "범주적으로 새로운 가능성을 규범적으로 규제가 필요한 자유의 증가로서 받아들일 것인가, 아니면 어떤 자기제한도 필요 없는 취향에 따르는 변화를 위한 인간적 힘의 강화로서 받아들일 것인가?"(하버마스 2003, 42)라고 질문하며 생명과학의 문제점을 논의한다. 하버마스는 단호하게 인간을 "조작할 수 없는 유전적 유산에 대한 권리를 지닌 개체적·자율적인 존재"로 규정한다(하버마스 2003, 25). 그는 과학과 기술의 발전에 대한 무한한 신뢰와 로크(Locke) 방식의 자유주의 전통에 기초한(하버마스 2003, 130) 자유주의적 우생학을 반대하고 생명과학의 문제점을 비판한다.

하버마스는 다원화된 세계의 질서에서 보편적으로 구속력 있는 규범적 관점은 엄밀한 의미에서 모든 사람들의 이해관계를 평등하게 존중하고 모든 사람들에 대해 똑같이 좋은 것이 무엇인가에 대한 판단으로만 획득할 수 있는 '도녁석 관점'이라고 본다(하버마스 2003, 17). 다원주의 사회는 민주적인 헌법 국가의 틀 안에서 다양한 가치관과 세계관을 인정하고 존중한다. 다원주의 사회를 지탱하는 힘은 하찮게 보이는 선호나 비도덕적이고 천박한 의견이라도 배제하거나 억압하지 않고 존중하는 것이다. 하지만 하버마스는 그렇다고 해서 이러한 '좋음에 대한 옳음의 우선성'을 주장하는 자유주의적 관점에 따라 무차별적으로 자유주의적 우생학의 실천을 뒷받침해 줄 수 있는 것은 결코 아니라고 말한다(하버마스 2003, 17). 왜냐하면 "소망된 성향을 선택할 때 거기에는 언제나 처음부터 특정한 삶의 기획들에 대한 선입견이 들어 있고", 개선을 위해 우생학을 실행하는 것은 모든 사람들이 자율적 삶을 영위하고 평등한 권리를 보장하는 민주적 헌법을 가진 다원주의 사회에서는 정당한 방식으로 정당화되기 어렵기 때문이다(하버마스 2003, 117).

하버마스는 선택이라는 목적을 달성하기 위해 인간의 생명을 마음대로 해도 좋은가?라는 질문을 던지며 비용과 효용만으로 모든 것을 판단하게 되면 도덕적 감각 일반이 무뎌진다고 강조한다(하버마스 2003, 53). 그는 선택의 자유가 늘어나게 되면 개인적 자율도 촉진되기 때문에 지금까지 과학과 기술이 모든 인간이 자신의 고유한 삶을 꾸려나갈 수 있는 평등한 기회를 누릴 수 있어야 한다는 자유주의적 근본 관념을 용인해 왔다고 본다(하버마스 2003, 59). 따라서 하버마스는 과학적 기술을 이용해서 인간을 마음대로 할 수 있게 되어 버린 지금이라도 도덕적 통제를 통해 바로잡음으로써 '인간이라는 자연의 도덕화'를 회복해야 한다고 주장한다(하버마스 2003, 58). 또한 하버마스는 인간에 대한 기술의 개입으로 인간의 본성을 '도구화'하는 것을 반대하고 '자연적으로 성장해 온 것'과 '인위적으로 만들어진 것'의 구별을 해야 한다고 주장한다. 하버마스는 기술의 발전은 인정하지만, 인간의 자연적 성장과 유전적 강화를 구별하는 기준은 '도덕'이 되어야 한다고 말하며 과학의 잠재적인 위험을 경고한다(이을상 2014, 185). 따라서 하버마스는 인간의 자연적 본성이나 능력을 조작하려는 자유주의적 우생학의 시도 자체가 근본적인 문제를 가지고 있다고 본다. 왜냐하면 유전학적 개입으로 태어난 사람이 사회에서 겪게 되는 차별이 문제가 아니라 자기 정체성의 형성 과정에서 부정적인 영향을 갖게 된다면 자율적이고 평등한 인격체로 성장하기 위한 조건을 위협하기 때문이다(하버마스 2003, 136-137). 이런 경우 유전학적 개입으로 태어날 사람들에 대한 일방적인 지배력을 강화하게 되고 민주주의 사회의 중요한 요소인 구성원들 간의 평등성을 훼손한다는 점에서 문제가 될 수 있다고 말한다(요나스 2005, 163-164). 하버마스는 출생 과정에서 자연적 우연성이라는 조건이 충족되어야만 개인의 자율성이 보장된다고 본다. 그는 인간이 '자신으로 있을 수 있음'이라는 실존적 인간의 자기 이해를 윤리적 전제들과 연관시키며 도덕 공동체에 속한 인간의 존엄성은 도덕적 가치로 지켜야 한다고 역설한다(하버마스 2003, 125-126). 왜냐하면 실존적 인간은 자연의 우연성이 확보될 때 외부자의 간섭이나 통제 없이 스스로 자신을 발견하면서 미지의 삶을 개척하는 자유를 가질 수 있다(요나스 2005, 182-189).

하버마스는 치료를 위한 '소극적 우생학'과 개량 또는 강화를 위한 '적극적 우생학'을 구분하고 치료를 위한 유전학적 개입에는 모든 사람들이 나중에라도 동의할 수 있지만, 강화를 위한 유전학적 개입에는 그렇지 않을 것이라고 주장하며 이 문제에 대한 보편적 합의의 중요성을 강조한다. 다시 말해 하버마스는 자율성과 평등성에 위배되는 생명공학의 발전으로 인해 어떤 행위의 정당성이 확보되기 위해서는 대화 참여자들의 자율성과 평등성이라는 조건이 동시에 충족되어야 하는데 유전학적 개입은 이에 어긋난다는 것이다(하버마스 2003, 141-142). 하버마스는 인간이 하나의 도덕 공동체에 속해 있는 경우 실존적 인간으로서 자신을 이해하고 타인도 같은 방식으로 자신을 이해하는 보편적 인간으로서 자기 이해라는 의식을 공유한다고 전제하고 "도덕적 진공상태에서의 삶, 도대체 도덕적 냉소주의가 무엇인지조차 모르는 그런 삶의 형식 안에서의 삶은 살 만한 가치가 없을 것"이라고 주장하며 자유주의적 우생학을 비판한다(하버마스 2003, 126). 왜냐하면 이러한 도덕적 판단만이 인간으로서 존엄성을 누리며 살아가기 위한 공통의 토대를 제공해 주기 때문이다(하버마스 2003, 127).

하버마스는 과학과 윤리의 관계를 '인간 자연의 기술화'와 '인간 자연의 도덕화'의 문제로 규정한다. 그는 근대과학과 기술의 눈부신 발전은 사회가 진보하도록 변화를 이끌었다고 보고 제도화된 과학연구의 자율성은 보장되어야 한다고 말한다. 그러나 세계관의 차이에도 불구하고 인간이 인간으로서 존엄성을 누리고 살아가기 위해서는 "의무와 죄, 비난과 용서의 도덕적 감정"(하버마스 2003, 126)이라는 도덕적 존중을 명심해야 할 필요가 있다고 말한다. 하버마스는 인간이 민주적으로 만들어 내는 규범적 척도를 자율적으로 결정할 것인지 아니면 개인의 주관적 선호에 따라 시장의 논리에 맞게 자의적으로 결정할 것인지는 전적으로 인간의 주체적인 자기 이해에 달려 있다고 강조한다. 그는 과학적 성과라는 환영할 만한 진보에 대해 과학의 성과를 구현하는 것이 책임 있게 행위를 하는 존재라는 인간의 자기 이해와 결합 될 수 있는지를 다시 한 번 생각해봐야 한다고 말하며 생명과학의 무분별한 진행을 경계한다(하버마스 2003, 42).

하지만 유전학적 개입으로 태어난 사람이라고 하더라도 그 사람을 자율적인 능력을 가진 사람으로 동등하게 인정하고 존중한다면 자연적 우연성이 결여되어 있다고 해서 꼭 도덕적 지위가 손상되는 것은 아니다. 왜냐하면 유전학적 개입이 있었다고 하더라도 민주적인 사회에서 당사자가 온전히 자율적으로 판단하고 행동한다면 그 당사자는 평등한 관계에 있다고 봐야 하기 때문이다. 여기에서 중요한 문제는 자율성과 평등성에 대해 누가 우위를 점하고 있느냐의 문제가 아니라 유전학적 개입으로 태어난 사람이라고 하더라도 존엄한 생명체로 존중하고 동등한 자율성과 평등성을 보장하는 것이 더 긴급하고 중요하다고 할 수 있다.

4) 샌델의 생명윤리이론

샌델(Sandel)은 생명과학을 제대로 이해하기 위해서는 현대에 사라져버린 자연의 도덕적 지위나 세계에 대한 인간의 태도 등과 관련된 질문들을 다시 생각해야 한다고 말한다(샌델 2008, 243-244). 샌델은 자유주의적 우생학이 전적으로 개인의 자율적 판단에 따른 것이기 때문에 유전학적 강화라는 문제와 견주어 볼 때 과거의 권위주의적 우생학과 도덕적으로 다르다는 주장을 비판한다. 샌델은 인간의 생명이나 재능을 '선물'로 간주해야 하고 생명을 조작하거나 재능을 강화하려는 프로메테우스식의 시도는 잘못이라고 지적한다. 또한 그는 우생학의 문제는 '선물'로 주어지는 것이 아니라 경외보다는 지배를, 바라보기 대신에 변형하기라는 의도적인 목적을 추구하는 것이기 때문에 강압을 제거한다고 해서 자유주의적 우생학이 정당화되지는 않는다고 말한다. 그는 생명과학의 문제와 관련하여 자유주의와 공리주의의 접근방식을 비판하고 공동체주의의 관점에서 생명윤리이론을 전개한다(샌델 2008, 266). 샌델은 자유주의적 우생학을 비판하는 하버마스와 의견을 같이 하지만 하버마스가 제시한 자율성과 같은 자유주의적 가치나 전제에서 그 이유를 찾는 것은 한계가 있다고 본다. 대신 샌델은 유전학적 개입으로 태어난 사람은 자율적인 사람이 아니라 유전적 제비뽑기에 맡겨진 사람이라고 간주한다(샌델 2008, 251). 샌델이 보기에 생명과학의 문제를 비판하는 공리주의적 접근방식은 철저하게 이익과 손실의 측면에서 다루어진다. 공리주의적 시각은 손실을 최소화하고 이익을 최대한 추구하기 때문에 결국 인간이 도구로 전락되거나 사물처럼 간주되고 무한경쟁을 부추김으로써 장기적 관점에서 볼 때 인간의 삶에 이익보다 손실을 더 많이 가져올 수 있다고 비판한다(샌델 2010, 142-143).

샌델은 기본적으로 생명과학이 개인의 자율성을 침해한 것도 아니고 공정한 기회를 박탈한 것도 아니며 사회 전체의 이익 증진에 방해를 주는 것도 아니라고 본다. 그는 생명과학적 강화가 인간의 생명이나 재능을 있는 그 자체로 인정하지 않고 인위적으로 만들고 정복하고 통제하려고 시도함으로써 인간 생명을 포함한 모든 것을 인간이 원하는 목적을 위해 마음대로 사용하게 된다고 주장한다. 다시 말해 인간에게 자연적으로 주어진 본성이나 재능을 생명과학의 강화를 통해 인위적으로 개조하려는 시도는 우연적으로 주어진 '선물'인 인간의 본성과 재능을 경외의 마음으로 받아들이지 않고 전적으로 부정하는 것으로 간주한다. 샌델이 주장하는 윤리적 비판의 핵심은 "유전적 특성을 통제하려는 욕망을 우연히 주어진 '선물'로 간주하지 않고 인간의 의지의 기획이나 행복의 수단으로 간주하는 데 있다"는 것이다(샌델 2010, 126-131).

그렇다고 해서 샌델이 모든 생명과학을 반대하는 것은 아니다. 그는 생명과학 자체를 문제 삼는 것이 아니라 생명과학을 어떤 목적으로 사용하는가를 문제 삼는다. 생명과학이 유전적 강화를 위해 '선물'로 주어진 인간의 생명을 정복하고 통제하는 것에는 반대하지만, 의학적인 치료의 목적으로 사용하는 것은 정당한 것으로 간주한다. 샌델은 치료를 통해 인간의 재능을 고귀하게 사용하려는 목적은 정당하기 때문에 '치료'와 '강화'를 구분하고 단지 생물학적 강화만을 위한 생명과학에는 반대하지만 치료를 위한 목적에는 찬성한다(샌델 2010, 247-250).

이렇게 샌델은 인간의 삶을 '선물'로 여긴다는 점에서 생명윤리이론을 따르고 있다. 샌델의 생명윤리이론은 공동체의 종교나 전통, 관행, 관습 등을 중시하는 공동체주의 사상을 내포하고 있다. 샌델은 만약 종교적 입장을 채택해서 인간의 재능과 능력을 유전학적 개입으로 조작하려는 시도가 창조라는 관점에서 생각해 본다면 신과 인간의 역할을 혼동한 것이 명확히 드러난다고 말한다. 또한 그는 이 문제와 관련하여 신과 같은 종교적 개념을 가정하지 않더라도 자연이나 운과 같은 세속적 개념을 통해 인간의 삶을 선물로 주어진 것으로 볼 수 있다고 말하며 '선물' 개념의 보편성을 주장한다(샌델 2008, 266).

그러나 샌델 자신이 언급하듯이 '선물로 주어진 삶'이라는 개념은 지나치게 종교적 색채를 띠고 있기 때문에 그러한 종교적 관점을 수용하지 않는 사람에게 그의 논변은 설득력이 떨어진다(샌델 2008, 266). 샌델이 생명과학의 비판을 위해 적용하고 있는 생명윤리이론은 공동체주의 이론에 대한 비판과 마찬가지로 특정한 종교, 전통, 관행, 관습에 따른 사고방식은 행위의 옳음과 그름 자체를 판단하는 보편타당한 규범적 근거를 제시하지 못한다는 한계를 갖는다. 심지어 기존의 사고방식을 그대로 용인하는 보수적 경향을 보이거나 각 공동체마다 서로 다른 규범들을 인정하는 상대주의적 경향을 보인다는 비판에서 자유로울 수 없다.

4. 생명과학에 대한 긍정적 견해

1) 기든스의 '생활정치'와 로즈의 '에토스정치'

기든스(Giddens)는 기존의 관습을 지속적으로 수정하는 것이 근대성이라고 강조하고 푸코의 생명정치와는 다른 의견을 제시한다. 기든스는 근대성이 승인된 전통에 대한 의심과 근본적 진리에 대한 문제를 제기하고 합리적 논증과 민주적 협상의 길을 열었다고 간주한다. 이러한 사고의 전환이 가능하게 된 것은 인간이 성찰하는 능력을 갖고 있기 때문이고, 성찰은 원칙적으로 모든 생활 영역과 행위 영역을 포함해서 기존의 관습에 수정을 가한다. 그리고 인간의 성찰은 새로운 지식을 바탕으로 사회적 실천을 끊임없이 검토하고 변화시킨다고 주장한다(렘케 2015, 134). 기든스는 생명과학의 발달이 '자연의 종말'을 야기하기 때문에 더 이상 자연이 인간의 숙명을 좌우할 수 없다고 단언한다(Giddens 1991, 224). 기든스에 따르면 지금까지 자연이 누려왔던 위상은 생명과학의 발전에 따른 변형과 개입으로 그 권위를 상실했다고 말한다. 이제 남은 것은 인간의 자아실현과 자아 정체성을 추구하는 현대인들이 "모든 종류의 삶의 방식이 충족되고 실현될 가능성을 증진하려는 급진적인 개입"이라고 할 수 있는 개인적 윤리에 바탕을 둔 '생활정치'로 전환하고 있다고 주장한다(Giddens 1990, 156). 생활정치의 시대에는 출산과 부모다움의 전통적인 관념이 진부한 것으로 간주되고 생식과 출산의 기술이 더 이상 우연이나 운명의 문제가 아니라 개인의 선호와 선택에 따라 결정된다. 따라서 '자연의 소멸'과 개인의 새로운 선택권의 등장은 생식과 출산의 문제뿐만 아니라 육체적 외향과 성적 지향에 관한 문제까지도 영향을 끼친다고 본다(렘케 2015, 137).

로즈(Rose)는 과학분야에서 생물학과 유전학의 발달이 기술의 발전을 가져왔고 기술적 실천은 생명 과정과 사회 사이의 경계를 허물었다고 본다. 생명과학의 발전은 자연과 문화 사이의 경계를 무너뜨리고 생명 과정과 정치적·도덕적 문제가 통합되어 새로운 형태의 에토스정치(ethopolitics)가 등장했다고 주장한다(렘케 2015, 160-161). 에토스 정치는 자유로운 개인이 스스로 판단하고 현재보다 좀 더 나은 자신을 위해 자신을 다잡는 것이다. 로즈는 신자유주의 프로그램에 의해 확정된 개인의 자율적인 자기 결정이 의료와 관련해서 의사결정을 내리는 가장 중요한 핵심 요소라고 간주하고,

기술과학의 혁신과 정치적 변화가 공진화하면서 생명정치의 변화를 촉발했다고 본다(Rose 2001, 18). 로즈의 관점은 자연이 생명의 근원을 직접적으로 좌우한다는 기존의 사고에서 벗어남과 동시에 생명과학의 인위적인 실천으로 생기는 윤리적인 문제에 대해서도 동일하게 생각해야 한다고 주장한다(Rose 2001, 22). 따라서 로즈는 생명과학을 제대로 이해하기 위해서는 정치적이고 도덕적인 문제를 통합해서 살펴봐야 한다고 절충적인 방안을 제시한다.

2) 드워킨의 '파생적 가치'와 보스트롬의 '트랜스휴먼'

드워킨(Dworkin)은 생명과학을 반대하는 도덕주의자들이 생명과학의 발달을 '신 놀이'라는 수사학적 표현으로 도덕적 반감을 유발하는 것이 부적절하다고 비판하고, 기술적 개입으로 유전자 조작을 하는 행위를 긍정적으로 이해한다. 드워킨은 유전적 강화를 원하는 소수의 사람들이 자신들의 이익에 집착하는 것을 '파생적 가치'라고 부른다(드워킨 2013). 그는 파생적 가치가 도덕적 투명성을 갖지 못하는 이유를 이해하기 힘들다고 보고, 생명과학의 발전을 싫어하고 반감을 가지는 타당한 근거가 무엇이냐고 되묻는다. 도덕주의자를 포함해서 전통적인 철학을 옹호하는 사람들과 달리 드워킨은 파생적 가치를 옹호하고, '신 노릇 하지마라'는 도덕적 보수주의자들의 주장에 대해 오히려 신 놀이가 왜 나쁘냐고 맞선다. 그는 신 놀이가 인간이 신의 권위에 도전하는 것이 아니라, 오히려 신이 인간에게 부여해 준 특권을 인간이 스스로 활용하는 것이라고 말한다. 드워킨은 생명과학을 비판하는 사람들의 인식이 여전히 유대적·그리스도교적 종교의 전통과 권위에 의존하고 있다고 간주하고 신 놀이를 다른 방식으로 재해석한다. 드워킨이 보기에 유전적 강화는 신을 대신해서 인간의 본성을 결정하는 프로메테우스적 기술이다. 또한 고대 그리스 신화에 빗대어 인간의 본성은 전지전능한 신에 복종하는 것이 아니라 신의 권위에 저항하는 '인간의 자유'에 있다고 상기시킨다. 드워킨은 프로메테우스를 인간이 중심이 되는 '자유주의'의 표상으로 삼고, 여기에 '영웅주의'와 '모험주의'라는 옷을 입히는 방식을 '윤리적 개인주의'라고 일컫는다(드워킨 2013, 671). 드워킨은 윤리적 개인주의가 자유와 평등을 지향하는 정치적 도덕이라고 확신하고 정부가 각 개인에게 자신의 삶에 대한 성공 여부를 최종적으로 결정할 수 있게 해 주어야 한다고 주장한다(드워킨 2013, 674).

드워킨은 사람들이 유전자 조작에 대해 느끼는 공포는 잘못된 것에 대한 두려움이 아니라, 오히려 잘못된 것이 무엇인지에 대한 우리의 판단을 잃게 되는 것에 대한 두려움 때문이라고 말한다(드워킨 2013, 670). 따라서 드워킨에게 유전적 강화는 도덕적 보수주의자들이 주장하듯이 생물학적 외관을 근본적으로 바꿔 놓거나 인간종의 존재론적 위치를 바꿔 놓은 것을 의미하는 것이 아니라 인간의 본성과 깊은 관련이 있다고 주장한다(이을상 2014, 189-190). 드워킨은 유전공학을 반대하는 사람들은 기형아 출산과 같은 안전 문제, 빈부격차와 같은 사회정의의 문제, 다양성의 상실과 같은 가치의 문제를 제기하지만 그러한 비판은 설득력이 약하다고 본다. 드워킨에 따르면 유전자 조작이 허용된다면 부모들은 아이들이 사회에서 정상적이거나 우수한 것이라고 인정하는 수준의 지성과 기술을 갖기를 원할 것이고, 이러한 지성과 기술 수준을 향상시키는 것이 일반적인 교육의 목표라는 것을 인식한다면 결코 잘못이라고 볼 수 없다는 것이다. 드워킨은 '신 노릇'을 한다는 비판에도 불구하고 자연이 준 능력을 개선하기 위해 인간은 끊임없이 노력하는 존재이기 때문에 그러한 비판은 타당하지 않다고 생각한다. 왜냐하면 인간은 자연적인 것과 인공적인 것, 운과 선택을 구분하는 것을 당연한 것으로 여겨왔지만, 이러한 경계는 고정불변한 것이 아니라 과학과 기술의 발달에 따라 도덕적 규범의 변경이 요구되면 새로운 도덕적 관점이 정립되는 것이기 때문이다. 드워킨이 보기에 "미래 세대의 삶이 더 많은 재능과 성취로 가득하도록 만들려는 소망 자체는 잘못된 것이 없으며, '신 노릇을 하는 것'이 인간종의 능력을 향상시키기 위해 분투하는 것을 의미한다면 이는 인간이 따라야 할 도덕적 명령이 된다"는 것이다(드워킨 2013, 660-679). 이처럼 드워킨은 유전자 조작을 통해 우수한 능력을 지닌 아이를 출산하려는 바람은 개인의 권리이기 때문에 이를 강제적으로 막는 것은 옳지 않다고 주장한다.

물론 드워킨도 하버마스처럼 무절제한 생명공학의 위험은 충분히 인지하고 인간이라는 종의 존재론적 위치를 바꾸는 것을 반대하며 동물과 구별되는 인간의 고유성을 유지해야 한다는 부분에는 의견을 같이 한다. 하지만 그는 하버마스와는 다른 도덕적 태도를 취한다. 이 주장의 핵심은 인간의 고유성을 지키기 위해서는 인간을 생물학적 한계와 정치적 체계의 바깥쪽에 위치시켜야 한다는 것이다. 이는 인간이 진화론에 따라 진화해 온 단지 생물학적 존재로만 파악한다거나 인간을 정치적 동물로 규정해 온 사회적 존재로 파악하는 두 가지 관점 중 하나만으로는 규정할 수 있는 존재가 아니라는 것이다. 오히려 인간은 생물종인 동시에 도덕적 존재로서 자신의 고유성을 인식하고 각자의 삶을 성공적인 삶으로 만들기 위해 자신의 판단력을 행사하는 존재로 파악한다. 따라서 인간이 고유성을 표출하는 것은 각 개인이 자신의 판단에 따라 성공적인 삶을 추구할 수 있는 확고한 권리를 갖고 결정을 내리는 것이며 동시에 그 근본적인 결정에 특별한 책임을 지는 것이라고 본다(드워킨 2013, 674). 드워킨은 신의 권위와 인간의 능력의 대비를 통해 인간을 더 이상 신의 대리인이 아니라 개인의 능력을 무한히 확장할 수 있는 권리를 행사하고 이에 대해 책임을 지는 실존적 존재로 파악한다.

보스트롬(Bostrom)은 드워킨 보다 한 발 더 나간다. 그는 인간성을 지금까지의 합리적 개인이라는 관점에서 생각할 경우 생명과학의 눈부신 발전에 따른 유전자 조작이 윤리적으로 정당화되기 어렵다고 본다. 이에 따라 생명과학의 발전으로 새롭게 등장한 유전적 강화를 윤리적으로 받아들이기 위해서는 윤리적 주체의 개념적·실질적 범위를 다시 생각해 봐야 한다고 주장한다. 보스트롬은 오늘날 '합리적 개인'이라는 판단의 기준이 기존의 인간성을 판가름하는 척도를 이미 넘어섰다고 간주하고, 유전자 조작 기술로 인간 능력의 범위가 확장되는 현상을 존재론적으로 '트랜스휴먼(transhuman)'이라고 부른다(Bostrom 2003, 493). 그는 트랜스휴먼을 유전공학 기술의 빠른 발달로 건강을 증진시키고 질병을 극복하게 해 주었으며 불필요한 고통을 없애줌으로써 인간의 정신적·신체적·정서적 능력을 확장시켜주는 개념으로 규정한다. 유전공학의 발달은 정보공학과 접목되어 공간의 지배가 가능한 '초지능(superintelligent)'을 가진 기계를 만들어 트랜스휴먼의 활동 범위를 더욱 확대한다고 본다. 그리고 이러한 기술의 발달은 유토피아를 향한 인간의 꿈을 현실적으로 가능하게 해 주었다고 말한다(Bostrom 2008, 1). 따라서 보스트롬은 인간이 이전 사회보다 더 높은 수준의 개인적 발전에 도달한 존재이자 지금의 인류보다 훨씬 더 성숙한 존재를 생각해 볼 수 있는 단계에 진입하고 있다고 말한다. 이러한 단계는 인간이 좀 더 위대한 능력을 발전시킴으로써 새로운 가치를 발견하게 될 것이라는 생각을 가져야 한다는 것을 의미한다. 보스트롬은 이러한 가치가 유전적으로 강화되지 않은 생물학적 인간의 관점에서는 전혀 깨달을 수 없는 것이라고 말한다(Bostrom 2003, 494-495).

3) 리프킨의 '창조적 진보'

리프킨(Rifkin)은 유전자형에 바탕을 둔 과학적 발전이 유전자 평민 계급과 유전자 귀족 계급 간의 격차를 벌리고, 새로운 형태의 악의적인 인종차별을 출현시킬 수 있다고 가정한다. 그는 유전자형에 따라 개인, 인종, 민족이 유형화되고 고착화되면 유전자형에 따른 새로운 계급사회가 생길 수도 있다고 말한다. 또한 시간이 지날수록 유전자적 격차는 커져서 유전자 평민 계급과 유전자 귀족 계급은 과거의 계급사회 시대처럼 사회적·정치적으로 분리되어 새로운 형태의 생물학적 계급제도가 출현할 수도 있다고 본다(Silver 1999, 4-7). 그리고 이러한 생물학적 계급제도의 출현은 유전자 귀족 계급들에 의해 통제되는 사회가 될지도 모른다고 염려한다(리프킨 1997, 24). 리프킨은 인간이 역사상 어떤 기술보다 자연에 대한 지배력을 확고하게 장악한 상황에서 유전공학 기술로 유전 설계도를 제어하는 막강한 능력을 갖게 된다면 인류는 실질적인 위험에 빠질 수도 있다고 경고한다(리프킨 1999, 79).

그러나 리프킨은 이러한 염려와 달리 만약 복제 인간이 생긴다고 하더라도 그 복제인간은 복제한 사람의 의도대로 또는 기계처럼 움직일 것이라는 생각이 착각이라고 말한다. 왜냐하면 복제 인간도 사고를 하는 존재이고 원래 기존의 인간이 하는 것처럼 똑같이 고민하고 환경에 적응하는 존재이기 때문이다(리프킨 1999, 287). 리프킨은 전체주의적 우생학이 공포와 증오라는 정치 이데올로기에 기초한 것이라면, 새로운 방식의 생명공학은 "경제적 효율성 증대, 성취 능력 향상, 생활의 질 향상과 같이 보다 실용적인 목적을 지향한다"고 주장한다(리프킨 1999, 237). 리프킨은 인류의 역사가 상충되는 가능성과 중요한 사항들에 대한 선택을 통해 이루어졌고, 특히 유전공학 기술은 이러한 선택의 문제로 이해해야 한다고 주장한다. 여기에서 중요한 사실은 유전공학 기술에 대한 비판이나 유전공학 기술과 더불어 살아가는 방법을 고민하는 것에 있는 것이 아니라, 이를 삶의 한 부분으로 받아들이는 것이라고 말한다(리프킨 1999, 14). 왜냐하면 생명공학의 진보는 어떤 기술 혁명과 비교할 수 없게 매우 빠른 속도로 인간 자신과 사회 제도를 개조하고 있기 때문이다. 이러한 과학 기술의 발전은 인간을 단지 진화론적 생물학의 측면에서만 이해했던 방식에서 벗어나 인간을 개조할 수 있는 새로운 미지의 세계로 이끈다고 본다(리프킨 1999, 22). 리프킨은 이제 인간이 자연의 작용 방식만을 고집하기보다는 변혁적인 사회질서를 만들어내는 새로운 과학적 담론에 따라 기술적이고 경제적인 관계가 반영된다는 사실을 받아들여야 한다고 주장한다(리프킨 1999, 377-387).

리프킨은 생명과학과 진화론을 연결시키며 인간이 자연을 새로 만들고 있다고 전제하고, 자연을 '새로운 것을 향한 창조적 진보'로 간주하며 미래를 낙관적으로 전망한다. 더 나아가 그는 "자연 전체가 진화하는 하나의 예술 작품이라면, 우리 인간이 예술적 감각을 반영하여 우리 자신과 자연을 지속적으로 형성하고 만들어가는 진화적 사명을 다하는 궁극적인 예술가라고 보는 것"이 정당하다고 말한다(리프킨 1999, 391). 리프킨은 생명공학이 진화 과정 속에서 나타나는 하나의 발전단계이자 새로운 진화과정의 결과라고 보고, 생명공학에 저항하려는 어떤 의도이든지 이는 '자연적인 것'에 반하는 것이 되기 때문에 결국 헛되이 자멸할 것이라고 주장한다(리프킨 1999, 392-393). 심지어 리프킨은 "생명공학 혁명을 신친적인 자신의 생물학적 조건과 자연을 자신의 기분에 따라 개조할 수 있는 자유를 제공하는

궁극적인 소비자 선택의 장"으로 간주한다(리프킨 1999, 399). 따라서 리프킨
은 인간이 지금까지 마음속에 간직하고 있는 가치들을 다시 한 번 생각해
보고 인간의 존재와 인간성의 의미에 대해 궁극적인 질문을 새롭게 해야
한다고 말한다(리프킨 1999, 416).

5. 결론: 생명과학과 정치의 미래

생명과학은 자연이라는 개념을 통해 인간은 어디에서 왔고, 왜 여기에 있
으며, 어디를 향해 가는가? 라는 생각을 하게 해 준다. 생명이 생물학적 의
미에서 단지 개체(물질)라는 객관적 대상으로 간주되면 그 생명은 의미를
상실하지만, 윤리적 의미에서 존엄(정신)하다는 가치판단이 들어가면 생명
의 의미는 달라진다. 따라서 생명과학에 관한 논의는 존엄한 인간이라는
명제와 밀접한 관련이 있다.

생명과학의 발전을 부정적으로 보는 경우 인간의 존엄성은 상실되고 인
간이 도구로 전락되며 비인간적인 사회가 될 수 있다고 염려한다. 또한 생
명을 관리하고 조절하고 육성하기 위한 통치 행위가 철저한 경제 논리에
따라 전개된다면 개인의 자아까지 통제하게 될 것이라고 말하며 자유주의
우생학을 비판한다. 그리고 생명과학 기술은 생명 자체에 개입하고 마침내
자연이 자본에 종속되는 상태가 될 것이라고 경고한다. 따라서 생명과학이
발전할수록 과학을 소유한 소수 엘리트 집단에게 부와 권력은 집중되고,
전례 없는 사회적 불평등이 발생할 수 있다고 주장한다(하라리 2017, 442).
생명과학을 비판하는 입장은 과도한 생명과학 기술을 규제할 수 있는 유일
한 방법은 윤리적 판단이라고 호소한다.

반면 생명과학을 옹호하는 입장은 인간이 자연을 완벽하게 지배할 수 있다는 계몽주의의 염원이 현실에서 실현될 수 있다는 가정에서 출발한다. 이 관점은 진화론의 연장선상에서 생명과학 기술의 발전을 이해하고 자연선택이 인위선택으로 이행하는 과정을 개인의 자유로운 선택이라고 생각한다. 생명과학의 발전을 긍정적으로 간주하는 사람들은 인간의 능력을 개선하는 데는 절대적으로 한계가 없다고 전제하고 완전성을 향한 진보 과정은 계속된다고 주장한다(Condorcet 1795, 4-5). 이들은 미지의 세계에 도전장을 내미는 생명과학 기술의 발전을 옹호하고 모든 것이 가능하다는 새로운 세계관을 설립하며 이러한 진보가 가능하기 위해서는 개인적 선택의 자유가 최대한 보장되어야 한다고 주장한다.

과학의 비약적 발전은 인간 본성을 지배하는 감성과 이성, 그리고 인간의 문화를 대표하는 규범적 영역과 객관적 영역이 갈등하는 지점에서 객관적 영역의 영향력을 최대한 행사하려는 것처럼 보인다. 특히 생명과학은 '자연의 종말'을 야기하고 자연은 인간의 숙명이라는 가치를 바꾸게 만들며 객관적 영역과 규범적 영역이 다투는 동안 '자연의 소멸'과 '자연의 종말'을 부추기고 있다(Giddens 1991, 224). 객관적 영역은 과연 인간의 인식을 여전히 지배하고 있는 견고한 규범적 영역에 과학이라는 도전장을 내밀고 완벽하게 지배 담론으로서 영향력을 행사 할 수 있을까?

감성과 이성이 지배 담론을 교차 반복하고 문화적 분화를 거치며 힘겨루기를 하는 이유는 영향력을 확보하기 위해서이다. 지배 담론 간의 교체와 힘겨루기는 끊임없이 지속되었고 앞으로도 그럴 것이지만 영향력 확보를 위해 동기를 부여하는 결정적 요인은 권력을 차지하기 위한 노력이고, 이러한 행위는 정치라는 특별한 규범적 영역에서 이루어진다. 여기서 중요한 문제는 과학이라는 객관적 영역이 인간의 본질에 다가갈수록 규범적 영역을 대표하는 종교, 법, 정치가 서로 복잡하게 얽혀 힘겨루기를 하고 있는 지금, 정치는 과연 어떤 역할을 할 수 있나?일 것이다. 다시 말해 정치는 지금 자연선택에서 인위선택의 단계로 넘어가게 만드는 생명과학의 도발적인 요청에 응답해야 하는 난처한 상황에 놓여 있다. 이런 상황에서 윤리는 자연이 우연하게 창조한 것과 인간이 인위적으로 만들어 낸 것의 경계 사이에서 균형을 잡기 위해 아슬아슬하게 버티고 있고 법은 규제를 통해 생명과학의 도전에 힘겹게 대항하고 있다. 생명과학은 자연적 우연과 인위적 필연 사이에서 고민해 왔던 인간이 우연과 필연을 기획할 수 있는 능력을 가지고 있다는 현실을 알려 준다. 따라서 존엄한 인간이라는 가치체계의 변환을 기획하는 과학에 대처하기 위해 정치는 바쁘게 움직일 수밖에 없다.

사회가 과학의 도움으로 발전을 이룩하고 좀 더 편리한 삶을 추구하게 된 것은 과학의 역할 때문이다. 물론 과학 기술의 발전으로 좀 더 편리하고 윤택한 삶을 산다고 해서 인간이 꼭 행복한 것은 아니다. 그러나 인간은 기본적으로 발전되거나 고양된 원형을 원한다. 여기에서 중요한 사실은 시대가 바뀜에 따라 현재의 삶보다 좀 더 진전된 형태의 삶과 진전된 인식이 가능하게 되고 사회가 발전을 이룩할 때마다 윤리적 판단의 기준과 근거 또한 진화한다는 사실이다. 생명과학이 주도하는 기술과 새로운 경제적 관계가 반영된 생명과학은 지금 우리가 확신하고 있는 자연의 개념을 이미 바꾸고 있는지도 모른다(리프킨 1999, 377-378). 생명과학은 이제 자연에 대한 숭배와 자연적인 것에 대한 무조건적인 존중을 벗어나야 한다는 생각과 인간의 사고의 토대가 과연 자연인가에 대한 사고의 전환을 요청하고 있다. 생명과학이 주도하는 과학의 시대에는 인간 존재에 대한 고민, 인간적인 것의 의미, 존엄한 인간이라는 개념 규정의 변경을 요구한다.

철학의 시대와 종교의 시대에는 개인과 정치공동체의 인간적 삶을 규정하는 확고한 틀을 가지고 있었다(하버마스 2003, 27). 윤리를 강조한 철학과 도덕을 강조한 종교는 각각 이성과 감성이라는 본성에서 출발했지만 공통적으로 '올바름'을 삶의 전형으로 삼았다. 철학의 시대와 종교의 시대는 '좋은 삶'이라는 정치의 이상적 목적을 윤리 또는 도덕과 결합시키며 지배 담론을 지속적으로 유지했다. 우리는 지금 철학과 종교의 시대가 남겨 놓은 궁극적 유산이라고 할 수 있는 존엄한 인간을 판단하는 정당한 근거인 도덕적 윤리를 토대로 생명과학의 발전에 대항하고 있다. 하지만 생명과학 기술의 발전은 지배 담론이 남겨 준 익숙한 형태의 윤리만으로는 인간적인 것과 비인간적인 것의 판단을 모호하게 만들고 인간 존재의 본질에 대한 사고의 전환을 요구한다. 생명과학의 발전은 인간을 존엄한 존재로 간주했던 가치체계의 획기적인 변화를 촉구하고 이에 상응하는 윤리적 판단의 기준을 수정하게 할지도 모른다. 특권화한 윤리의 과잉은 과학의 발전을 저해한다. 따라서 과학의 시대에는 지나친 윤리적 판단에 따라 정치적 결정을 내리는 것이 아니라 윤리적 원칙의 적용이 최소한에 그쳐야 할 수도 있다. 과학과 정치가 부딪힐 때 내려야 하는 중요한 결정은 합목적적인 관점에 따라 이루어지는 것이 아니라 개개인의 이익에 얽힌 복잡한 조정에 의해 결정된다(하이젠베르크 2015, 336). 과학의 발전은 정치적·경제적·법적 이해관계에 따라 결정을 내리는 정치적 행위에 의해 좌우된다. 이제 남은 과제는 생명과학과 윤리적 판단 사이에서 정치가 내려야 하는 결정의 범위에 대한 논의뿐이다. 과학의 시대에 정치의 본질은 무엇일까? 궁극적인 사실은 늘 그랬듯이 사회적 기대와 규범에 부합하도록 최종적인 정치적 결정을 유도하는 판단의 근거를 정치만이 현명하게 선택하고 제시할 것이라는 믿음이다.

참고문헌

로널드 드워킨. 염수균 옮김. 2013. 『자유주의적 평등』. 파주: 한길사.

마이클 샌델. 김선욱·강준호·구영모 옮김. 2008. 『공동체주의와 공공성』. 서울: 철학과 현실사.

마이클 샌델. 강명신·김선욱 옮김. 2010. 『생명의 윤리를 말하다: 유전학적으로 완벽해지려는 인간에 대한 반론』. 서울: 동녘.

미셸 푸코. 이규현 옮김. 1990. 『성의 역사, 앎의 의지』. 제1권. 서울: 나남

베르너 하이젠베르크. 김용준 옮김. 2015. 『부분과 전체』. 서울: 지식산업사.

순데르 라잔. 안수진 옮김. 2012. 『생명자본: 게놈 이후 생명의 구성』. 서울: 그린비.

위르겐 하버마스. 장은주 옮김. 2003. 『인간이라는 자연의 미래: 자유주의적 우생학 비판』. 서울: 나남.

유발 하라리. 김명주 옮김. 2017. 『호모데우스: 미래의 역사』. 서울: 김영사.

이을상. 2014. 『생명과학의 철학: 개입과 반성』. 서울: 백산서당.

제레미 리프킨. 전영택·전병기 옮김. 1999. 『바이오테크 시대: 생명공학 기술은 인류의 희망인가, 재앙인가』. 서울: 민음사.

토마스 렘케. 심성보 옮김. 2015. 『생명정치란 무엇인가: 푸코에서 생명자본까지 현대 정치의 수수께끼를 밝힌다』. 서울: 그린비출판사.

한스 요나스. 이유택 옮김. 2005. 『기술, 의학, 윤리』. 서울: 솔출판사.

Bostrom, Nick. 2003. "Human Genetic Enhancement: A Transhumanist Perspective." *The Journal of Value Inquiry*, 37-4: 493-506.

Bostrom, Nick. 2008. "Letter from Utopia." *Studies in Ethics, Law and Technology* 2-1: 1-7.

Condorcet, Marquis de. 1795. *Outline of an Historical View of the Progress of the Human Mind*, London: J. Johnson.

Giddens, Anthony. 1990. *The Consequences of Modernity*. Cambridge, UK: Polity.

Giddens, Anthony. 1991. *Modernity and Self-Identity: Self and Society in the Late Modern Age*. Cambridge, UK: Polity.

Foucault, Michel. 1980. *The History of Sexuality, Vol. 1: An Introduction*, Translated by Robert Herley, New York: Vintage Books.

Foucault, Michel. 2000. "The Subject and Power." *Power: Essential Works of Michel Foucault, Vol. 3,* Edited by Paul Rabinow, NY: New Press, 326-348.

Foucault, Michel. 2003. *Society Must Be Defended: Lectures at the College de France,*

1975-76, Translated by David Macey. New York: Picador.

Hardt, Michael and Antonio Negri. 2000. *Empire: The New World Order*, Cambridge, MA: Harvard University Press.

Hardt, Michael and Antonio Negri. 2004. *Multitude: War and Democracy in the Age of Empire*, New York: Penguin.

Negri, Antonio. 2008. *Reflections on Empire*, Cambridge, UK: Polity.

Nikolas Rose. 2001. "The Politics Life Itself." *Theory, Culture and Society*: 18-6.

Rabinow, Paul. 1984. *Foucault Reader*, Edited by Paul Rabinow, New York: Pantheon Books.

Silver, Lee M. 1997. *Remaking Eden: Cloning and Beyond in a Brave New World*, New York: Avon Books.

제2장

생명과학과 생명정치[1]

정진화(성신여대)

1. 서론: 생명과학 시대 정치의 역할

1) 영화 '가타카'– 현실이 되다

유전자 조작과 인공수정을 통해 우월한 유전자만 가진 사람들이 태어나고 이들은 사회의 상층부에서 주요한 지위와 직업을 차지한다. 반면, 자연 임신과 출산으로 태어난 사람들은 열등한 존재이자 부적격자로 취급받으며 사회의 하층부에 남게 된다. 이는 1997년에 제작된 영화 '가타카(Gattaca)'에서 그려낸 '멀지 않은 미래'의 모습이다. 이 영화의 제목인 가타카는 우주탐사를 하는 회사의 이름이지만 그것이 암시하는 것은 바로 DNA를

---

1   이 글은 2021년 대한민국 교육부와 한국연구재단의 지원을 받아 수행된 연구(NRF−2019S1A5 B5 A02041624)이며, 『생명, 윤리와 정책』 제5권 제2호(2021.10)에 게재된 논문 "생명공학의 발전과 정치: 생명정책 거버넌스의 모색"을 수정, 재구성한 것임.

이루는 4종의 염기에 있다. 제임스 왓슨(James D. Watson)이 발견한 DNA의 이중 나선구조에서 4개의 염기 중 아데닌(Adenin)과 티민(Thymine), 구아닌(Guanine)과 사이토신(Cytosine)은 서로 짝이 되어 마주보고 있다. 즉, 가타카는 DNA를 구성하는 4개의 염기를 의미하는 앞글자와 그 구조를 나타내는 일종의 애너그램(anagram) 같은 것이다. 약 20년 전, 영화적 상상력에만 존재했던 이야기가 이제는 현실이 되었다. 인류가 본격적으로 유전체 편집 시대를 맞이하게 된 것이다.

20세기 초 멘델(Gregor Mendel)의 유전 법칙 발견 이후 약 100년간 생명과학 분야는 급격하게 발전해 왔다. 1909년 덴마크의 생물학자인 빌헬름 요한슨(Wilhelm Johannsen)은 유기체의 유전적 특성을 특정하는 원소를 언급하며 '유전자(gene)'라는 용어를 사용하기 시작했고, 1920년 독일의 식물학자 한스 빙클러(Hans Winkler)는 세포 속 유전 정보의 총체를 가리키려는 의도로 gene과 염색체를 의미하는 chromosome을 합성해 '게놈(genome)', 즉 유전체라는 용어를 제안했다(Guttinger and Dupré 2016; Doudna and Sternberg 2017). 그리고 1990년 초, 전 세계 과학자들의 협력으로 인간게놈 프로젝트(HGP: Human Genome Project)가 추진되었고 2003년 4월, 인류는 처음으로 인간 유전체의 전체 염기 서열을 밝혀냈다(Doudna and Sternberg 2017, 14-15; Heine 2017, 1). 즉, 신이 생명을 만드는 데 사용한 언어를 인류가 이해하기 시작한 것이다.

그리고 2012년, 인간의 게놈에 특정 유전자를 삽입, 삭제하며 문장 고치듯이 편집할 수 있는 크리스퍼-캐스9(CRISPR-Cas9 이하 크리스퍼) 기술이 발견되었다(Doudna and Sternberg 2017, xiii). 이것이 일명 '유전자 가위'이다. 크리스퍼(CRISPR: Clustered Regularly Interspaced Short Palindromic Repeats) 란 '짧은 회문구조가 간격을 두고 반복되는 구조가 모여 있는 것'으로 회문

구조는 반복된 염기 서열과 같이 앞뒤 어느 방향으로 봐도 똑같은 것을 의미한다. 이 용어는 2002년 네덜란드의 루드 얀센(Ruud Jansen) 연구팀에 의해 최초로 제시되었으며 인간의 고유한 유전 정보를 담고 있는 DNA의 한 영역을 가리킨다(Doudna and Sternberg 2017, 40-41).미국의 다우드나(Jennifer A. Doudna) 연구팀은 세균의 크리스퍼 영역 끝에 붙어 특별한 종류의 단백질을 암호화하는 것으로 보이는 유전자를 연구하여 단백질 효소인 캐스9(Cas9)이 유전자 가위 역할을 할 수 있다는 것을 발견했다. 그리고 이를 이용해 특정 질병에 대한 면역력을 갖추거나 특정 능력이 강화된 형태의 유전자를 갖고 태어날 수 있도록 하는 유전체 편집 기술을 성공시켰다. 2018년에는 중국 남방과학기술대의 허젠쿠이(賀建奎) 교수가 크리스퍼 기술을 이용해 세계 최초로 AIDS에 대한 면역력을 갖고 있는 소위 '맞춤형 아기'를 출산하는 데 성공했다고 발표했다.

유전체 편집에서 나아가 최근에는 생명과학 분야에서 더 획기적인 시도들이 등장하고 있다. 대표적으로 2019년 테슬라(Tesla)의 창업자인 머스크(Elon Musk)는 자신이 설립한 생명공학 기업 뉴럴링크(Neuralink)를 통해 뇌와 컴퓨터를 연결하는 '뇌-기계 인터페이스(brain-machine interface)'를 공개했다. 초정밀 작업을 수행하는 로봇이 머리를 아주 작게 절개한 뒤 머리카락 두께의 실이 달린 센서를 뇌에 이식하면 컴퓨터와 무선으로 연결되는 형태이다. 이렇게 뇌와 컴퓨터가 연결되면 뇌 질환을 치료하는 데 획기적인 전환점을 마련할 수 있고 이어폰 없이도 음악을 들을 수 있게 된다. 이후 머스크와 뉴럴링크는 뇌에 칩을 심은 쥐, 돼지, 원숭이 등에 대한 실험 영상을 공개했고, 인공지능을 통해 점차 뇌와 기계 간 인터페이스가 완전해질 것이라고 전망했다.

2) 생명과학과 정치, 그리고 민주주의

생명과학의 발전은 우리가 기존에 가져온 지식과 경험의 한계를 넘어서고 있으며 인간이 스스로의 진화를 선택할 수 있는 수준에 이르고 있다. 이에 재서노프(Sheila Jasanoff)는 인간이 신성한 창조자의 특권으로 간주되었던 "자연에 대한 설계"(Jasanoff 2007)에까지 도달하고 있다고 보았으며 베스트(Steven Best)는 "제2의 창세기(Second Genesis)"(Best 2006)라 불릴 정도의 새로운 시대를 맞게 될 것이라고 보았다. 또, 하라리(Yuval Harari)는 호모 사피엔스(Homo sapiens)가 신의 권위에 도전하는 것을 넘어 직접 신이 되려 한다며 인류가 "호모 데우스(Homo Deus)"(Harari 2017)로 향해 가는 수준에 와 있다고 보았다.

첨단 생명과학 기술들은 인간의 수명 연장, 질병 예방, 건강 증진 등을 통해 인간이 삶의 질을 향상시키고, 행복추구권을 보다 적극적으로 행사하는 데 크게 기여할 수 있다. 하지만 이러한 기술이 비치료적 목적으로 인간의 신체 강화, 특정 능력의 개량, 우생학적 이용 등에 쓰이게 된다면 이는 인간의 본질과 기본적인 권리가 훼손당하는 엄청난 문제들이 발생할 수도 있다. 이와 같이 기회와 위험의 양면성을 갖고 있다는 점에서 생명과학 기술들은 야누스의 얼굴을 하고 있다. 예를 들어 유전체 편집을 통한 맞춤형 아기의 출산은 유전적 질환 및 난치병 치료에 크게 기여할 수 있지만, 우생학적 인간 개량을 부활시킬 수 있고 뇌-기계 인터페이스 기술은 뇌 질환 및 치매 환자에게 획기적인 치료법이 될 수 있지만, 기억의 조작이나 뇌 해킹에 대한 문제를 제기한다. 인류 역사 발전 과정에서 알 수 있듯이 기술의 진보에는 역진성이 없으며 기술 발전 그 자체를 막는 것은 현실적으로 어려운 일이라는 것을 감안할 때 이러한 기술에 대한 논의는 곧 우리 사회가 직면할 일이다.

인간이 신의 영역으로 들어서고 있는 시점에 가장 중요한 것은 이러한 생명과학 기술들이 인류에게 끼칠 위험 요소는 최소화하고 기회 요소는 최대화 할 수 있는 방안을 모색하는 데 있을 것이다. 이는 언제, 누가, 어떻게 기술의 허용 범위와 시기, 그리고 중요한 경계들을 결정할 것인가의 문제가 될 것이며 이는 결국 정치와 민주주의의 역할로 귀결될 것이다. 이 점에서 우리는 생명과학과 정치의 상관성에 대해 주목할 필요가 있다. 생명과학의 발전에 따르는 문제를 다루는 일은 과학에만 맡겨 둘 일이 아니다. 생명과학을 둘러싼 다양한 문제들을 어떻게 풀어 나갈 것인가 고민하는 것은 21세기 정치의 핵심이 될 것이며 현대 민주주의가 직면한 문제를 관찰하고 대응 방안을 모색하는 데 중요한 토대가 될 것이다. "현대를 연구하는 책임 있는 학자라면 과학과 정치 양쪽을 살피고, 증가하는 중층 네트워크를 고려해 탁월한 분석을 시도해야 할 것이다"(Jasanoff 2007, 290).

이 책에서는 생명과학의 발전에 따르는 정치적 문제들을 살펴보고 한국 정치가 이러한 문제에 어떻게 대응해 나가야 할 것인가 그 방향성을 모색하기 위해 미셸 푸코(Michell Foucault)의 생명정치와 거버넌스 전략을 이론적 토대로 삼고자 한다. 푸코는 생명과 관련한 새로운 지식과 기술들이 어떻게 통치를 용이하게 해 왔는지 역사적인 변화 과정을 분석하며 지식-자본-권력의 메커니즘에 대해 누구보다 뛰어난 통찰력을 보여 준 학자이기 때문이다. 푸코의 생명정치는 생명공학 지식의 생산 및 소비 메커니즘을 분석하는 이론적 도구로 널리 활용되고 있으며 생명공학의 발전에 따라 앞으로 그 활용도는 더욱 커질 것으로 생각된다(방연상 2016, 117). 이 책에서 논의하는 생명과학의 범위는 인간에게 직접적으로 관여하거나 영향을 미치는 기술들로 한정할 것이다. 현대 생명과학 분야는 인간을 대상으로 한 것부터 미생물, 식물, 동물, 농업, 수산업, 환경정화, 제약 및 보건, 신약 개발, 식량문제 등 매우 광범위하지만, 정치적 문제를 분석하는 것은 정치적 주체가 되는 인간에 초점을 맞추는 것이 적합하기 때문이다.

2. 푸코와 성(性): 생명과 정치의 연결

1) 푸코의 생애

푸코는 프랑스의 철학자로 1926년 프랑스의 중서부 도시 푸와티에 (Poitiers)에서 태어났다. 푸코의 아버지는 외과 의사로 푸코는 어린 시절 유복한 집안에서 성장했고, 학교에서 우수한 성적을 보였지만 천재들에게서 나타나는 기벽도 있었다고 한다. 1945년 푸코는 파리 고등사범학교 입학 준비를 위해 프랑스의 가장 유명한 고등학교 중의 하나인 파리의 앙리 4세 고교에 입학했고, 이곳에서 푸코는 철학 선생이었던 장 이폴리트(Jean Hyppolite)의 헤겔에 대한 강의를 듣고 헤겔과 철학에 대해 큰 관심을 갖게 되었다(에리봉 1995, 33-35). 그리고 철학과 역사에서 우수한 성적을 받게 된 푸코는 1946년 파리 고등사범학교 입학에 성공한다. 하지만 이 당시 푸코는 스스로 견디기 어려웠다고 회상할 정도로 외로운 시간들을 보냈으며 타인들과의 관계가 매우 안 좋았던 것으로 나타나 있다. 특히, 다른 사람들에게 공격적인 성향을 보이거나 스스로의 천재성을 과시하려고 하여 많은 이들에게 반감을 샀던 것으로 알려져 있다. 푸코의 이상한 행동에 대해 전해지고 있는 일화를 소개하면, 하루는 교실 바닥에 누워 면도칼로 가슴을 그으려는 순간 어떤 선생이 보고 제지한 적도 있으며 밤새도록 손에 칼을 들고 한 친구를 쫓아다닌 적도 있다고 한다. 또 몇 번씩이나 자살을 기도하기도 했다(에리봉 1995, 48-49).

푸코는 대학에서 철학을 전공했지만 이후 정신의학, 심리학에도 관심을 갖고 연구했다. 1950년대 초반 푸코는 그의 스승이었던 철학자 루이 알튀세르(Louis Pierre Althusse)의 요청으로 고등사범학교에서 심리학을 가르치며 동시에 이 시기에 병원, 교도소에서 심리검사를 담당하며 정신의학에도 큰 흥미를 갖게 되었다. 이후 푸코는 43세가 되던 해인 1970년에 콜레주 드 프랑스(Collège de France)의 교수가 되었으며 안식년이던 1977년만 제외하고 1971년 1월부터 1984년 7월 사망할 때까지 이곳에서 줄곧 강의했다. 푸코의 강의는 학생, 교사, 연구자, 그리고 호기심에 온 사람들과 외국인들까지 청강생이 매우 많아서 원형 강의실 두 개를 가득 메웠을 정도였다고 한다. 푸코의 강의가 인기 있었던 것은 그의 강의가 논리적이고 짜임새 있기 때문만은 아니었다. 푸코는 학자로서 박학다식을 보여 주었을 뿐만 아니라 시사 문제를 역사와 이어 내는 탁월한 능력을 보여 주었다(Foucault 2008, xiii-xv). 1983년부터 푸코의 건강은 악화되기 시작했고, 푸코의 주치의는 에이즈일 가능성을 말해 주었으나 당시 에이즈는 지금과 같이 정확하게 병의 성격이나 치료법이 규명된 상태가 아니었기 때문에 푸코를 비롯해 주변에서도 그에 대해 정확히 인지하지 못했던 것으로 생각된다. 건강이 악화된 상황에서도 푸코는 원고작업과 강의를 멈추지 않았고 6월 2일에는 갑자기 쓰러지기도 했다. 그리고 한 달이 채 지나지 않아 6월 25일 사망했으며 사망원인은 패혈증의 합병증으로 발표되었다(에리봉 1995, 567-570).

2) 생명과 정치의 연결점 - 성(性, sexuality)

푸코는 철학이라는 토대 위에 정신의학, 심리학 등을 결합시키며 권력이 어떻게 사회를 감시하고 통제하는지 깊이 있게 통찰했다. 특히, 푸코는 권력의 억압적 성격과 구조, 지식과 권력의 관계에 주목했다. 푸코는 우리 사회의 모든 측면을 권력관계의 산물로 인식하며 권력이 우리의 생각을 구조화한다고 보았다. 이러한 푸코의 사유 속에서 권력의 성(性, sexuality)에 대한 장치, 정신병과 사회적 관계의 상관성 등에 대한 문제 제기도 나오게 되었다. 푸코는 1984년 사망했지만, 권력에 대한 푸코의 깊이 있는 통찰은 현재까지도 많은 학자들에게 영향을 미치고 있으며 대표적으로 아감벤(Giorgio Agamben)은 벌거벗은 생명의 개념으로서 '호모 사케르(Homo Sacer)', 라잔(Kaushik Sunder Rajan)은 '생명자본(Biocapital)', 그리고 로즈(Nikolas Rose)는 '생명 자체의 정치(The Politics of Life Itself)'에 주목하며 푸코의 이론을 계승, 발전시키고 있다.

푸코의 철학 중 생명정치 개념에 앞서 먼저 짚어볼 필요가 있는 것이 바로 성(性, sexuality)에 대한 담론이다. 푸코는 1976년, 『성의 역사(Histoire de la sexualité)』 제1권 「앎의 의지(La Volonté de Savoir)」를 출간했고, 이후 「쾌락의 활용(L'usage des plaisirs)」, 「자기에의 배려(Le souci de soi)」 등을 출간해 성의 역사 시리즈 총 3권을 발간했다. 그리고 2018년에는 푸코가 사망 직전에 작성한 원고들을 중심으로 4권 「육체의 고백(Les aveux de la chair)」까지 출간되었다. 푸코의 생명정치를 논하는 데 있어서 성에 대한 담론을 주목해야 하는 이유는 생명과 정치 두 가지 축의 연결점이 바로 성에 있기 때문이다. 성의 장치는 권력의 두 형태 사이에 존재한다. 미시적으로는 개인적 신체와 육체적 행위에 대한 감시 및 훈육에 관한 것이며 거시적으로는 인구조절 및 통제에 관한 것으로 재생산과 인구의 생물학적 과정에 연관되는 것이다.

푸코가 볼 때 권력과 성의 관계는 첫 번째, 거절, 은폐, 가면과 같이 부정적인 방식으로 확립된다. 권력은 성이나 쾌락에 대해 아니라고 말하는 것 이외에 어떤 것도 할 수 없기 때문이다. 두 번째는 규칙의 강조로 이는 권력이 합법과 비합법, 허용과 금지와 같은 이분법적 구조하에 성을 놓이게 하는 것이다. 세 번째는 금기의 순환으로 이는 접근하지 말라, 만지지 말라, 쾌락을 맛보지 말라, 말하지 말라 등과 같이 권력은 성에 관해 금지의 법만 작용하게 한다는 것이다. 네 번째는 검열의 논리로 존재하지 않는 것, 비합법적인 것, 말로 표현될 수 없는 것을 서로 연결시켜, 어느 하나가 다른 것의 원리이자 결과가 되게 만드는 것이다. 이는 금지된 것에 관해 어느 누구라도 자발적으로 말하기 어렵게 만들고, 침묵하도록 만드는 것이다. 다섯째는 장치의 단일성으로 권력은 관련 기구나 제도가 무엇이건 간에 획일적으로 작용하고 법, 금기, 검열이 무한히 재현되는 단순한 기구에 따라 작동한다는 것을 의미한다. 즉, 가족에서부터 국가까지, 일상에서 재판까지 규모만 서로 다를 뿐 권력의 일반적인 형태는 합법 vs 비합법과 같은 도식으로 복종을 야기한다(Foucault 1990, 83-85).

성에 대한 권력의 특수한 장치는 다음과 같이 네 가지 전략 측면에서 살펴볼 수 있다. 첫 번째는 여성 육체의 히스테리화로 이는 여성의 육체를 완전히 성으로 가득 찬 육체로 분석하여 여성의 육체를 사회성, 가족의 공간, 어린이의 삶과 유기적으로 소통하는 삼중의 관계로 설정하는 것이다. 예를 들어 최근 인터넷 공간에서 쓰고 있는 '맘충'이라는 용어 역시 이러한 문제의식에서 바라볼 수 있다. 한 여성을 고유성과 개별성을 가진 존재로 인식하는 것이 아니라 사회적 관계 속에서 가족의 일원이자 한 아이의 엄마로 규정지어 부정적인 이미지를 극대화하고 있는 것이다. 두 번째는 어린이 성의 교육학화로 모든 어린이의 성적 활동을 자연스러운 것이지만 동시에 자연을 거스르는 이중적인 것으로 단언하여 육체와 정신, 집단과 개인에 부당하고 위험한 것으로 규정된다는 것이다. 아이들의 자위에 대해 부정적으로 바라보거나 자위 자체를 부정하는 것이 그 사례라 할 수 있다. 세 번째는 출산에 관한 태도의 사회화로 이는 정치적, 또는 사회적으로 자녀의 출산을 권장하거나 제한하는 형태로 이루어지며 다산성이든 산아제한이든 부부의 책임감을 고취시키는 방향으로 전개된다. 네 번째는 도착적 쾌락의 정신의학화로 성에 대한 임상적 분석들을 통해 정상과 비정상을 구분하고 규격화하며 비정상을 바로잡기 위한 기술체계를 연구하는 방향으로 이루어진다(Foucault 1990, 103-105).

이러한 성의 장치는 노동력 증대, 재산과 상속, 피착취계급 억압 등과 같은 경제적인 메커니즘 안에서 작동했지만, 더 본질적인 측면에서 보면 지배계급의 혈통, 가계, 자손, 지위 등을 지키기 위한 권력 메커니즘 속에서 작동해 왔다고 볼 수 있다. 이와 같이 성은 정치와 생명 두 가지 축이 교차되는 연결점이 되며 권력의 중심 표적이 되었고 생명에 대한 관리가 점점 중요해지며 권력과 정치의 형태도 변화된 모습으로 나타나게 되었다(Foucault 1990, 145-147).

3. 푸코의 생명정치와 권력 메커니즘

1) 주권권력에서 생명권력으로

푸코의 생명정치 개념은 권력의 변화를 포착한 데서 출발한다. 푸코에 따르면 고대로부터 이어져 내려온 '주권권력(sovereign power)'은 칼로 상징되는 군주의 권력으로서 '생사여탈권'을 특징으로 한다. 하지만 17세기 이후부터 주권권력은 생명을 관리하고 이용하며 생명에 관해 정확한 통제와 전체적 조절을 실행하려고 시도하는 권력, 즉 '생명권력(bio-power)'이 되었다. 주권권력이 신민의 생명과 안전을 박탈함으로써 지속되는 권력이었다면 생명권력은 신민의 생명과 안전을 보호하거나, 보호한다는 명분을 제시함으로써 통치를 지속하는 권력이라고 할 수 있다. 즉, 주권권력이 '죽게 하거나 살게 내버려 두는' 권력이라면 생명권력은 '살게 하거나 죽게 내버려 두는' 권력인 것이다(Foucault 1990, 135-138).

"생명권력(bio-power)은 인간이라는 종의 근본적으로 생물학적인 요소를 정치, 정치적 전략, 그리고 권력의 일반 전략 내부로 끌어들이는 메커니즘의 총체"라 할 수 있으며 17세기부터 두 가지 주요한 형태로 전개되었다(Foucault 2007, 1). 첫 번째는 기계로서의 육체에 중심을 둔 것이다. 이는 능력의 최적화, 성의 최대화, 체력의 강탈, 육체의 유용성과 순응성의 동시적 증대 등 규율을 특징짓는 권력 절차, 즉 '인체의 해부정치(Anatomo-Politics of the Human Body)'에 의해 보장되었다. 예를 들면, 공장에서 일하는 노동자의 노동력을 주어진 역할에 맞게 극대화시킨다거나 학교, 군대, 감옥 등에서 강제적인 규율을 통해 개인의 신체들이 그에 순응하며 질서정연하게 움직이도록 만드는 것이 여기에 해당된다. 두 번째는 종(種, species)으로서의 육체에 중심을 둔 것으로 생명의 증식, 출생과 사망, 건강수준, 수명 등 육체에 대해 전반적으로 개입하고 통제하는 '인구의 생명정치(Bio-Politics of the Population)'로 나타났다(Foucault 1990, 139-140). 인구 정책이 생명정치의 대표적인 사례라 할 수 있을 것이다. 인구감소 국가라면 정부가 출생률을 증대시키기 위해 끊임없이 위기감을 강조하며 출생률 증대를 위한 각종 복지정책 추진하는 동시에 자녀 출산에 대한 부부의 책임감을 고취하려 할 것이다. 반대로 인구과밀 국가에서는 정부가 출생률을 감소시키기 위해 다자녀 출산을 후진적인 것으로 인식시키는 캠페인을 펼치거나 불임 정책을 지원할 것이다.

생명의 고유한 현상이 지식과 권력의 영역으로 들어가면서 생물학적인 것에 정치적인 것이 반영되기 시작했고 살아가는 행위는 더 이상 우연성과 운명에 의한 것이 아니라 지식과 권력의 영역으로 넘어가게 되었다. 생명의 메커니즘을 명확한 계산의 영역으로 편입시키고 권력과 지식을 인간 생명의 변화 요인으로 만드는 것, 이것이 바로 푸코가 말하는 생명정치이다(Foucault 1990, 142-143). 생명정치는 인구라는 집합적 신체를 대상으로 조절과 통제를 하는 데 목표를 두며 인구를 중심으로 하는 지식, 실천, 개입이 개개인과 인구 전체의 생명을 최적화하려는 규범에 의해서 합리화될 때 발생하는 것이라 볼 수 있다(신충식 2010, 160; 방연상 2016, 121).

2) 생명정치의 메커니즘

생명정치는 권력 메커니즘을 통해 구현되며 권력 메커니즘은 작동 기술의 차이에 따라 사법·규율·안선 메커니즘으로 구분된다. 사법 메커니즘은 중세에서 17~18세기까지 이어진 매우 오래된 형벌기능으로, 법을 제정하고 그 법을 어기는 자에 대한 처벌을 확정하는 체계를 말한다. 규율 메커니즘은 18세기 이후 정착된 근대적 사법 체계로서 감시와 교정의 메커니즘에 의해 법이 관리되는 것을 말한다. 안전 메커니즘은 현대적 사법 체계로서 안전장치를 통해 작동하며 형벌과 형벌 비용 계산의 새로운 형태를 중심으로 체계화되고 있는 것을 의미한다. 이 세 가지 메커니즘은 어느 한 가지가 다른 것을 완전히 대체하거나 단절시키는 형태가 아니라 복합적으로 존재하는 것이며 다만 내부적인 지배 요소와 상관관계가 변화한 것이라고 볼수 있다(Foucault 2007, 5-8).

특히, 생명정치에서는 안전 메커니즘이 주요하게 작동하며 이 때 안전의 속성으로는 네 가지를 들 수 있다. 첫째, 공간적 차원에서의 안전, 둘째, 불확실성에 대한 대처, 셋째, 규범적 정상화 형식, 넷째, 안전 기술과 인구 사이의 상관관계 등이다(Foucault 2007, 11). 주권과 영토의 개념은 규율을 통해 공간을 만들어 내고, 안전에 대한 필요성은 여러 요소들에 대응해 환경을 정비하도록 만든다. 인간의 상태를 바꾸고 싶을 때 주권자는 환경에 작용을 가해야 하고 이 과정에서 안전 메커니즘이 작동된다. 예를 들어 출생률이라는 개념은 한 국가라는 공간적 범위 내에서 인구를 집단화함으로써 나오는 것이며 이를 '인구 절벽'과 같이 미래에 대한 불확실성이나 위험성과 직결되는 개념으로 인식시키면 그에 대한 적극적인 대응을 필요로 하게된다. 출생률에 대한 규범적 정상화는 평균치나 기준값을 산정해 놓는 형태로 이루어진다. 이는 특정한 수치보다 출생률이 저하되면 비정상적인 현상으로 간주하게 되는 근거가 된다. 비정상적인 것은 곧 위험한 것이 되며, 보다 안전하고 풍요로운 사회를 위해 국가는 더 많은 출산을 장려하고 이를 위한 정책과 환경의 변화를 시도하게 되는 것이다.

푸코는 생명정치의 중요한 주제이자 메커니즘 작동 원리를 통치성(governmetality) 개념을 통해 설명했다. 통치성은 첫째, 인구를 주요 목표로 설정하고 정치경제학을 주된 지식의 형태로 삼으며 안전장치를 주된 기술적 도구로 이용하여 특수한 형태의 권력을 행사케 해 주는 제도·절차·분석·고찰·계측·전술의 총체를 말한다. 둘째, 통치성은 통치에 필요한 일련의 장치와 지식을 발전시켜 온 권력 유형으로서 이를 주권이나 규율 같은 다른 권력 유형보다 우위로 유도해 간 경향을 의미한다. 셋째, 통치성은 중세의 사법국가가 15~16세기에 행정국가로 변하고 차츰 통치화되는 절차, 혹은 그 절차의 결과로 이해할 수 있다(Foucault 2007, 108-109). 예를 들어, A라는 국가가 인구 증대를 주요한 목표로 설정한다면 이를 위해 인구 증대가 우리 사회에 미칠 경제적 이점들, 예를 들면 풍부한 노동력, 시장의 확대, 연금체계의 안정성 등을 강조할 것이며 이를 보장할 수 있는 사회안전망 확충 등을 주요한 전략이자 장치로 활용할 것이다. 푸코가 볼 때 이러한 일련의 과정들이 바로 통치성 강화와 연결되는 것이다.

통치는 단순히 주권자의 지배행위만을 의미하는 것이 아니라 개인의 자기 통치를 비롯해 인간을 통치하는 다양한 기술들까지 포괄하는 것이다. 생명정치에서 자유는 통치행위를 둘러싸고 있는 하나의 중요한 매개체가 되며 통치는 '순종하는 신체'를 창출하여 주권권력에 의한 강압이 아닌 개인의 자발적 선택에 토대를 둔 자유주의적 자기 통치라는 특수한 성격을 지니게 된다(Gordon 1991, 20; 방연상 2016, 122; 김환석 2015, 292-293). 이는 권력의 통치성 강화가 강압적이고 일방적인 형태가 아니라 개인의 자발적인 선택을 통해 이루어질 수 있다는 것을 시사한다. 푸코는 이러한 통치의 특성을 자유주의 통치술이라고 규정했다. 자유주의 통치술은 새로운 위험들 속에서 끊임없이 안전과 자유의 작용을 관리하며 이루어진다.

자유주의 통치술은 첫째, 개인을 언제나 '위험하게 살아가는(Live Dangerously)'는 조건하에 두고, 둘째, 통제와 관리의 절차를 확장하며 자유에 대한 억제력을 구성하여 규율 기술을 발전시킨다. 그리고 마지막으로 더 많은 통제와 개입을 통해 더 많은 자유를 도입한다(Foucault 2008, 65-67). 예를 들어 각종 언론보도와 정부 정책에서 범죄의 위험성을 강조할수록 개인은 살아가는 것에 대한 더 큰 불안과 위험을 느끼기 마련이다. 이 때문에 정부의 대대적인 CCTV 설치에 개인들은 자발적으로 동의하게 된다. 그리고 사람들은 점차 더 많은 CCTV가 설치될수록 더 큰 일상의 자유와 안전이 보장될 수 있다고 생각하게 된다. 하지만 자유주의 통치술은 일상적인 규율과 관습 속에서 자기 통치의 방식으로 채택된다는 데 그 위험성이 있다. 위의 사례로 볼 때 더 많은 CCTV의 설치는 개인의 안전을 더 확실하기 지켜 줄 수 있는 것으로 보이지만 범죄 예방을 위해 설치한 CCTV는 개인 정보와 사생활을 침해하는 데 쓰일 수도 있다. 즉, 자유주의 통치술은 한편으로는 자유를 생산하지만 다른 한편으로는 자유를 제한하거나 파괴할 수도 있는 것이다.

3) 정치의 재구성 – 시민사회와 거버넌스

새로운 사회적 위험과 미래에 대한 불확실성은 자기 보존에 대한 불안감을 증폭시킬 수 있고, 자기 보존에 대한 욕망은 정부의 규율에 자발적으로 복종하게 만든다. 이러한 자유주의 통치술의 끊임없는 사슬에 대항할 수 있는 힘은 시민사회에 있다. 푸코가 말하는 시민사회는 철학적·이념적으로 완벽한 개념이 아니라 통치, 국가, 제도 등 권력의 여러 관계로부터 벗어나려는 시도와 저항뿐 아니라 통치자와 피통치자의 경계, 통치 테크놀로지 측면에서 상호작용하는 현실이다(Foucault 2008, 296-297). 푸코는 오랫동안 지속되어 온 군주제도로 인해 정치학이 군주라는 인격체에 집착해 왔지만, 이제는 "왕의 머리를 베어버릴 필요가 있다"고 주장했다(Foucault 2012, 308-309). 이는 단순히 통치자의 존재나 필요성 자체를 부정한 것이 아니라 통치 이성의 재분배 또는 재중심화가 필요하다는 맥락에서 이해해야 할 것이다. 통치자의 권력 행사를 어떻게 규칙화하고 측정해야 좋을 것인가에 대해 인류는 오랜 기간 그 해답을 통치하는 자의 현명함 쪽에서 찾아왔다. 국가이성이 강조되던 시대에 통치 합리성은 주권자 개인의 합리성에 기초하여 규칙화 되었지만 새로운 합리성의 형태는 통치받는 자들의 합리성에 기초해 규칙화되어야 한다(Foucault 2008, 311-312). 통치에 협조하는 것이 반드시 권력에 대한 종속을 의미하는 것은 아니다. 시민사회는 통치에 대해 협조하는 동시에 반항할 수 있으며 이 두 가지는 나란히 같이 가는 것이어야 한다(Foucault 1982, 29-40).

푸코에 따르면, 권력이란 타인들에게 행사함으로써 개인이나 집단 사이의 관계를 작동케 하는 것이며 이러한 관계는 제로섬(zero-sum) 게임이 아니라 서로 이끌고 반응하는 행위 전체를 포함한다(Foucault 1983, 217-220). 이 점에서 푸코는 정치적 기술이 맺고 있는 상호관계를 강조한다. 권력이란 반드시 통치자와 피통치자 중 단순히 어느 한 쪽이 완전히 이기거나 지는 형태로 존재하는 것이 아니며 통치자가 피통치자에게 영향을 미치는 행위에만 국한되는 것도 아니다. 반대로 시민사회가 국가 또는 통치자에게 영향을 미칠 수도 있다. 즉, 권력이란 통치자와 피통치자 간의 상호작용을 포함하는 개념이어야 하는 것이며 거버넌스는 이러한 상호작용의 가장 중요한 전략이 될 수 있다.

푸코는 거버넌스를 권력과 주권, 그리고 권력의 감시 관계에 대립할 수 있는 유용한 개념으로 인식한다. 주권권력은 권력과 지식을 시간이 지남에 따라 성숙하는 하나의 나무로 인식하며 이러한 인식은 권력관계를 뿌리에서 가지, 위와 아래, 지배와 지배받는 개념으로 구분한다. 하지만 거버넌스 전략하에서 권력은 권력과 지식 둘 다를 하나의 그물망(web) 형태로 인식한다. 그물망은 지속적인 네트워크로 지식을 생산하고 감시와 경계를 효과적으로 전달하며 각 지점과 교차점들을 연결시킨다. 각 지점과 교차점들은 수평적이고 나원적이며, 복합적이고 상호 연관되어 있다(Foucault 1979, 89; Foucault and Miskowiec 1986, 22). 국가는 육체, 성, 가족, 친족관계, 지식, 테크놀로지 등 수많은 힘의 조직망과 관련된 상부구조로 부정과 금지의 힘을 토대로 할 때 비로소 기능을 발휘하고 든든한 기반을 갖게 된다(Foucault 2012, 309). 따라서 거버넌스를 통해 권력과 지식이 촘촘하게 얽혀 부정과 금지의 힘을 받쳐 주고 있는 구조 자체에 변형을 준다면 국가 운영의 방향과 성격에 변화를 줄 수 있다. 정부 주도의 일방적인 프로세스가 아니라 거버넌스 전략을 통해 시민사회의 적극적인 참여와 다양한 행위주체자들의 상호관계 및 작용이 이루어질 때 정치는 재구성될 수 있을 것이다.

4. 생명과학의 발전과 정치적 문제들

1) 바이오경제 시대의 도래

현재 생명과학 기술은 정밀 의료, 맞춤의학, 재생의학, 장기이식, 줄기세포, 유전체 연구 등과 같은 혁신적인 연구개발 분야를 선도하며 고령화, 자원 부족, 환경오염 등 인류가 당면한 문제를 해결할 수 있는 기술로 주목받고 있다. 전 세계 바이오 시장 규모는 2015년 기준 1조 5,000억 달러에서

2030년 4조 3,000억 달러 규모로 3배 가까이 성장할 것으로 예상되고 있으며 경제협력개발기구(OECD)는 2030년 '바이오경제 시대'가 올 것이라고 예견했다. 생명과학 기술에 바이오 빅데이터, 인공지능 등 정보통신 기술(ICT)이 융합될 것을 고려하면 바이오경제 시대는 예상보다 더 앞당겨질 수도 있다(국가생명공학정책연구센터 2017). 이러한 흐름 속에서 세계 각국은 경제 성장과 국가경쟁력 강화의 돌파구를 모색하고 바이오경제 시대의 주도권을 잡기 위해 기술 개발과 산업육성 측면에서 치열하게 경쟁하며 관련 분야 지원 및 투자를 지속적으로 확대해 나가고 있다.

우리나라의 경우, 생명과학의 발전에 따르는 문제 제기나 논의는 주로 생명윤리를 중심으로 이루어져 왔다. 하지만 푸코의 생명정치 개념을 토대로 볼 때, 생명과학 기술들은 개인의 자유를 확대하는 것이 아니라 그 반대, 즉 권력 메커니즘의 통치 합리성을 강화하는 방향으로 작동할 수도 있다. 특히, 생명과학을 매개로 국가가 통치성을 강화하고, 자유주의 통치술을 정교화하며, 지식-자본-권력의 이해관계로 맞물려있는 메커니즘이 고착화된다면 다음과 같은 정치적 문제들을 야기할 수 있을 것으로 분석된다.

2) 생명자본-생명 정치로 생명을 박탈

첫째, 생명자본의 문제이다. 이는 자본을 둘러싼 이해관계에 따라 생명을 선별적으로 살리거나 죽게 내버려 둘 수 있는 것을 의미한다. 신자유주의 체제 속에서 이해관계에 따른 원리는 시장이라는 공간하에 생명조차도 자본의 논리에 따라 움직이게 만들고 있다. 생명자본의 문제는 생명, 지식, 자본, 법, 정치의 문제가 모두가 십악되어 있는 특허를 둘러싸고 가장 잘 드러난다. 특허는 발명된 지식이나 기술에 대해 20년간 독점적으로 사용할 수 있는 권리를 부여해 주는 제도로 민간 기업들에게는 의약품이나 기술을 시장에서 독점적으로 판매할 수 있는 기회를 제공하고, 연구개발팀에는 장기간의 시간과 막대한 재정이 소요되는 연구에 주력할 수 있는 계기를 만들어 줄 수 있다. 그리고 국가는 이를 통해 경제 성장과 경쟁력 강화, 새로운 일자리 창출 등을 위한 돌파구를 모색하려 한다. 이것이 정권의 지지기반을 보다 확고하게 만들어 줄 수 있기 때문이다. "생명공학 경쟁과 정치 속에서는 국가도 사회적 이해관계의 중립적인 행위자나 중재자가 아니다" (Newell 2010, 472-475).

2004년 한국에서 벌어진 황우석 교수의 줄기세포 기술 특허와 논문조작 사건에 국가적 관심이 쏠렸던 것도 난치병 환자를 치료할 수 있는 희망뿐만 아니라 특허를 둘러싼 이러한 특성들이 반영되었던 것이라 볼 수 있다. 또, 2012년 5월에 최초로 크리스퍼 기술을 발표한 미국의 UC버클리 다우드나 연구팀, 2012년 10월과 12월 관련 발명을 미국 특허청에 가출원한 한국의 기초과학연구소 김진수 그룹과 미국의 MIT 브로드연구소 장펑(Feng Zhang) 그룹 간에 유전체 편집 기술에 관한 특허 공방이 치열했던 것도 개인, 기업, 국가적 이해관계가 총체적으로 결합되어 있었기 때문이다.

생명과학 분야에 있어서 특허는 특정 기업이나 국가가 생명을 살릴 수 있는 기술이나 지식을 독점 소유하거나 통제할 수 있다는 것을 의미한다. 즉, 특정 기업이나 국가에 의해 선별적으로 생명을 살리거나 죽게 내버려 두는 일이 발생할 수 있는 것이다. 실제로 2003년 스위스계 제약회사인 노바티스(Novartis)는 항암제인 레트로졸(Letrozole)의 임상실험을 인도에서 진행하며 400명이 넘는 여성들에게 이 약을 불임치료의 일환으로 투여했고 2011년 10월 레트로졸을 복용한 150명의 임산부들에게서 태어난 아기가 기형, 심장 협착, 암 등에 걸리는 부작용이 발생한 바 있다(Sinha 2011). 생명과학의 새로운 지식과 기술은 자본주의적 생산과 소비의 네트워크에서 분리될 수 없을 만큼 하나의 사업 형태로 얽혀 가고 있으며 생명과학 분야와 정치경제 체제 간에 공동생산이 형성되고 있을 정도이다(Rajan 2006, 3-5). 이런 점에서 생명과학은 자본주의의 또 다른 얼굴을 보여 주고 있다고 할 수 있으며 생명자본은 보호해야 할 개인과 그렇지 않은 개인을 차별적으로 구분하며 생명정치 속에서 생명 박탈을 가능하게 만들고 있다(박홍서 2012, 68).

3) 정치적 불평등 - 인간의 탄생 이전부터 시작되는 불평등

둘째, 생명과학 기술을 둘러싼 지식과 자본의 결합은 정치적 불평등 문제를 야기할 수 있다. 민주주의는 모든 시민들을 정치적으로 평등한 존재라고 간주해야 하며 이는 단순한 사실적 판단을 표현하는 것이 아니라 도덕적 판단을 의미한다. 모든 인간의 가치, 즉 인간의 생명, 자유, 행복은 다른 사람의 생명, 자유, 행복에 본질적으로 우월하거나 열등하지 않다고 간주해야 하며 국가의 통치에 이러한 본질적 평등의 원칙을 적용해야 한다(Dahl 2015, 64-66). 하지만 자유주의 통치술에 따른 메커니즘 속에서 첨단 생명과학 기술을 둘러싸고 지식과 자본이 결합하는 순간 이러한 본질적 평등의 원칙도 깨질 수 있다. 예를 들어, 유전체 편집을 통해 맞춤형 아기를 만드는 것에 대해 자유주의자들은 인간이 자신 또는 미래 세대의 더 나은 삶을 바라는 것은 자연스러운 소망이며 과거 나치즘과 같은 국가적 강제가 아니라 개인의 자발적 선택에 따른 것이라면 우생학적 선택도 충분히 허용될 수 있다고 본다(Dworkin 2000, 442-446; Nozick 2013, 315; Agar 2004, 15; Rose 2001, 7). 그러나 자유주의 통치술의 궁극적 목적이 개인과 인구에 대한 권력의 통제와 조절을 용이하게 하려는 데 있는 만큼 우생학적 선택 역시 강제가 아닌 자발적 선택에 맡겨 둔다고 아무런 문제가 없는 것은 아니다. 부모와 자식 간의 권리가 상충하는 문제가 존재할 뿐 아니라 개인의 자발적 선택이라 하더라도 이것이 사회화되면 결국 사회적 강요나 국가의 강요를 가져올 수 있기 때문이다(Habermas 2008, 78-79; Sandel 2007, 78). 더 많은 자유에 대한 욕망은 더 많은 통제와 개입을 허용하게 될 것이며 이는 결과적으로 자유를 증대시키는 것처럼 보이지만 실제적으로는 자유를 제한하는 문제를 가져오게 될 것이다.

또한, 유전체 편집을 선택하기 위해서는 우선적으로 그에 대한 정보와 지식을 갖고 있어야 하며 이러한 시술을 선택할 수 있는 경제적 여건도 갖추고 있어야 한다. 결국 학력과 소득이 높은 계층에서 유전체 편집을 통해 더 우수한 지능과 신체를 가진 아이를 출산할 확률이 높아질 것이며 이 아이는 자신의 능력을 발휘하는 데 있어서 더 많은 잠재력을 안고 있기 때문에 사회적으로 더 많은 권한과 권력을 가질 가능성도 높아진다. 우연성에 기초했던 인간의 탄생이 계획과 설계로 가능해지는 순간, 인간의 불평등은 태어난 후부터가 아니라 태어나기 전 배아의 상태부터 시작될 수 있다. 이는 민주주의와 정치적 평등의 전제조건인 모든 인간은 자유롭고 평등하게 태어났다는 본질적 평등의 원칙이 깨질 수 있음을 의미하며 태어나기 전부터 불평등이 이미 시작되는 존재론적 불평등의 문제까지 야기한다. 또, 본질적 불평등이 정치적 불평등을 낳고 지식-자본-권력의 메커니즘 속에서 지식의 불평등-경제적 불평등-정치적 불평등이 결합되면 총체적인 불평등 구조를 고착화시킬 것이다.

4) 통제와 감시 - 새로운 빅브라더와 판옵티콘

셋째, 생명과학 분야의 기술과 정보는 새로운 통제 및 감시의 수단으로 사용될 수 있다. 푸코는 감시기술을 카메라와 거대한 광학과의 관계에 비유해서 설명한 바 있으며 이는 감시기술이 과격한 행위나 힘, 폭력에 의존하지 않고 광학과 역학의 법칙 등의 작용을 통해 신체에 대한 지배를 가능하게 만들 수 있다는 점을 시사한다(Foucault 1995, 176-177). 이런 특성으로 볼 때 생명과학 기술을 통해 얻게 되는 인간과 생명에 대한 정보들, 즉 바이오 빅데이터는 단 하나의 시선으로 모든 것을 파악할 수 있는 완벽하고 새로운 감시 장치로서 '바이오 판옵티콘(Bio-Panopticon)'이 될 가능성이 존재한다.

미국의 화이트헤드 생의학 연구소(Whitehead Institute for Biomedical Reserach)는 인터넷에 공개되어 있는 검색도구를 사용하여 유전체 프로젝트의 일부였던 50명의 개인 신분을 알아냈고 서로 다른 데이터베이스에서 제공하는 인구통계를 교차 검증하여 익명의 유전체 프로젝트에 참여한 수백 명의 사람들의 정보도 알아낼 수 있다고 밝혔다. 또, 한 개인의 유전자 데이터를 통해 깊은 족보적 유대관계도 파악할 수 있고 이러한 정보가 전혀 친분이 없는 사람의 신원확인까지 이어질 수 있다는 점을 시사했다(Fearer 2013). 이는 바이오 빅데이터가 개인 정보나 사생활 침해에 얼마나 큰 위험성을 안고 있는지 보여 주는 중요한 연구결과이다.

우리나라는 지난 2020년 3월, '국가 바이오 빅데이터 구축 시범사업'을 본격적으로 추진하기 시작했다. 이 사업은 2년간의 시범사업 기간 동안 희귀질환자 약 1만 명을 모집하고 한국인유전체 역학조사사업 등과 연계하여 총 2만 명 이상의 임상 정보와 유전체 데이터를 구축하는 데 그 목표가 있다. 이와 관련하여 보건의료 빅데이터 플랫폼 시범사업, 100만 명 규모의 국가 바이오 빅데이터 구축사업, 의료 데이터 중심병원 사업 등도 함께 추진 중이다. 이러한 사업이 원활하게 추진된다면 국민 건강 증진을 위해 획기적인 전환점을 마련할 수 있을 것이다. 하지만 이 과정에서 개인 의료 및 건강 정보가 유출된다면 돌이킬 수 없는 문제들이 발생할 수 있다. 정부는 수집된 임상 정보와 생산된 유전체 데이터가 유출되지 않도록 수집·생산 단계에서 각각의 아이디(ID)를 부여하고 폐쇄망 구축을 통해 데이터 관리에 만전을 기하기로 했지만 기존에 한국 사회에서 벌어진 데이터 유출 사례 및 사고들을 상기해 보면 데이터 유출의 위험성은 배제할 수 없는 중요한 문제이다.

예를 들어 우리나라와 같이 특정 대기업을 모체로 하여 대형 병원과 연구소, 그리고 보험회사까지 동시에 운영되고 있는 구조 속에서는 정보 유출의 위험성이 더욱 높게 존재한다고 볼 수 있다. 특정 대기업을 모체로 하는 연구소나 병원이 관련 사업에 선정되어 빅데이터를 보유하게 된 후, 이러한 정보를 보험회사에 넘겨준다면 보험회사는 특정 개인의 보험 가입을 거부하거나 보험료를 인상할 것이며 이는 결과적으로 국민의 기본적인 건강권과 사생활권까지 침해하게 될 수도 있다. 또 바이오 빅데이터에 다른 개인 정보 데이터를 융합, 재가공할 경우 새로운 감시와 통제의 방식들이 다양하게 생겨날 수 있다. 해킹 기술이 보안 기술보다 빠르게 발전하고, 개인 정보 유출에 의존하는 보이스 피싱이 일반화된 상황 속에서 바이오 빅데이터의 유출에 대한 우려는 절대 간과해서는 안 될 것이다.

이미 '데이터 권력'이라는 말이 보편화되었을 정도로 현대 사회에서 데이터는 자본과 권력의 중요한 토대이며 특히, 바이오 빅데이터는 어떠한 폭력도 사용하지 않고 가장 정확하고 유용하게 신체를 지배할 수 있는 수단으로 악용될 수 있다. 이는 바이오 빅데이터가 새로운 빅브라더(big brother) 또는 판옵티콘(panopticon)이 될 가능성을 내재하고 있음을 의미한다. 게다가 새로운 감시기술들은 안전 메커니즘 속에서 사회 진입이 더욱 용이해지고 있으며 개인을 가장 정확하게 식별할 수 있는 유전 정보는 감시의 원리와 기술을 혁명적으로 바꿀 수도 있다. 특히 디지털로 기록된 유전 정보는 개인 정보뿐만 아니라 특정 시간, 장소 등과 결합시킬 경우 더욱 정확하고 폭넓은 정보로 발전되어 중요한 개인 정보 지도를 제공할 수 있다. 이는 궁극적으로 보다 유용한 통제와 감시를 가능케 하여 생명정치의 새로운 공간을 창출하고 국가의 통치성을 강화할 것이다.

5. 결론: 생명정책 거버넌스의 방향성 모색

1) 권력의 대항축으로서 시민사회와 거버넌스

첨단 생명과학 기술들은 기존에 우리가 갖고 있던 모든 지식과 한계를 넘어서고 있으며 생명과학의 발전이 이끌어 가고 있는 거대한 변화는 인간의 본질과 조건에 대한 근본적인 질문을 제기하고 있다. 어쩌면 인류는 기존에 대면한 적 없는 가장 큰 도전을 받게 될 수도 있을 것이다. 게다가 생명과학의 발전 속도는 날이 갈수록 가속화되고 있다. 이는 우리가 숙고할 시간적 여유가 그만큼 많지 않다는 것을 의미한다. 하지만 과학기술이 혁신을 거듭하는 것과 달리 정치는 그에 대해 후발성을 가질 수밖에 없다. 결국 정치의 역할은 과학보다 한걸음 뒤에서 현재와 미래, 사실과 상상, 기술적 가능성과 사회적 활용성 간의 격차를 계속 고민하며 좁혀 나가는 데 있을 것이다.

앞서 살펴본 것처럼 생명과학의 발전은 과학적, 윤리적 문제뿐만 아니라 생명자본, 정치적 불평등, 그리고 감시와 통제의 문제와 같이 정치적 문제들도 야기할 것으로 보인다. 이러한 문제에 대응하기 위해 정치는 최대한 지혜를 모으는 일에 집중해야 할 것이며 그 틀은 결국 민주주의에 의존할 수밖에 없을 것이다. 현대 생명과학이 제기하는 '인간이란 무엇인가'와 같은 질문은 결국 민주주의 실행의 시공간적(spatio-temporal) 조건을 말하는 것이다(Gottweis 1995, 127). 민주주의가 강화될수록 과학기술의 진보에 따른 문제에 더 잘 대응할 수 있을 것이며 민주주의에 결함이 있다면 새롭게 제기되는 문제들에 대한 대응 역시 제대로 이루어지지 않을 것이다.

푸코는 자유주의 통치술이 작동하는 생명정치 메커니즘 속에서 국가 이성에 대항하는 존재가 절대적으로 필요함을 강조하며 그 대안을 시민사회와 거버넌스 전략에서 찾았다. 시민사회는 역사의 원동력이자 국가의 통치 이성에 대한 대항축으로서 가장 중요한 존재이며 거버넌스는 정부 주도의 통치방식에서 벗어나 보다 다양한 행위자들이 주체가 되어 문제를 해결해 나가는 사회적 통치방식으로서 시민참여와 민주적 의사소통을 발전시키고, 피통치자들의 합리성에 기초한 규칙을 만들며, 새로운 정치와 정책을 구성하는 가장 합리적인 대응 방안이 될 것이다.

생명과학의 발전에 따르는 문제들과 구체적인 대응 방안을 논의하기 위해서는 '생명정책 거버넌스(biopolicy governance)'가 필요하다. 생명정책 거버넌스는 권력 메커니즘이 국가 중심으로 작동하는 것에서 시민사회로 그 축을 이동시켜 통치성의 재중심화를 꾀하고 메커니즘의 각 지점과 교차점마다 시민사회가 참여하고 개입하도록 하여 생명에 관한 문제와 정책이 피통치자들의 합리성에 기초하여 규칙화되도록 하는 것을 목표로 한다. 즉,

통치자 중심의 통치성(governmetality)에서 피통치자들의 합리성과 통치자−피통치자 간 상호작용에 기반한 통치(governance)로 이행하도록 하는 것이다. 생명정책 거버넌스의 핵심은 생명공학 문제의 논의와 생명정책 수립 과정에 시민사회의 참여를 보장하는 것에 있으며 이는 지식−자본−권력의 메커니즘이 생명을 선별적으로 살리거나 죽게 내버려 두는 일이 없도록 하고 모든 국민의 평등한 생명권과 자유 보장을 실현하는 데 궁극적 목적이 있다.

2) 생명정책 거버넌스의 가치와 방향성 – 개방성, 참여성, 지속성

그동안 한국 사회에서 생명과학 문제에 대한 거버넌스는 전문가와 관료 중심으로 운영되어 왔고 국가와 과학이 맺어 온 관계에서 시민들은 소외되어 왔으며 중요한 정책 및 의사결정 과정에서 배제되는 경우가 많았다. 즉, '전문성'의 이름으로 개인을 소외시키는 현상이 발생해 온 것이다(김현철 2016, 14−15; 이영희 2003, 140). 하지만 과학기술이 사회적으로 적용될 때 가장 중요한 대상은 시민이다. 따라서 과학과 정치의 새로운 관계를 논의하는 과정에서 핵심은 바로 시민을 포함시키는 것이어야 한다. "시민참여를 통하여 과학기술의 구성 과정을 변화시키면 과학기술의 내용뿐 아니라 사회적 맥락도 함께 변화하기 때문이다. 즉 과학기술과 사회가 별개의 영역이 아니듯이, 과학기술의 민주화와 사회의 민주화는 서로 분리 불가능하며 '공동구성(co−construction)'된다고 볼 수 있다"(김환석 2010, 14).

우리나라에서 생명과학 분야 문제를 중심으로 거버넌스를 운영한 최초의 시도는 1988년 '유전자조작 식품의 안전과 생명윤리'를 주제로 한 합의회의에서 찾아볼 수 있다. 합의 회의는 형식적 측면에서 거버넌스 모델을

생명과학기술과 정치

시도했다는 점에 큰 의의를 갖지만, 내용적 측면에서는 여러 한계가 지적되었다. 합의 회의 이후 우리나라는 다양한 이해관계 주체들의 참여를 위해 공청회 및 공개토론회를 자주 활용해 오고 있다. 하지만 이와 같은 방식도 전문가와 관료 중심으로 진행되는 한계를 보이고 있다. 이러한 한국의 현실에서 우리가 구축해 나가야 할 생명정책 거버넌스는 다음과 같은 세 가지 방향성에 중점을 두어야 할 것으로 생각된다.

첫째, 개방성으로 이는 지식과 정보에 대한 개방 및 공유를 의미한다. 권력과 지식의 결합이 만들어 내는 통치성에 변형을 주기 위해서는 전문가나 관료들에 의해 독점적·폐쇄적으로 운영되는 지식과 정보를 개방하고 공유해야 한다. 그리고 형식적 참여가 아닌 내용적 참여를 통해 거버넌스의 질을 높이기 위해서는 생명과학 분야에 대한 시민들의 이해를 높여야 할 것이다. 이와 관련 생명과학에 대한 가장 기본적인 개념부터 전문적인 내용까지 일반 시민들이 쉽게 이해할 수 있는 형태로 제공하는 대표적인 통합 플랫폼이 요구된다. 미국의 경우 국립보건원에서 의학도서관(National Library of Medicine) 웹사이트를 통해 생명과학에 대한 가장 기본적인 내용부터 연구 동향, 사회적 이슈, 실생활과 관련된 기술까지 통합적으로 찾아볼 수 있도록 하고 있다. 하지만 우리나라의 경우, 국립보건원 질병관리청 산하 국립의과학 지식센터, 한국생명공학연구원, 생명공학정책센터 등에서 각종 자료를 제공하고 있지만 주로 전문가들을 대상으로 한 자료들로 일반 시민들이 쉽게 이해하기 어렵게 되어 있으며 산발적으로 운영되고 있어 시민들의 접근성도 떨어지는 것이 현실이다(정진화 2021, 50). 독일은 2002년 과학과 인문학의 대중적 이해(PUSH: Public Understanding of Science and Humanities) 프로젝트를 시작하여 과학과 대중의 대화를 장려하며 자연과학·사회과학·인문학을 포함해 모든 지식을 아울렀다(Jasanoff 2007, 251–

252).

최대한 많은 구성원들이 이해의 폭을 넓힐 수 있도록 지식과 정보를 공유하는 것은 민주주의에서 반드시 실행되어야 할 일이다(정진화 2020a, 209). 정보화된 시민(informed citizen)이 되었을 때 비로소 참여의 광장에서 자율적으로 참여하고 선택할 수 있기 때문이다. 정보화된 시민은 사회 쟁점에 대해 비판적이면서도 적극적인 해결책을 제시하려는 주의 대중(attentive public)으로 성장하여 현대 민주주의 발전에 직접적인 토대가 될 것이다(김혁 2014, 84-85). 이와 관련, 거버넌스에서 소외되거나 배제되는 사람들이 없도록 연령별, 세대별, 소득별 정보화 격차의 문제를 완화하는 방안도 함께 다루어져야 할 것이다.

둘째, 참여성으로 이는 거버넌스의 각 단위 및 절차마다 시민사회의 참여 기회가 반드시 보장되어야 함을 의미한다. 참여 기회의 보장은 단순히 형식적, 절차적으로 참여할 기회를 보장하는 것이 아니라 발언권과 의사소통의 기회까지 보장하는 것을 말한다. 공청회나 공개토론회 등의 행사에서도 형식적인 참여만 보장하는 것이 아니라 시민사회의 다양한 주체들이 토론에 직접 참여할 수 있는 발언권을 보장해야 할 것이다. 바이오 빅데이터 사업 등과 관련해서도 시민들의 동의나 허용을 얻는 단계가 다양한 과정에서 보장되어야 할 것이다. 시민사회의 참여가 증대되어 권력 메커니즘을 둘러싼 시민사회의 그물망이 보다 수평적으로 촘촘하게 얽힐수록 국가 통치의 대항축으로서 시민사회는 그 힘을 효과적으로 발휘할 수 있을 것이다.

최근 유럽의 바이오 의료강국의 대표주자로 꼽히고 있는 네덜란드는 시민참여를 증대시켜 궁극적으로 관련 기술 및 산업의 성장 기회를 제공할 수 있는 선순환 구조를 구축하고 있다. 네덜란드의 바이오 의료 커뮤니티에는 3,100여 개의 바이오기업, 420개의 제약기업, 65,000명의 제약회사

종사자 및 47억 유로의 의료기술 시장을 포함하여 26개의 캠퍼스, 8개 대학의료센터, 13개 대학이 참여하고 있으며, 이 모든 시설들은 반경 2.5시간 내에 있다. 이러한 인프라를 토대로 바이오 공통핵심기술에 접근할 수 없는 사람들에게도 기술, 전문가, 인프라 등에 접근할 수 있게 하는 기술호텔 (Technology Hotel) 프로그램을 운영하고 있으며 기업, 연구기관, 정부 및 시민의 참여를 포함하여 공공-민간 파트너십이 300개 이상 규모로 구축되어 있다(국가생명공학정책연구센터 2021).

셋째, 지속성으로 이는 거버넌스 전략과 운영이 일회성으로 끝나는 것이 아니라 꾸준히 계속되어야 함을 의미한다. 푸코의 지적처럼, 자유주의 통치술은 통제와 관리의 절차를 끊임없이 자기 통치 방식으로 확대, 재생산하고 있다. 권력 메커니즘이 이렇게 반복적으로 작동되고 있는 상황에서 시민사회의 그물망이 파편적, 분절적으로 구성된다면 대항축으로서 제대로 역할을 하지 못할 것이다. 한국의 경우 정책 수립을 위한 공청회나 공개토론 들이 대체로 일회성으로 끝나고 꾸준하게 지속되지 못한 한계를 드러냈다. 하지만 생명과학 분야의 이슈들은 단발성으로 끝나는 것이 아니라 장기간의 고민과 계속적인 검토를 요구하는 경우가 더 많다. 따라서 정책이 수립되는 단계뿐 아니라 정책 이행과 평가 단계에까지 거버넌스 전략을 통해 지속적으로 시민사회의 참여와 논의가 이루어지도록 할 필요가 있다.

2003년 영국은 유전자 변형 식품에 관한 새로운 숙의 정치를 시도한 바 있는데 당시 연구자들과 이해당사자들을 망라한 인명록을 만들었고 전문가와 대중, 이해관계자 간의 지식 및 참여 격차를 조정해 나가는 데 노력을 기울였으며 새로운 개방형 숙의 절차를 만들어 많은 행위자가 참여해 규칙을 정할 수 있는 유연한 공간을 만들었다. 이 과정에서 30명 이상이 참여하는 공개토론회가 600회 이상 열리기도 했다(Jasanoff 2007, 127-128). 영국의 사례가 보여 주듯이 거버넌스의 운영은 결국 통치자와 피통치자 양측 모두가 얼마나 적극적인 의지를 갖고 이러한 노력을 지속해 가느냐에 달려 있으며 그 상호작용 속에서 성패가 갈리게 될 것이다.

3) 유토피아로 갈 것인가, 디스토피아로 갈 것인가

첨단 생명과학은 인류를 유토피아로 이끌 수도, 디스토피아로 이끌 수도 있다. 이러한 갈림길에서 우리는 첨단 생명과학 기술과 지식들이 야기할 수 있는 위험성을 최소화하면서 인류 발전과 삶의 질 향상에 최대한 기여할 수 있도록 새로운 길을 만들어가야 한다. 그 길을 만드는 데 있어서는 누가, 언제, 어떻게 경계를 설정할 것인가의 문제가 가장 중요한 과제가 될 것이며 이는 과학자들이나 관료, 그리고 정치인들에게만 맡길 수 있는 문제가 아니다. 바로 여기에 생명과 정치의 문제를 연결하는 거버넌스 전략의 필요성이 존재한다.

"거버넌스로 가는 길은 다양할 것이다. 어떤 길에는 햇볕이 내리쬘 수 있지만, 또 다른 길은 울창한 정글 속으로 내려갈 수도 있다. 하지만 함께 큰 그림을 그려 간다는 점에서 거버넌스는 전반적으로 협력의 기술을 진화시키며 미래 세대가 보다 평화롭게 살고, 지속가능한 발전을 도모하며, 창조적인 질서를 만들어 가는 데 기여할 수 있을 것이다"(Rosenau 1995, 39). 이 순간에도 기술의 혁신은 계속되고 있으며 그러한 혁신이 우리의 일상생활 속에 점점 더 깊이 파고들기 전에 우리 사회는 인간의 조건과 생명의 의미에 대한 논의를 시작해야 한다. 이를 위해서는 시민사회가 자기 자신과 생명에 대한 주체성을 갖고 사회적 논의에 적극 동참해야 한다. 시민사회가 보다 촘촘한 그물망을 만들어 지식-자본-권력의 메커니즘의 구조를 변형시켜 피통치자 중심의 통치 합리성을 강화시켜 나갈 때 우리는 보다 밝은 미래를 맞이할 수 있을 것이다.

참고문헌

국가생명공학정책연구센터. 2017.12.29. "2017년 바이오미래포럼을 통해 바라본 주요이슈." http://www.bioin.or.kr/board.do?num=275772&cmd=view&bid=report (검색일: 2021.6.21).

국가생명공학정책연구센터. 2021. "연구자와 바이오 공통핵심기술을 연결하는 기술호텔." http://www.bioin.or.kr/board.do?num=307515&cmd=view&bid=issue (검색일: 2021.6.22).

김혁. 2014. "지식국가의 등장과 새로운 시민 거버넌스 형성의 가능성." 『21세기정치학회보』 제24집 제3호. 75-91.

김현철. 2016. "생명정치, 생명권력, 생명법." 『법과 사회』 제51권. 1-22.

김환석. 2010. "과학기술 민주화의 이론과 실천-시민참여를 중심으로." 『경제와 사회』 제85호. 12-39.

김환석. 2015. "한국의 생명정치와 우울증: 예비적 분석." 『사회과학연구』 제27권 제2호. 289-313.

디디에 에리봉. 박정자 역. 1995. 미셸푸코. 서울: 시각과 언어.

박홍서. 2012. "자유주의 통치성의 출현과 인간안보." 『국제정치논총』 제52집 3호. 57-82.

방연상. 2016. "생명정치 시대의 신학-푸코와 아감벤의 생명정치론을 중심으로." 『신학과 사회』 제30권 제4호. 113-141.

신충식. 2010. "푸코의 계보학적 접근을 통한 통치성 연구." 『정치사상연구』 제16집 제2호. 126-162.

이영희. 2003. "국가 과학기술정책의 형성과 시민참여: 생명공학 규제입법과정을 중심으로." 『동향과 전망』 56. 140-163.

정진화. 2020a "유전공학의 발전과 인간의 자유에 대한 정치철학적 고찰: 센의 '자유로서의 발전' 개념을 중심으로." 『한국정치학회보』 제54집 4호. 193-217.

정진화. 2020b. "DTC(Direct-to-Consumer) 유전자 검사에 대한 효용성 관점의 한계와 정치적 대안 모색." 『정치사상연구』 제26집 2호. 137-164.

정진화. 2021. "유전체 편집에 대한 샌델의 관점 검토와 정치적 대응방안 모색." 『21세기 정치학회보』 제31집 1호. 37-58.

Agar, Nicholas. 2004. *Liberal Eugenics*. MA, Oxford, Carlton: Blackwell Publishing.

Best, Steven. 2006. "Genetic Science, Animal Exploitation, and the Challenge for Democracy." *AI & SOCIETY* 20(1): 6-21.

Dahl, Robert. 2015. *On Democracy*(by Ian Shapiro). New Haven & London: Yale University Press.

Doudna, Jennifer A. and Sternberg, Samuel H. 2017. *A crack in creation*. New York: Houghton Milfflin Harcourt.

Dworkin, Ronald. 2000. *Sovereign Virtue*. Cambridge, MA: Harvard University Press.

Fearer, Matt. 2013. "Scientists Expose New Vulnerabilities in the Security of Personal Genetic Information." http://wi.mit.edu/news/scientists-expose-new(검색일: 2021.6.14).

Foucault, Michel. 1979. "The Life of Infamous Men." In *Michel Foucault: Power, Truth, Strategy*, edited by Meaghan, Morris and Paul Patton, 76-91. Sydney: Feral.

_____. 1982. "Is It Really Important to Think?" *Philosophy and Social Criticism* 9(1): 29-40.

_____. 1983. "The Subject and Power." In *Michel Foucault: Beyond Structuralism and Hermeneutics*, edited by Hubert L. Dreyfus and Paul Rabinow, 208-226. Chicago: University of Chicago Press.

_____. 1990. *The History of Sexuality Vol. 1: An Introduction*. New York: Vintage Books.

_____. 1995. *Discipline and Punish*. New York: Vintage Books. Second Edition.

_____. 2007. *Security, Territory, Population*. New York: Palgrave Macmillan.

_____. 2008. *The Birth of Biopolitics*. New York: Palgrave Macmillan.

_____. 2012. "Truth and Power." In *Contemporary Sociological Theory*(3rd Edition), edited by Craig Calhounm, Joseph Gerteis, James Moody, Steven Pfaff, and Indermohan Virk, 305-313. West Sussex: Wiley Blackwell.

_____, and Jay Miskowiec. 1986. "Of Other Spaces." Diacritics 16(1): 22-27.

Gordon, Colin. 1991. "Governmental Rationality." In *The Foucault Effect*, edited by Graham Burchell, Colin Gordon, and Peter Miller, 1-51. Chicago: The University of Chicago Press.

Guttinger, Stephan and John Dupré. 2016. "Genomics and Postgenomics." http://

plato.stanford.edu/ archives/win2016/entries/genomics (검색일: 2020.4.24).

Gottweis, Herbert. 1995. "Genetic Engineering, Democracy, and the Politics of Identity." *Social Text* 42: 127-152.

Habermas, Jürgen. 2008. *The Future of Human Nature*. Cambridge, Malden: Polity Press.

Harari, Yuval N. 2017. *Homo Deus*. New York: HaperCollins Publishers.

Heine, Steven J. 2017. *DNA is not destiny*. New York: W.W. Norton & Company.

Jasanoff, Sheila. 2007. *Designs on Nature*. Princeton, Oxford: Princeton University Press.

Newell, Peter. 2010. "Democratising Biotechnology? Deliberation, Participation and Social Regulation in a Neo-Liberal World." *Review of International Studies* 36(2): 471-491.

Nozick, Robert. 2013. *Anarchy, State and Utopia*. New York: Basic Books.

Rajan, Kqushik Sunder. 2006. *Biocapital*. Durham and London: Duke University Press.

Rose, Nikolas. 2001. "The Politics of Life Itself." *Theory, Culture and Society* 18(6): 1-30.

Rosenau, James. 1995. "Governance in the Twenty-First Century." *Global Governance* 1: 13-43.

Sandel, Michael. 2007. *The Case against Perfection*. Cambridge, Mass.: The Belknap Press of Havard University Press.

Sinha, Kounteya. 2011. "Finally, Expert Panel Bans Fertility Drug Letrozole." The Times of India(October 18).

제3장

생명과학기술과 인간의 안전보장, 그리고 정치공학[1]

김영근(고려대)

1. 서론: 생명정치과학의 탄생

이 글의 목적(문제의식)은 생명과학이 더더욱 중요시되고 있으며, 위험사회에서 살아남기 위해서 바이오정치학의 기원 및 사회적 수요 등 그 필요성을 규명하는 데 있다. 특히 지금껏 인류를 진화시켜 온 '농업혁명', '과학기술혁명', '정보혁명'에 더하여 '인지혁명'이나 '인간생명 과학혁명'에 주목하고자 한다. 이는 '생명(인간) 안전혁명'으로 귀결된다. 무엇보다도 인류 역사상 가장 오랫동안 주목받아 온 '생명과학의 탄생(기원)'에 관해 고찰함으로써 관련된 논의 및 과제를 도출할 수 있을 것으로 기대된다.

'생명정치(biopolitics)'는 정치·경제적, 역사인식·사상·철학적, 과학기

1   이 글은 2020년 대한민국 교육부와 한국연구재단의 인문사회분야 중견연구자지원사업의 지원을 받아 수행된 연구(NRF-2020S1A5A2A01047120)이며, 다음 논문을 대폭 수정·기필한 것이다. 김영근. 2022. "포스트 코로나 시대의 생명정치와 인간의 안전보장." 『국가와 정치』 제28집 1호.

술·생명공학적 맥락을 통하여 생명과 그 부속 현상을 설명하려는 다양한 시도와 이에 의해 정의된 일련의 개념들을 포괄하는 개념이다. 주시하다시피 단순히 생물학에 정치학을 접목하여 바디폴리틱스(Body Politics), 유전자 정치, 정치참여 등 한정된 학문영역에 머무르지 않고 융복합 논의가 전개되고 있다. 푸코와 아감벤의 생명정치에 기초하여 코로나19로 인해 발생하는 사회현상의 본질적 문제를 규명하고자 하는 연구(홍경자 2021, 185-217) 등 다양한 학자들이 '생명정치'를 규정하려는 시도를 해 왔으며, 미셸 푸코(Michell Foucault)와 조르조 아감벤 등이 대표적이다(푸코 2008). 생명과학이 진화(혹은 퇴화)함에 발생하는 다양한 리스크를 관리(매니지먼트)하는 정치적 프로세스 및 메커니즘을 규명하는 학문(영역)이라 할 수 있다.

예를 들어, 코로나19 감염병 재해를 통해 얻게 된 교훈으로 '생명'에 관한 대응은 단순히 생물학적 바이러스의 관리(검역 등) 영역에 그치지 않고 보건학을 포함한 '생의학적(biomedical)' 대응과 동시에 사회적, 정치적, 경제적 현상까지도 고려해야 된다는 점을 깨우치고 있다. 따라서 정치(민주화), 경제(산업화), 인문사회문화(자유화·합리화), 역사 인식·사상·철학(공유·내재화), 과학기술·생명공학(AI융복합학), 지구환경(지속발전가능), 의료·보건(생사학), 공동체(화합·공생) 등 영역별 구성요소가 조화를 이루거나 대립함으로써 초래한 복잡한 현상을 이해할 필요가 있다(표 1).

푸코는 '생명정치'의 주체라 할 수 있는 인간을 대상으로 혹은 인간에 초점을 맞춰, 생명과 관련한 새로운 지식과 기술들이 어떻게 통치(거버넌스)에 활용되는지 분석하고 있다. 국민의 안전과 생명이 걸린 외교정책은 곧 인간안보와도 직결되어 있다. 인간 중심의 생명 관련 지식의 (재)생산 및 소비 메커니즘을 분석하고 있다는 점에서 인간의 안전보장(인간안보: human security)에 관한 논의와도 밀접하게 관련되어 있다. 여기서 인간의 안전보

영역	사회변화	관리 요소
정치	정치적 생명=[생명존중 이념의 확립과 공유] ⇒ 지정학적 대립(국경 및 사람의 이동 제한 등)	안전국가론: 생명정치, 생명외교
경제	경제적 생명=[산업화 및 협력 구도] ⇒ 지경(地經)학적 대립	'21세기 마셜플랜(재난기본소득)'
인문사회문화	인문사회적·문화적 생명=[자유·평등·합리주의의 실현] ⇒지사(地社)학/지문(地文)학적 대립	'언택트(비대면)' 사회
역사인식·사상·철학	역사·인식적 생명=[생사(死生)학] ⇒ 지사(地史)학/지지(地智)학적 대립	'인류애'적 연대(유대감)
과학기술·생명공학	과학기술·공학적 생명=[인류복지 및 생명의 과학화] ⇒ 지과(地科)학/지공(地工)학적 대립	AI(인공지능)융복합학: 유전자공학
지구환경	지구환경공학적 조화=[안전생태계의 실현] ⇒ 지환(地環)학적 대립	기후변화 및 에너지
의료·보건	웰빙·웰다잉 복지=[의료·보건·위생학] ⇒ 지의(地醫)학/지건(地健)학/생의학적 대립	팬데믹 (감염병 세계유행)
공동체	지역협력 및 인류애적 '생명공동체'=[휴마트(Humanity+Smart) 구현] ⇒ 지공(地公)학/지공(地共)학적 대립	공공외교, 국제협력
	인간의 안전보장	

주: 필자 작성

장이란 생명(바이오)과 관련한 '인권(human rights)'이나 '인간개발(human development)' 등에 주목하는 개념이다. 따라서 '위험사회에서 살아남기' 위해서 가장 중요한 어젠다로 부상하고 있는 '생명의 안전 혁명'에 관해 주목할 필요가 있다.

관련하여 위드 코로나 시대 제4차 산업혁명이 초래할 리스크를 최소화는 데 있어서 필수불가결한 '스마트파워(소프트+하드파워)'에 관한 현황과 과제도 흥미로운 관심사이다. 아울러 시간적·공간적·행위자별 영역을 넘어서 전개되는 '트랜스·내셔널리즘'이나 '트랜스·로컬라이제이션'과 관련하여 '인간을 최우선으로 한다'는 의미에서의 '휴마트(humanity+smart) 파워'

개념도 활용한다. 구체적으로는 과연 인간(생명)을 위해 어떻게 융복합적 하드·소프트파워를 매니지먼트하고 미래의 안전을 확보하고 있는지가 관건이다. 결과적으로 탈(脫)지정학적 스마트 시대의 융복합적 리스크 관리 방안을 제시하고 이론화를 시도하는 것은 곧 '생명정치'를 논하는 문제의식과도 부합한다. 소프트파워의 진화가 트랜스내셔널, 트랜스·로컬 행위 및 사회문화적·정치성제적 프로세스에 어떠한 영향을 미치고 있는지, 나아가 그 메커니즘의 작동원리를 이해할 수 있는 단서를 제동할 것으로 기대한다.

융복합적 생명정치에 관한 분석을 통해 인간의 안전보장을 둘러싼 정치공학 및 생명과학기술공학의 구조를 규명하여는 이 글의 구성은 다음과 같다.

우선 제1절에서는 인간이 진화(업그레이드)하는 과정에서 대두된 '바이오정치학'에 관해 그 실마리를 찾고자 한다. 생명을 중시하는 과정에서 정치학의 효용성을 살펴보고, 나아가 생물사회학, 생물정치학, 생명정치학 들의 개념들과 연계하여 새로운 학문 분야의 개척, 새로운 이론 틀을 마련하고자 한다.

제2절은 '트랜스휴머니즘'과 '생명과학기술'의 현재에 관한 분석이다. '바이오쇼크' 혹은 '바이오정치' 프로세스에서 나타나는 대립(갈등) 구도는 의외로 현대인의 생활 속에 상존해 있다. 예를 들어 감염병 공존의 시대를 살아가고 있는 현재, 정부의 방역 정책이나 백신 혹은 치료제를 받아들이는 태도에는 생명과학기술에 관한 신뢰도 및 사회적 수용도가 작동하기보다는 정치적 성향이 훨씬 큰 요인으로 작용하는 것으로 보인다.

제3절에서는 포스트 바이오테크 시대의 '인간의 안전보장'에 관해 다루고자 한다. 여기서 인간의 안전보장(인간안보)이란 무엇인가? 최근에 국제사회에서 '인간의 안전보장(human security)'이 중요한 개념으로 떠오르고

있다. 흔히들 말하는 '인권(human rights)'이나 '인간개발(human develop-ment)' 등의 용어와도 밀접한 관련이 있기에 포스트 바이오테크 시대를 살아가는 인류에 있어서 간과해서는 안 되는 어젠다임에 분명하다. 특히 안전국가의 차원에서 사람 한 사람 한 사람의 입장에서 생각하고 유전자 혹은 바이오 리스크를 관리함으로써 개개인의 안전·안심 생활을 영위하고 능력이 발휘될 수 있도록 보장하는 일련의 프로세스를 규명하는 작업은 매우 독창적이고 유용하다.

  결론적으로 인간 중심의 '휴마트(Humanity+Smart Power)' 생명정치학의 역할 및 한계를 점검하고 향후 인간을 위한 생명과학의 정치공학적 관점에서 개선 과제를 제시하고 한다.

2. 왜 '바이오 정치학'인가?

  인간이 진화(업그레이드)하는 과정에서 대두된 '바이오 정치학' 혹은 '생명정치'에 관해 그 실마리를 찾아보자. 우선 생명을 중시하는 과정에서 정치학의 효용성을 살펴보고, 나아가 생물사회학, 생물정치학, 생명정치학 들의 개념들과 연계하여 새로운 학문 분야의 개척, 새로운 이론 틀을 마련하고자 한다.

1) 정치적 생명과 안전국가론

  '생명정치(biopolitics)'는 요한 부돌프 셸렌이 민족국가의 정체성(아이덴티티)이 무엇인지를 구체화하기 위해 '생물학적 특징'을 '국가'에 적용하면서 출현한 개념이다. 그는 국가를 구성하는 내부 집단들이 자신들의 이해관계를 관철시키려고 벌이는 투쟁 양상이 흡사 "생명 자체에 전형적이라는 점에서(…) 생물학이라는 특수한 과학을 본떠서"(Kjellén 1920, 30) 국가가 살아 있는 생명 내지 유기체와 같은 발상을 덧씌워서 "생명정치"를 창안한다고 주장한다.

여기서 '생명정치'에 관한 '거버넌스'란 한 국가나 개인이 위험사회가 내재(embedded)하고 있는 다양한 '리스크' 혹은 '분쟁' 요인들을 어떻게 받아들였는지, 혹은 재해사상이나 정책이념 등을 통해 재난을 관리하거나 '인간부흥/재해부흥/사전부흥'하려고 노력해 왔는지, 아울러 관련하여 발생하는 분쟁(갈등)에 관한 교차점과 그 원인을 규명하기 위해 행하는 톱다운 혹은 보텀업을 교차하는 일련의 프로세스 및 메커니즘을 포괄하는 개념이다.

생명정치와 관련하여 '안전국가(safety state)'에 관해 주목할 필요가 있다. 이는 생명정치 논의에는 안전 메커니즘이 중요하게 작동하기 때문이다.[2] 그렇다면 안전국가란 무엇인가? 이는 "인간 본위를 위한 자유민주주의 원칙과 거버넌스에 기초하여 자연·사회·인적 사건, 사고, 위기, 위험[3], 테러, 감염(병), 재앙, 재난, 재해 등 우리가 처한 모든 불확실성 및 리스크는 물론 다양한 가지의 충돌과 혐오, 불안, 공포, 인간적 갈등까지도 포괄하여 관리할 수 있는" 체제를 뜻한다(김영근 2020, 47-74). 인간에게 위해한 재난 및 재

---

2 '공간적 차원에서의 안전', '불확실성에 대한 대처', '규범적 정상화 형식', '안전기술과 인구 사이의 상관관계'라는 네 가지 안전의 속성을 들고 있다. Foucault, Michel. 2007. Security, Territory, Population. New York: Palgrave Macmillan, p.11. "주권과 영토의 개념은 규율을 통해 공간을 만들어 내고, 안전에 대한 필요성은 여러 요소들에 대응해 환경을 정비하도록 만든다. 인간의 상태를 바꾸고 싶을 때 주권자는 환경에 작용을 가해야 하고 이 과정에서 안전 메커니즘이 작동된다." 정진화(2022)의 글을 참조할 것.
3 '위험'은 발생하지 않은 해로움이나 손실이 생길 우려가 있는 상황이고, '위기'는 위험한 고비나 시기로 위험이 실제로 나타난 상태를 말한다.

해와 관련한 '災', '害', '損', '事', '故' '(災)殃' 등 다양한 키워드도 거버넌스에 포함한다. '생명정치'와 관련된 '재해사상'이나 '재난안전 관리'는 '리스크 매니지먼트', '정보공유(Share Communication)' 등 다양한 측면에서 사회적 약속이나 수용성에 관한 논의를 통해 정책화되거나 정치과정에 머무르기도 한다.

울리히 벡이 말하는 21세기 '위험사회'를 살아가는 인간에게 재난(재해)이 어떠한 영향을 미치는지를 근본적으로 규명하는 분과학문이야말로 '생명정치(공)학'이라 할 수 있다. 거버넌스 과정에서 주로 활용되는 '리스크 커뮤니케이션(Risk Commuication)'의 출발점은 사회적 불확실성이나 위험 요소를 둘러싼 소통의 한 방식으로, 정확한 정보공개에서 비롯된다. "정치경제적, 사회문화적, 생활환경적, 과학기술적 위험성에 관한 정보나 의견을 위험 관리자, 위험 평가자, 이해관계자, 시민들 사이에서 주고받는 일련의 프로세스"를 의미한다. 과장되게 표현하자면 인간이 살아가는 과정에서 관련된 모든 이슈는 '재난·안전'과 연관되어 있으며 국가는 이념이나 사상, '재난인문학'을 통해 '인간안보'을 실현하려는 것이 주된 목적이라고 해도 과언이 아니다. 또한 안전국가의 실현을 위한 '생명외교'는 무엇보다도 우선시되어야 할 국가(정치)의 목표(의무)하 할 수 있다.

한편, '바이오정치학'은 '우생학'이나 신인종주의4, '유전자 정치'의 역사와도 밀접하게 관련되어 있다. 나아가 바디폴리틱스라는 학문영역으로 알려진 흥미로운 연구방법을 사용하여 정치엘리트 혹은 국가권력의 이미지

---

4 생명공학과 자유주의 우생학이 결합하여 인간의 유전자를 개량하는 실험 현상에 대한 문제제기는 다음 논문을 참조할 것. 김광연, 「자유주의 우생학과 생명정치: 유전자 결정론과 생명계급의 문제점을 중심으로」, 『생명윤리정책연구』 제8집 2호, 이화여자대학교 생명의료법연구소, 2014, pp.109-130.

를 신체를 통해 표상(表象)[5]함으로써 지지기반의 정치적 성향 및 정치활동에 대한 리더십-팔로워십에 관한 요인을 밝히는 연구도 존재한다. 아울러 '생명권력(bio-power)'이나 '인체의 해부정치(Anatomo-Politics of the Human Body)' 등 정치과정에서 활용되는 다양한 기제도 등장한다. 미셸 푸코의 '권력론'과 '생명정치론'을 분석 틀로 해석한다면, '위드코로나 감염병 재해' 프로세스에서 작동하고 있는 것은 사람을 살게 만들고 죽게 내버려 두는 권력 즉 '생명관리 권력 메커니즘'이라 할 수 있다(김봉수 2021, 161-189). 비록 국가(권력)의 역할 확대 즉 '큰 정부'라는 형태가 과연 재해, 재난, 전쟁, 전염병 등 인간의 생명을 위협하는 거대한 복합적 위험 요소들을 어떻게 관리해 줄 것인지는 미지수이다. 예방의학기술이나 인문생명학 등을 활용하여 생명관리권력의 부작용을 최소화하여 구현되기를 기대하는 것은 지당한 세상의 이치라 할 수 있다. 따라서 개인이 아닌 인구(경제학)로서 생명으로 치부되어 몰개성화 혹은 비정상화되는 동시에 '생명 자본화'되는 것은 극복되어야 할 과제이다.

2) 경제적 생명

자크 아탈리 교수는 그의 저서 『생명경제로의 전환』에서 '생명경제'란 "인간의 삶을 안전하게 영위하는 데 필요한 경제활동에 대한 비중을 높이고 이에 종사하는 사람들의 위상과 처우를 향상시킴으로 삶의 본질적인 질을 높이는 데 비중을 두고 있는 경제구조"라고 정의하고 있다. 최근 인류

---

5 표상이란 추상적인 사물이나 개념에 상대하여 그것을 상기시키거나 연상시키는 구체적인 사물로 나타내는 과정(혹은 결과)를 뜻한다. 어떤 실체에 뒤따르는 '마음에 떠올려진 것'이라 정의되고, 그 예를 개인의 마음에 그려진 내적인 이미지나 묘사, 겉으로 표현된 작품, 실물과 상관없지만 그것을 표시하기 위한 인위적인 기호나 상징을 말한다.

는 2000년대 후반 글로벌 금융위기, 2010년대 후반 4차 산업 혁명, 그리고 2020년 진입과 동시에 전 세계를 강타하고 있는 위드 코로나 시대에서 살아가고 있다. 지금까지 고도의 산업 및 경제 발전을 이룬 국가를 가리키는 용어로 그로 인해 국민의 발달 수준이나 삶의 질이 높은 국가들을 선진국으로 지칭해 왔다. "국민들이 잘 살 수 있는 경제, 사회, 문화적 시스템이 잘 갖추어지고 이를 기반으로 국민 의식이 잘 갖추어진 나라, 그리고 문제 발생 시 이를 스스로 치유할 수 있는 사회적 자본이 축적되어 기반이 되어 있는 나라"의 개념이 포스트 코로나 시대에는 '생명경제'의 성숙도가 선진국의 기준이 될 것으로 보인다. "'생명경제'의 핵심은 환경보존에 최우선을 두고 있는 경제 정책의 실시, 인간의 생명과 삶의 질에 직결되는 산업에 대한 육성, 나아가 자국뿐 아니라 경제적으로 어려운 국가에 대한 글로벌 차원에서 책임을 다하는 것이다."(김태완 2021)

뉴노멀 시대에는 선진국에 대한 인식이 위에서 언급한 생명이 존중받는 나라, 즉 '안전국가론'이 척도의 기준으로 바뀌게 될 것이다. 국가가 중시하는 것이 무엇이고, 그 국가가 지향하는 바가 무엇인지, 그리고 그 국가가 다른 나라에게 어떤 영향력을 행사하는 것인지에 대한 기준이 '안전' 위주로 바뀌게 된다는 뜻이다. 예상치 못한 대공황과 같은 재앙적 경제 리스크가 발생할 경우 이를 헤징(해결)하는 과정에서 생명(국민)을 국가의 핵심 자산이자 자본으로 간주하고 이에 높은 비중을 두고 노력하는지 여부가 중요하다.

최근 일본은 4차 산업혁명(Industry 4.0) 시대를 맞아 정부 주도하에 '소사이어티5.0(Society 5.0)'을 제시하며 체계적인 전략 추진에 속도를 내고 있다. 특히 관련 법규 마련 및 인프라 정비에 착수하고 있는 것이 생명경제와 일맥상통한다. 여기서 '소사이어티5.0'이란 AI(인공지능)과 IoT(사물인터넷),

빅데이터와 같은 첨단기술을 모든 산업과 생활에 도입한 초연결 스마트 사회로 일본 정부가 지향하는 미래 청사진을 의미한다.

4차 산업혁명이 추구하는 것이 무엇인지 잘 모른 상황에서는 한국이 추구하려는 공공외교의 목표달성이 어렵듯이, 일본이 지향하는 미래사회의 조감도 '소사이어티5.0' 구상을 제대로 이해하고, 한국형 공공외교의 추진 전략을 수립해 나가는 것이 바람직하다. 특히, 일본이 4차 산업혁명의 방향성이나 속도, 효율성보다 더 중요한 것은 사회가 요구하고 지향하는 컨텐츠의 안전성과 안심을 우선시하고 있다는 점을 간과해서는 안 된다. 소사이어티 5.0 구상이 글로벌 '안전혁명'과 맞물려 있다는 점에서 재해 발생 시 생명자본주의 혹은 생명경제의 그림자만을 드리운다면 그 여파는 감당하기 어렵다.

3) 인문사회적·문화적 생명

인간(생명)은 현재 제해와 재해 사이를 뜻하는 '재간(災間) 체제', 혹은 '위험사회', 'With 코로나 시스템'이라 불리우는 재해 공존 사회('재난과 더불어 살다')의 한 가운데에 있다. 여기서 '생명인문학'이란 한 국가와 시민들이 시대별·공간적으로 '생명'에 대한 역사적·문학적·철학적 접점은 어떠했으며, 인류가 재난이나 재해 등 무수한 역경과 마주해 살아온 삶(bio)의 일부를 풀어내는 방식 중의 하나이다. 특히 재난에 대응하고 상처를 치유하는 방법들을 탐색하는 동시에 울리히 벡이 말하는 '위험사회'를 살아가는 인간에게 어떠한 영향을 미치는지를 근본적으로 규명하는 것도 '생명인문학' 혹은 '재난인문학'의 영역이라 할 수 있다. '사회생물학'이나 '생명사회학'과도 연계되어 인류역사상 생명의 형성에 영향을 미친 모든 요소들에 관해 재해석하는 '융합생명정치학' 중 가장 역사가 깊다. 예를 들어 노자는 세계를 살아있는 거대한 생명체로 보았으며, '생명'이란 관점에서 자신의 사상(自然無爲)을 일관되게 전개하였다. "생물학적 기반을 갖고 생태계의 연관관계 속에서 펼쳐지는 생명의 전개 과정은 정치적 차원과 경제적 차원, 사회문화적 차원을 갖고 있으며, 생명의 근원과 총체성을 물을 때에는 생명 이해의 사상적 기반을 고려하지 않으면 안 된다. 생명 이해는 이와 같은 여러 차원들을 아우르면서 이 여러 차원들을 관통하는 어떤 원리에 대한 근원적이고 전체적인 통찰을 필요로 할 것이다."(강원돈 2020, 289-320)

4) 역사·인식·철학적 생명

생명정치를 철학적 혹은 역사·인식(사상)적으로 논할 때 중요한 것은 그 의미와 역할에 관한 것이다. 무엇보다도 삶과 죽음에 대한 인문학적 담론을 논하는 '생사(死生)학'과 밀접하게 관련되어 있다는 점에서, 개인이 생명 과정에 개입할 여지와 생명 정책에 대한 개인적 의결권이 확대되는 것과 연동되어 있다는 점을 고려해야 한다. "21세기에 들어서면 생명공학과 생명의학의 수준이 고도화하면서 생명정치는 생명자본으로 이행하고 생명의 상품화를 추동하는데, 개인들은 그런 생명 상품을 소비하면서 미래지향적 라이프 스타일을 설계하는 생명공학적 주체 내지 예방의학적 주체성을 형성하게 된다. 이렇게 해서 생명자본화한 주체가 발휘하는 욕망 때문에 삶의 터전이 박탈되거나 소외당하는 새로운 빈곤층이 생겨난다."(이정은 2021, 99-128)

"한국에서 '생사학'으로 번역되는 'Thanatology(죽음학)'는 1903년, 메치니코프가 노인학을 연구하면서 처음으로 사용했던 개념이다. 미국에서는

1959년, 헤르만 화이펠(Herman Feifel)이 학제적 연구를 통한 죽음학 연구 성과를 제시하면서 삶과 죽음 즉 '생명교육'에 대한 필요성을 인식하기 시작했다. 현대 생사학의 성립에 절대적인 영향을 끼쳤던 엘리자베스 퀴블러 로스(Elizabeth Kubler-Ross)는 의료 현장의 경험을 토대로 임종자나 가족이 죽음의 과정에 주체적으로 참여해야 한다고 주장하고 호스피스 활동과 교육을 통하여 사회적인 공감을 이끌어 냈다. 이후에 생사학은 인문학을 포함한 종합학문으로서 죽음 및 생명 교육, 애도, 상담, 정책, 보건 등 다양한 영역에서 연구가 이뤄지게 되었다."[6]

"포스트 코로나 시대에 요구되는 '생명철학'은 인간의 생명을 아감벤이 주장하는 것처럼 벌거벗은 생명(호모 사케르: homo sacer)으로 전락시키는 생명정치의 통치를 비판하고, 이에 저항함으로써 생명을 지속하는 데 목표를 둔다. 호모 사케르적 생명체를 지속적으로 양산하는 '전지구적 생명자본'과 생명정치의 문제를 비판적으로 주제화할 필요가 있다."(홍경자 2021, 185-217)

5) 과학기술·공학적 생명

인간의 삶에 획기적인 진보를 가져온 생명공학(biotechnology)이란 생명(bio)과 기술(technology)의 합성어로서 생명을 다루는 기술을 뜻한다. 즉 생물의 유전, 생존, 성장, 자기제어, 물질대사, 정보인식·처리 등을 연구하고 공학적으로 응용하여 인간의 삶에 필요한 대상을 만드는 것이다.

생명공학의 발전(발달)은 '인간의 안전보장'이라는 관점에서 볼 때 우리

---

6 한림대 생사학연구소 홈페이지 http://www.lifendeath.or.kr/

인간이 생물이고, 우리의 삶이 생물권에 기초하고 있다는 점에서 중요하다. 건강하고 안전-안심의 삶을 보장해 주는 긍정적 효과도 있지만, 인간이 자연과 사회의 영향 관계를 제대로 고려하지 않고 생명공학을 통해 자연을 인위적으로 변형하는 '기술존재론' 내지 '자연기술론'이 우위를 점하게 된다면 발생할 부정적 측면도 우려되는 상황이다.

생명공학(BT)은 제3차 산업혁명의 신기술(6T)로 주목받아 온 정보기술(IT), 나노기술(NT), 환경기술(ET), 문화콘텐츠기술(CT), 우주항공기술(ST)과 더불어 포스트 4차 산업혁명 및 위드 코로나 시대에도 여전히 글로벌 기술경쟁의 중요한 화두이다. 또한 생명공학에 과학기술을 더한 복합적 학문영역도 관심거리이다.

AI(인공지능)이나 IoT(사물인터넷) 등과 같은 첨단과학기술의 성장과 그와 연계된 생명공학이 융합하여 탄생시킨 유전자 연구 및 맞춤형 의료 등 '생명 과학기술'은 초고령화 사회의 해결사로 주목받고 있다. 다만 생명과학의 원리가 적용되어 발전되어 온 다양한 과학기술이 초래할 미래 인류의 위기 의식도 고조되고 있다. 생명윤리 및 생명교육 등 동반되는 어젠다도 염두에 두어야 할 것이다.

6) 지구환경공학적 조화

인간안보를 위한 안전 생태계의 실현이라는 목표에 도달하기 위해서는 지구환경공학적 조화가 관건이라 할 수 있다. 재생에너지와 지속 가능한 환경개발에 핵심 원천으로 주목받고 있는 '바이오매스'는 생명체(bio)와 전체 집합체(mass)를 결합시킨 용어로 '양적 생물자원'으로 사용되는 경우가 많다. 원래 일정지역 내에 존재하는 모든 생물의 총량을 나타내는 생태학상의 개념으로, 미국 에너지성의 대체에너지 개발 프로젝트인 '바이오매스에서의 연료생산(fuel from bio-mass)' 과정에서 알려지게 되었다. 이는 한 지역에 존재하는 농산물이나 임산물 등의 식물체 외에 동물체도 포함한 1차 산업인 농림수산업과 2차 산업인 제조업, 여기에 3차 산업인 서비스업을 융합·복합화한 '6차 산업'과 연동되어 있다. 1+2+3=6 혹은 1×2×3=6이라는 의미에서 6차 산업이란 명칭이 생겼다. 예를 들어 농업이라는 1차 산업과 이를 통해 얻어지는 특산물을 이용한 재화의 생산(2차 산업), 그리고 관광 프로그램과 같은 서비스 창출(3차 산업)을 통해 6차 산업이라는 복합산업공간을 창출하는 것이다. 바이오매스를 에너지자원으로 활용하는 사례는 일본 오카야마현의 마니와시 등이 대표적으로, 태양에너지, 지열, 풍력, 조력 등에 의해 생성되는 신재생에너지와 달리 바이오 유기체를 에너지원으로 하고 있다. 바이오매스를 원료로 사용하여 에너지화하는 열병합발전소의 건설을 통해 지역 내를 지속발전가능한 자급자족의 사회를 실현하려는 노력은 인간에게 가장 친환경 시스템이라 할 수 있다. 에너지원으로서 바이오매스는 재생이 가능하고, 물과 온도 등 일정 조건만 맞으면 지구상 어느 곳에서나 얻을 수 있다는 장점이 있다.

융복합 6차 산업을 활성화시키는 과정에서 지역 공공재는 지역에서 스스로 아껴야 한다는 '신토불이(身土不二)' 혹은 '지산지소(地産地消)'의 개념과 접목시킨 '바이오 친화형 생태계'도 흥미로운 주제이다. 1986년 GATT(관세 및 무역에 관한 일반협정)의 제8차 우루과이 라운드 이후 한국의 농업이 몰락할 위기에 처하자 '자급자족' 혹은 '로컬푸드'와 상응하는 말로서, 그 지역 사람에게는 그 지역에서 나는 먹거리가 좋다는 취지하에서 널리 사용되기 시작했다. 국산 농산물의 유리한 판매 및 식량자급률 향상으로 이어지는 이념이다. 한 지역에서 생산되는 것은 지역에서 우선 소비가 되어야 한다는 6차 산업과 바이오산업이 맞물린다면 그 더할나위 없이 인간에게 무해한 안전안심의 생활환경을 제공하는 셈이다.

7) 의료·보건·위생학

위드 코로나 시대에 인간에게 가장 중요한 학문영역으로 자리 잡고 있는 융합의 장이라 할 수 있는 '의료사회학'에 관해서 알아보자. '의료사회학'이란 의료가 사회에 어떻게 영향을 주는지, 사회가 의료에 어떻게 영향을 주는지에 대해 연구하는 학문분야이다. 의료사회학은 두 가지 개념을 가지고 있다. "하나는 '의료 내 사회학'과 다른 하나는 '의료의 사회학'이다. 의료 내 사회학은 사회적 요인이 어떻게 인간의 건강과 질병에 영향을 미치는지 설명하는 학문이다. 의료의 사회학은 반대로 의료가 개인에게 어떠한 영향을 주는지, 정치, 경제, 사회 문화에 어떠한 영향을 미치는지 연구한다. 결국 의료사회학은 의료와 사회가 상호 어떠한 영향을 미치는지 연구하는 학문이라고 할 수 있다."(김재형·이향아 2020, 843-902) 이는 사회구성주의자 미셸 푸코(Michael Foucault)의 '생명정치'와 맥을 같이 하는 것으로, 의료사회학의 이론적 기초를 만들었던 탈콧 파슨스(Talcott Parsons, 1902~1979)[7]의 연구를 계승한 비센테 나바로(Vicente Navaro)에 의해 인간안보에 중요한 영역으로 자리 잡게 되었다. 특히 그는 마르크스주의에 입각한 의료사회학자로 "질병을 어떤 실체가 있는 대상이라기보다는 자본이나 국가가 의도를 가지고 사회적 역사적으로 만들어낸 것이며, 정치, 경제 영역뿐만 아니라

---

[7] 그는 "질환을 단순히 생물학적인 장애가 아니라 환자가 사회적 역할을 수행하는 데 장애를 가져오는 일탈(deviance)"로 정의하고 있다. 김재형, 이향아. 2020. "의료사회학의 연구동향과 전망" 『의사학』 29(3), pp.843-902.

의학의 영역에서도 계급 불평등이 강화되고 있다"라는 점을 주장하였다.

8) 지역협력 및 인류애적 '생명공동체'

지속발전가능한 지구공동체의 길을 찾아 인류애적(휴마트: Humanity+ Smart) '생명공동체'를 구축하려는 노력도 중요하다(최민자 2021). '생명공동체'를 위해서는 '글로벌리제이션'이라는 토대가 근간이라 할 수 있다. 근대 서유럽 시민이나 시장사회의 '자기의 이익을 추구하고 경쟁하는 〈개인〉'의 원리를 글로벌 거버넌스 혹은 스탠더드와 조율(조정)하고 국가·민족 정체성과 타협해 가는 과정에서 생명(인간)의 안전보장을 위한 정치−경제−사회−문화−과학−기술−공학−의료−보건 등이 교차하는 학제적 국제협력도 긴요하다. 이때 비(非)서유럽 국가(사회) 혹은 비정부행위자(NGO) 등 국가 이외의 다양한 집단들의 정체성이 충돌하거나 경제·정치·문화적 변화에 대한 수용과 대립 프로세스를 동반하는 포괄적 현상도 나타난다. 결과적으로 정체성의 위기 및 재정립 과정에서 i) 국가 간의 분쟁(戰爭), ii) 혈연·지연을 비롯해 공통의 언어·종교·생활을 바탕으로 하는 다양한 공동체 내부의 분쟁(內戰)이나 iii) 개개인의 정제성 불안이 초래(야기)하는 사회적 갈등까지도 포함한 국제·국가·국내적 상호관계 속에서 안전을 위협하는 요소가 증대되고 있다. 자연재해는 물론 글로벌화의 진전에 따른 위기(리스크) 상황에 대해서는 전(全)지구적 '생명공동체' 차원에서 개인 및 집단적 정체성을 선순환적인 안전시스템으로 통합 관리할 필요가 있다.

"코로나19의 맹렬한 공격 앞에 인간이 자의적으로 창출한 국제 질서는 취약하고 무기력하다. 국가별로 각자도생을 시도하고 있지만 이는 미봉책에 불과하다. 코로나19 시대는 집단주의와 개인주의를 넘어 연대주의를 촉구한다."(정일준 2020, 138-145)는 주장처럼 코로나19 팬데믹, 기후 위기와 그로 말미암은 대재앙에 공동대처해야만 한다.

3. 트랜스휴머니즘과 생명과학기술의 현재

3절은 '트랜스휴머니즘'과 '생명과학기술'의 현재에 관한 분석이다. '바이오쇼크' 혹은 '바이오정치' 프로세스에서 나타나는 대립(갈등) 구도는 의외로 현대인의 생활 속에 상존해 있다. 예를 들어 감염병 공존의 시대를 살아가고 있는 현재, 정부의 방역 정책이나 백신 혹은 치료제를 받아들이는 수용 과정(태도)에서 생명과학기술에 관한 신뢰도 및 사회적 수용도가 작동하기보다는 정치적 성향이 훨씬 큰 요인으로 작용하는 것으로 보인다.

"전염병은 개인에서 개인으로 전파되는 사회적 질병이기 때문에 피해를 개인의 책임으로 돌릴 수 없는 외부효과가 있다. 그렇기 때문에 서로 다른 두 가지 정치적 성향이 맞설 수밖에 없다. 개인의 자유와 자율을 중시하는 성향과 사회적 책임과 적극적인 공공정책을 중시하는 성향의 충돌이다. 개인주의 대 사회주의, 자유주의 대 공공주의의 대립이다."[8]

1) 위험사회에서 살아남기 위한 인간안보의 분야별 관리 요소

소프트파워에 관해서는 정치-외교-경제-산업-사회-문화-사상-과학-기술 등으로 유형화할 수 있으며, 각 영역을 넘어서 융합한 분야도 중요

---

8 "[채수찬 칼럼] 백신접종의 정치학"『아주경제』2021년 3월 19일자.

성이 더해지고 있다. 한편 '소프트파워'의 분야별 적용사례는 각양각색으로 지금까지의 상식을 벗어나 예상밖(想定外)의 전개가 진행되고 있다(표 2).

첫째, 정치·외교 분야로는 전자투표, 탈중앙·탈권력, 국제제도의 관리 영역에서 벗어난 '프라이빗(私的) 레짐', 글로벌대통령, 바디폴리틱스, 탈(脫)지정학, 사이버테러, 화해학, 전쟁과 평화, 인간의 안전보장(Human Security)(김도형·아베 2015; 류시현 2015, 33-52.) 등이다. 특히 인간의 안전보장은 안전한 미래 사회를 위한 새로운 패러다임으로서, 유엔(UN) 인간안전보장위원회는 "현대사회가 직면하고 있는 극심하고 만연한 위험(혹은 위협)으로부터 국민들을 보호해야 하는 국가의 의무"로 정의하고 있다. 최근 점점 더 중층적이고 복합적 재난이 발생하고 있어 미래사회의 안전을 위해서는 역사, 철학 및 윤리를 아우르는 인문학적 소양뿐만 아니라, 법과 행정 및 과

〈표 2〉 인간안보의 분야별 적용사례

분야	사례	
정치 외교	바디폴리틱스(Body Politics) 탈중앙·탈권력: 프라이빗(私的)레짐, 글로벌대통령 vs. 생명권력 탈지정학: 사이버테러, 화해학: 전쟁과 평화	인간의 안전보장
경제 산업	4차 산업혁명: 무인자동차, 로봇사회, 고토즈쿠리 생명경제: 회복경제(Recovery Economy) vs. 성장경제 경제 공동화(Hollowing-Out of Economy) 탈(脫)중앙: 암호화폐/가상화폐/가상자산/암호자산, 탈지경학(地經學) AI벤처(Venture): VR(가상현실)/AR(증강현실), IoT(사물인터넷) 바이오산업(Bio industry)	
사회·문화 사상	휴마트(humanity smart), 인간부흥, 사전(事前)부흥	
과학기술	바이오 기술(Bio Technology), 디지털 소사이어티, 블록체인 기술	
융합	스마트그리드, 스마트시티, 스마트팜, 빅데이터(기계학습분석), 사이버 물리 시스템(Cyber-physical system), 생명혁명	

학기술, 사회 전반에 걸친 융복합적인 대응이 절실하다. 따라서 탈(脫)국가적 시각에서 사람 중심의(people-centered) 접근 및 하드파워에 소프트파워를 곁들인 통합적인(comprehensive) 구도가 중요하다.

둘째, 경제·산업 분야로는 4차 산업혁명: 무인자동차, 로봇사회, 모노즈쿠리 및 고토즈쿠리, 회복경제(Recovery Economy) vs. 성장경제, 경제 공동화(Hollowing-Out of Economy), 탈중앙(암호화폐/가상화폐/가상자산/암호자산), AI벤처(Venture), VR(가상현실)/AR(증강현실), IoT(사물인터넷), 공급과잉산업(Excess supply industry), 젊은산업(Young industry), 탈(脫)지경학 등이다. 한편, 전후 일본이 경제대국으로 성장할 수 있는 기틀이라 할 수 있는 장인정신을 상징하는 '모노즈쿠리'에 소프트파워를 가미하여 새로운 부가가치를 창출할 것인가에 관심이 쏠리고 있다.

셋째, 미증유의 '비대면(언택트: untact)' 사회로 전환하는 과정에서 과연 '생명인문학'은 어떻게 대응하고 있는지 살펴보자. 학교 교육 현장에서는 물론이거니와 회사의 재택근무 등 업무 방식과 개개인의 쇼핑, 여가생활, 원격진료 및 비대면 의료 등 사회 전반에 걸쳐 경험하고 있다. 포스트 코로나 시대야말로 '스마트 라이프' 혹은 '휴마트 소사이어티'로의 전환이 예고되고 있다(김영근 2018, 311-333). 이때 인간의 자유·평등·합리주의의 실현을 제한하는 법·제도(행정)적 장치와 분쟁이 발생하는 즉 지사학(地社學: Geo-Sociology)이나 지문학(地文學: Geo-Literature)적 대립이 현실화로 나타났다. 아울러 원격 온라인수업 혹은 원격 업무가 앞으로 증가할 경우 나타나는 사회현상도 예견하기가 쉽지 않다.

물론 일반 시민의 불안과 공포는 심리를 넘어 정치·경제적 현상을 어우르며(넘나들며) 근대문명론, 재해문명론, 사회계층, 재난인문학, 다문화공생(이민·난민 등), 문화충돌·수용(한류, 日流 등), 종교개혁, 계몽사상가, 인포데믹(정보의 세계확산) 등 여러 인문·사회·문화 현상과 교집합을 이루며 새로운 사회를 그려나갈 것으로 전망된다. 특히 교육만큼은 오프라인 및 아날로그 플랫폼이 강세였으나 아날로그의 종언을 고하고 디지털 교육(Digital Education) 시대에 성큼 다가서게 되었다. 기존 제도 혹은 습관·관행 등 관성으로 인해 변화가 더뎠던 인문·사회·문화 어젠다와 관련한 생활 이노베이션(혁신)을 가속화 하는 계기가 될 것이다. 특히 세계화, 글로벌화와 일맥상통하는 근대화(modernization) 과정에서 감염병 재해가 초래하는 변화 프로세스 및 메커니즘에 관한 학문적 논의는 매우 중요하다. 인류가 이룩한 물질적, 기술적, 사회 구조적인 발전에 관한 학문적 체계를 뜻하는 문명론(文明論)의 시각에서 재해석하려는 접근도 요구된다.

사회·문화·사상 분야로는 똑똑함(smart)만을 지닌 인재 혹은 사물보다는 인성(humanity)이 가미된 '휴마트'(윤석만 2017), 한류(문화), 쿨재팬 등 일류(日流), 환류(環流), 디지털 소사이어티 등이다. 예를 들어, 한일 간 화해의 정치경제학을 위해서는 '한류-일류-환류'가 상호작용하는 '소프트파워' 프로세스의 활용이 중요하다. 한국의 TV드라마(K-Drama), 영화(K-Movie)를 비롯한 대중음악(K-Pop), 한식(K-Food), 오락 프로그램(K-Entertainment), 뷰티(K-Beauty), 한국형 전자정부 등 행정·제도(K-Governance) 등이 해외에서 높은 인기를 누리는 한류 현상이 지속되고 있다. 한류로 인한 문화콘텐츠와 소비재, 관광 수출액의 증대 등 경제학적 효과는 물론이거니와 한류의 영향력은 국가 이미지까지에도 미치고 있다. 결과적으로 소프트파워의 주요한 적용사례라 할 수 있는 사회·문화·사상적 교류의 다양한 정(正)의 영향 계수가 기대되며, 나아가 '스마트파워'로 진화할 경우 더더욱 그 효과는 커질 것이다.

넷째, 과학·기술 분야로는 스마트그리드, 스마트시티, 빅데이터, 안전혁명 등이다. 특히 은행 없는(탈중앙) 글로벌 금융시스템을 목표로 하는 '블록체인(block chain) 기술에 관해서는 리스크의 분산이라는 관점에서 이 장에서 다루는 '안전혁명'과 관련하여 중요하다. '공공 거래장부'라고도 불리우는 블록체인은 불신의 상태에서 신뢰(trust)로 전환시키는 네트워크 혹은 포럼(chain) 기능과 연계되어 있다. '가치'를 포함한 거래도 블록체인을 통해 안전하게 이뤄질 수 있을 것이다. "블록체인은 서로 신뢰할 수 없는 환경에서 사람들이 중립적이고 중앙화된 인증기관 없이 신뢰를 보장하는 기술이다."[9] 바꾸어 말하자면 위험사회에서 살아남기 위한 '신뢰전환 기술' 혹은 '안전보장 기술'이라 할 수 있다. 가령 '호혜적 품앗이(reciprocal security sharing system)'를 지향하고 안전이 확보(보장)될 경우, 블록체인 기술의 활용은 스마트 시대를 살아가는 데 없어서는 안 될 '소프트파워'라 할 수 있다. 현재 블록체인은 분산 경제를 대표하는 키워드로 자리 잡고 있으며, 향후 공유경제를 확산시키는 사회적 신뢰·안전 인프라 역할을 수행할 것으로 기대된다.

다섯째, 융합하드·소프트파워 즉 '스마트파워' 분야로는 외교·경제·산업·문화·과학기술 등 분과별(discipline) 어젠다가 아우러져 나타나는 것이다. 특히, 경제·산업 분야에서 제시한 '고토즈쿠리' 개념은 소비자가 원하는 기능의 제품을 만들어 높은 가치를 체험하게 하는 것으로, 대표적인 '스마트파워'의 사례라 할 수 있다.

---

9 박수용 교수 강연 "블록체인과 거래혁명", 수원상공회의소 조찬강연회(2018년 4월 12일).

생명과학기술과 정치

2) 소사이어티 5.0

일본은 4차 산업혁명 시대에 대응하는 용어로 '소사이어티(SOCIETY) 5.0'[10]의 구현을 국가 목표로 정하고, 지식혁명 이후의 신세대 기술들을 산업의 다차원적인 혁명에 중점적으로 활용하려 하고 있다.[11] AI(인공지능) 등 4차 산업혁명 기술발전으로 모든 사물이 서로 연결되고, 거기서 수집된 빅데이터가 새로운 부가가치를 창출하는 새로운 사회·산업 이미지(像)로 로봇, IoT, AI, 빅데이터 등을 향후 일본이 주목해야 할 기술로 지정한 바 있다.

'소사이어티 5.0'의 핵심은 아베노믹스 경제 정책의 일부로 기능하며, 사회 문제의 해결과 경제 성장을 양립시키는 것을 목표로 미래 기술을 개발하고 활용하는 것이다. "물리적 현실에서 발생하는 사건에 대한 가상공간에 존재하는 클라우드 서비스의 수집 및 분석"에 집중한 '소사이어티 4.0'에 비해, '소사이어티 5.0'은 그 클라우드 서비스가 수집한 자료를 AI기술 등을 통해서 "리얼데이터"로 변환시켜서 다시 물리적 현실의 사람들에게 피드백을 주는 것이 주된 핵심이다(김규판 2018, 3).

일본 사회는 재해의 빈도가 높고 그 규모와 피해가 커서, 늘상 재해에 대해 적극적으로 정부와 비정부 행위자들 간 협력적 거버넌스는 모범사례라 할 수 있다. 재해 안전과 관련한 소사이어티 5.0은 우선 (빅)데이터를 중시한다는 점이다. 'AI 과학기술' 개발의 돌파구로 '딥러닝(Deep learning: 심층

---

10 일본 모노즈쿠리백서에 관해서는 경제산업성 사이트를 참조할 것. http://www.meti.go.jp/report/whitepaper/index_mono.html

11 반면 한국을 포함해서 미국 및 독일 등과 같은 국가는 '산업'이라는 관점에서 접근하고 'INDUSTRIAL 4.0' 혹은 '4차 산업혁명'이라고 언급하고 있다. 일본은 인류사의 발전을 '수렵사회(소사이어티1.0)→농경사회(소사이어티2.0)→공업사회(소사이어티3.0)→정보사회(소사이어티4.0)→Society 5.0' 5단계로 구분한다.

〈표 3〉 일본의 Society5.0: 5대 전략분야와 사회적 문제

구분	사회적 문제	전략적 강점 및 약점
건강수명 연장	고령화, 생산가능인구 감소, 부양부담	• (강점) 로봇, 센서기술, 현장 의료 데이터 수집
이동혁명 실현	고령화, 섬지역 인구, 운송부문 구인난	• (강점) 교통데이터 통신망 및 주행 데이터 수집
공급사슬 차세대화	생산공정 부문 구인난	• (강점) 적시생산시스템(JIT: Just-In-Time), LEAN생산방식, 생산용 로봇, 기기제품 • (약점) 소프트웨어
쾌적한 인프라 지역 조성	건설부문 구인난, 자연재해, 인프라 노후화	• (강점) 센서기술, 도쿄올림픽에 대비한 대규모 토목공사 • (약점) 5G 인프라, 섬지역
FinTech	저금리 장기화로 은행 수익성 악화	• (강점) 가상화폐 시장 발달 • (약점) 현금결제 선호, 고령자 IT 이용 부담, OS기술

학습)'에 주목하고, (슈퍼)컴퓨터가 여러 데이터를 이용해 '사람처럼' 스스로 학습하기 위해 인공신경망을 기반으로 구축한 '머신러닝기술' 개발지원에 힘쓰고 있다.

일본은 '소사이어티5.0'의 전략 분야 및 해결해야 할 사회적 문제 중 '쾌적한 인프라 및 지역조성'을 위해 42조 엔(2012년)~48조 엔(2015년)의 건설투자를 하고 있다. 이는 개인이 안전하고 빠른 재해복구로 빠르게 일상으로 복귀 가능하고, 사회적으로 안정된 인프라의 유지·관리 노력과 일맥상통한다. 특히 일본은 재난방재 대책의 일환으로 '방재 정보공유 시스템(SIP4D: Sharing Information Platform for Disaster management)'[12]라는 플랫폼을 통하여 데이터의 수집, 가공, 이용을 효과적으로 하여 재해의 피해를 줄이고 빠

---

12 이는 일본 정부가 추진하는 '전략적 혁신 창조 프로그램(SIP, cross-ministerial Strategic Innovation Promotion Program)'의 일부로 '부성청 연계 방재정보 시스템(府省廳連携防災情報共有システム)"이라고도 불린다.

른 복구를 꾀하고 있다. 실제로 2016년 구마모토 지진 당시에도 이러한 시스템이 가동되어 피해 상황에 대한 파악 등에 이용된 바가 있고, 앞으로도 활용(진화)되어 데이터로부터 새로운 가치를 이끌어 내는 한편 재해 문제의 해결에도 기여할 것이다.

이는 "국가 전체가 상황 인식을 통일하고 적확한 대응을 취하기 위해, 소관 업무가 다른 다수의 부서와 관계기관 등을 횡단(소통)하는 정보공유 및 이용/활용을 실현하는 시스템"(臼田裕一郎 2017)이다. 그 구체적인 작동원리는 크게 세 부분, 즉, '데이터층', '플랫폼층', '서비스층'으로 이루어져 있다. 우선, 데이터 층에서는 다양한 직접 데이터를 집약시키게 된다. 여기서 말하는 다양한 데이터란, 지리적 데이터, 관측 센서 데이터, 피해 상황의 추정과 같은 자연에 대한 데이터, 각종 자원의 배치, 기반 시설 피해 추정, 인구의 이동과 같은 인프라에 대한 데이터, 교통 상황이나 피난처 정보, 시민

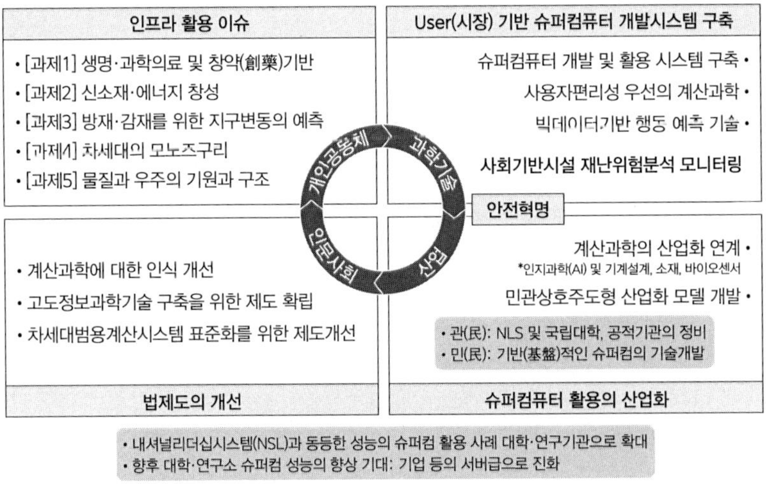

〈그림 1〉 일본의 안전·안심 과학기술정책

주: 필자 작성

제보와 같은 사회적인 데이터를 모두 포함하는 것이다.

일본은 'SIP4D' 시스템을 통해 다양한 데이터를 효율적으로 수집하고, 관련 빅데이터를 이용 및 활용하기 쉽도록 가공하여, 쉽게 쓸 수 있도록 표준화하고, 수요자와 필요 상황에 맞추어 유연성 있게 제공할 수 있는 안전·안심 구현과 연동시키고 있다. 이를 통해서 재해에 의한 인명 및 재산 피해의 경감과 빠른 복구에 한 발 다가가게 된다. 즉, SIP를 통해서 달성하고자 하는 목표 중 하나인 "회복력 있는(resilient) 방재 및 피해 경감 기능의 강화"가 이루어지게 되는 것이다. 일본 내각부는 종합과학기술·이노베이션회의(CSTI: 総合科学技術イノベーション会議)에서 「제5차 과학기술기본계획(第5期科学技術基本計画)」을 수립한 바 있다.

4. 포스트 바이오테크 시대 인간의 안전보장

여기서는 포스트 바이오테크 시대에서 살아가는 인간의 안전보장에 관해 다루고자 한다. 여기서 최근에 '생명정치'와 관련하여 국제사회에서 중요한 개념으로 떠오르고 있는 인간의 안전보장이란 무엇인가 점검해 보고자 한다. 흔히들 말하는 '인권'이나 '인간개발' 등의 용어와도 밀접한 관련이 있기에 포스트 바이오테크 시대를 살아가는 인류에 있어서 간과해서는 안 되는 어젠다임에 분명하다. 특히 '안전국가'의 차원에서 사람 한 사람 한 사람의 입장에서 생각하고 유전자 혹은 바이오 리스크를 관리함으로써 개개인들이 안전하고 안심할 수 있는 생활을 영위하고 각자의 능력이 제대로 발휘될 수 있도록 보장하는 일련의 프로세스를 규명하는 작업은 매우 유용하다.

1) '인간의 안전보장'

인간의 안전보장(인간안보)이란 무엇인가? 최근에 국제사회에서 '인간의 안전보장(human security)'이 중요한 개념으로 떠오르고 있다. 흔히들 말하는 '인권(human rights)'이나 '인간개발(human development)' 등의 용어와도 밀접한 관련이 있다. 특히 나라의 발전을 국가 주도가 아닌 사람 한 사람 한 사람의 입장에서 생각하고 테러, 국가폭력(정부의 탄압), 도상국을 염두에 둔 빈곤에 의한 아사 등으로부터 해방되어 개개인의 안전·안심생활을 영위하고 능력이 발휘될 수 있도록 보장하는 일련의 프로세스를 뜻하는 말이다. 한 국가의 외교적 영역(어젠다)이 정치, 경제, 사회, 문화, 외교, 교육, 인적교류, 스포츠 교류(올림픽·월드컵 포함), 투자 등 다양화된 것은 이미 오래전의 일이다. 일련의 과정에서 국가의 이익(國益)만을 추구하는 외교에서 탈피하여 인간 혹은 인간의 안전보장(휴먼 시큐리티) 섹터에 주목하는 사례가 증가하고 있다. 유엔개발계획(UNDP)이 1990년 이후 매년 발행하고 있는 『인간개발보고서(HDR: Human Development Report)』 1994년도 판 「인간의 안전보장」 발행 이후 회자되고 있다.

'인간의 안전보상' 개발을 위한 일본의 사례를 살펴보자. 우선 '인간의 안전보장'에 관한 유래는 크게 두 가지로 대별된다. 첫째는 평화헌법(제9조)의 개헌론과도 연계된 해석으로 군사적 무력 행위를 수행하지 못하는 제약 속에서 이에 상응하는 '안전장치'로 인해 '평화적 생존권론'을 중시하는 과정에서 자연스레 제약이 많은 '국가안보'보다는 '인간의 안전보장론'이 대두되었다는 것이다. 특히 글로벌리제이션이 진전되는 과정에서 안전보장의 대상이 일본의 군사화 및 유사법제의 제정 등 국가적 차원의 논의와는 별도로 '인간' 중심으로 변화된 것이다. 물론 재난안전대국 일본이 '인간 부흥론'에 주목하는 연유와도 일맥상통한다.

둘째, 국제환경의 변화 속에서 일본이 '총합안전보장론'이라는 개념을 1970년대에 들어서 실질적으로 사용하는 과정에서 '국가안보', '사회안보', '인간안보'라는 용어가 등장한 것이다.

그렇다면 재난인문학의 역할에 주목하고 인간의 안전보장을 위해서 휴마트파워에 주목할 필요가 있다. '하드파워(Hard Power)' 혹은 '경성권력(硬性權力)'이란 군사력이나 경제력 등과 같이 물리적 힘으로 상대방의 행동을 바꾸게 하거나 저지할 수 있는 힘을 뜻한다. 다만 행위자 간 '파워게임'이 벌어지게 되면 결과적으로는 대립 프로세스로 연계될 가능성이 매우 높다. 따라서 '하드파워'가 초래하는 '부(負)의 유산'이나 리스크를 어떻게 조정하고 관리할 것인가가 관건이다. 이때 '소프트파워'도 가치·사상적 마찰을 빚어 낼 여지는 있지만 '하드파워'의 위험성보다는 낮다고 가정한다.

2) '인간안보'를 위한 글로벌 재난안전공동체 및 생명공동체

글로벌 위험사회 혹은 재난과 재난 사이의 시스템(災間體制)하에서 살고 있는 현대인은 재난안전 거버넌스에 관한 국제협력을 모색하고 네트워크를 구축해야 한다는 공감대가 커지고 있다. 일국의 재해는 곧바로 인접국에 영향을 미칠 수밖에 없다는 점을 공동으로 인식하고, 제6회 한·중·일 30인회(2011. 4. 25, 중국 항저우杭州)에서 한중일의 〈공동종합방재대책 상설 협의체〉를 구성하자는 논의는 이를 뒷받침하는 대표적인 사례이다. 나아가 '재난'을 극복하고 '평화'라는 신동북아(나아가 글로벌) 협력체제를 모색하려는 움직임이 일어나고 있는 것은 매우 큰 변화라 할 수 있다(그림 2).

특히 피해에 한정되어 보자면 지정학적 요인 가장 크게 작용한다는 점에서 지역적으로 밀접한 한국과 일본이 국제협력이나 공공외교를 모색해야 한다는 점은 명실상부한 대의명분이 있다. 물론 거대한 자연재해는 이제 국가안보뿐만 아니라 인류 전체의 안보 차원에서 공동으로 논해야 하는 문제로 대두되고 있다. 정책적, 학문적 차원에서의 다양한 성찰을 통해 실제 상황과 대응 사례를 정확하게 분석해 나가야 하며, 각국의 국민들은 차후 어디서든 동일한 상황이 발생할 수 있다는 마음가짐으로 철저한 대비와 관심을 가져야 할 것이다. 이러한 연유로 절실한 것이 글로벌 재난안전공동체 구상이다.

주지하다시피 예측하지 못한 거대한 재해와 재난은 한 국가의 정치, 경제, 사회적 측면에서 누적된 모든 구조적인 문제를 노출(露呈)시켜 외교 대상국의 국민, 기업, NGO 등도 포괄하는 관심과 대응이 요구되고 있다. 일본의 3.11 동일본대지진(2011년)이 그러했으며 한국의 4.16 세월호 재해 (2014년)가 그러했다. 따라서 '재난과 안전'이란 주제는 국경을 넘은 지역 공

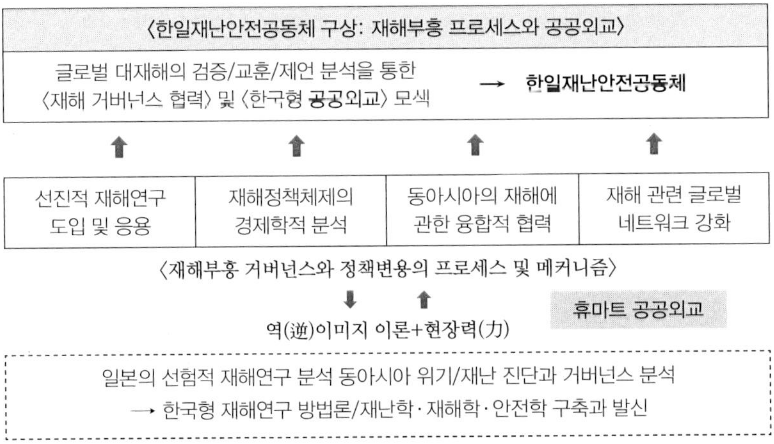

〈그림 2〉 재난안전공동체학 연구 체계 및 분석결과의 활용 프로세스
주: 필자 작성

동체 나아가 전 지구적 인류 공동체적 관점에서 논의되어야 한다. 국가적 현안에 대한 정책적 접근뿐만 아니라 재난과 안전이라는 인간 본연의 생존 문제와도 직결되는 내용이므로, 학제적이고 탈지정학(地政學)적인 시각을 바탕으로 협력체제를 만드는 것이 중요하다.

그렇다면 글로벌 시각에서 재난을 통한 안전(생명)공동체를 모색하기 위한 구체적인 과제는 무엇인가? 첫째, 탈지정학적 스탠스, 즉 '트랜스내셔널리즘'이 고양되어야 한다. 안전혁명을 위한 새로운 행위자의 역할이 중요하다는 점이다. 둘째, 국가를 넘어선 국제공조의 확산이 당연시되는 트랜스내셔널적 협력이 외교의 일환으로 자리매김되어야 한다. 재해부흥 프로세스에서 자조(自助)-공조(公助)-공조(共助) 이외에 국가 간 대외협력, 즉 외조(外助)도 중요한 요소로 대두되고 있다. 셋째, 재해 거버넌스의 국제적 파급과정에 주목하여 국가별 상황에 적합한 창조적 수용 및 실천하는 것이 중요하다. 넷째, 재해부흥 프로세스의 "현장력(現場力)"의 중요성은 아무리 강조해도 지나치지 않다. 물론 재후부흥의 "현장력" 즉 경험(교훈)은 결과적으로 사전부흥(事前復興), 즉 방재 혹은 감재를 위한 거버넌스에 크게 공헌할 것으로 기대된다. 결론적으로 '재난과 안전'이란 어젠다가 국경을 넘어 아시아 지역 공동체 나아가 글로벌 차원에서 인류 공동체적 관점을 논의하고, '국제안전협력 네트워크' 구축을 위한 다양한 노력이 필수불가결하다.

3) 안전혁명 vs. 인간생명 과학혁명

'안전혁명'이란 무엇보다도 생명과 인간을 최우선으로 하는 것이다. 울리히 벡이 말하는 『위험사회』에 살고 있는 우리 인간들의 생명과 복지와 관련된 것이며, 인간의 안전보장을 포함하는 '생명보호산업'이 주목을 받는

생명과학기술과 정치

다. 재난·재해·안전 이슈는 보편적인 인간의 공통문제로 대지진과 이슬람 공화국(IS: Islamic State)에 의한 '파리 동시다발 테러사건(2015)' 발생 후, '재후(災後: post-disaster)의 인간부흥'을 진지하게 다루게 되었다. 재해와 재해 사이에 살아가는 혹은 살아남기 위한 상황, 즉 '재간(災間) 시스템'의 근대화가 요구된다.[13] 예를 들어, 일본의 사회적 가치관을 뒤흔든 3.11 동일본대지진의 충격(파장)은 정치학·경제학·사회문화학·역사학·사상학·환경학 등 모든 분야에서 진행 중이다. 이는 재난대응 과제선진국이라 할 수 있는 일본이 다른 국가에 비해 '지진·재난·재해'의 영향이 큰 사회로 변모(변화)해 나가는 것을 의미한다. 시민의 안전의식과 위기관리, 민관협동(協働)의 재해 거버넌스가 크게 주목되고 있는 시대이다. 안전사회를 (재)구축하기 위해서는 그 기반이 되는 '재해(지진)학', '안전학' 등의 분석 수준도 다양화·다각화함으로써 트랜스내셔널 영역으로 확대되고 있다. 또한 재난안전 정책을 추진하기 위한 행위자와 관련 제도의 중층화도 두드러지고 있다. 따라서 자연재해·인문학적 재해·사회적 재해가 융합하는 '안전혁명'이 가져올 큰 변혁을 상정하고 대응하는 힘(파워)을 어떻게 마련할 것인가가 관건이다. 특히 대재해가 발생한 후 초래될 사회 시스템의 추이는 '글로벌리제이션' 및 '트랜스로컬라이제이션'과 밀접하게 연계되어 있다는 점을 감안한다면, 전통적으로 중시되어 온 하드파워는 물론 진화하고 있는 사람 중심의 스마트파워의 활용에도 힘써야 한다.

포스트 '글로벌리제이션' 시대 트랜스내셔널 사회형성 과정에서는 소프

---

13 일본의 재해 시스템은 관동대지진(1923) 후에는 '전간 체제'로, 전후(1945)에서는 '전후 체제'로 한신·아와지대지진(1995) 후에는 '재간(災間) 혹은 재전(災前) 체제', 동일본 대지진(2011) 후에는 '재후 체제'로 변모하고 있다. 한편, 한국은 '잃어버린 재해부흥 20년'이라고 불릴 정도로 재해 거버넌스 및 연구 상황은 미천하여, 현재 재해학·재난학·안전학의 진입단계를 단계를 지나 성숙코스에 있다고 할 수 있다.

트파워의 성격이 짙은 사회문화적 변용·정치적 변용·경제적 변용[14]·종교적 변용 등도 포함된다. 예를 들어, 스마트파워 및 트랜스내셔널리즘 연구의 분석대상으로는 문화의 차용·혼용, 다문화적 소비 등을 포함하는 '디아스포라 문화', 이민 커뮤니티의 정치역학 및 이민자의 본국 정치에 대한 참여 등 '월경하는 정치활동', 인권(페미니즘)·환경 등 사회운동단체의 '트랜스내셔널 NGO 활동', '현대 이민의 커뮤니티 형성', SNS·트위터·e메일 등을 구사한 '트랜스내셔널 네트워크' 등을 들 수 있다.

한편, 역사인식·사상 분야의 사회변화에 관해서는 평화 사상 및 언론의 자유 실현에 관한 정도가 중요하게 자리 잡고 있다. 제3차 세계대전(戰爭)이라 불리우는 코로나19 과정은 역사적으로 평화체제로의 전환을 살펴보더라도, 철학, 인식(心理), 언론, 이데올로기, 학지(學知), '인류애'적 연대(유대감), 시민혁명 등 국가를 넘어선 공유 및 내재화는 가장 험난한 여정이다. 지사학(地史學: Historical Geology)이나 지지학(地智學: Geo-Knowledgegography)적 대립이나 분쟁에 관해 정확히 사례를 들기 어렵지만, WHO 공식 확진자 수를 분류하며 일본으로 귀선한 '다이아몬드 프린세스'호(號)를 하나의 주권국가(Region/Sovereignty)로 간주하는 것이 이에 해당된다. 또한 '나는 중국인이 아니다'라는 티셔츠를 착용함으로써 헤이트스피치 등 인종차별에서 벗어나려는 사례를 보더라도, 인문·사회·문화적 재난과 역사 인식·사상적 재해의 영역을 넘나들며 이를 관리하고 예방하는 것은 용이하

---

14 '경제적인 관계, 기후변동, 급격한 도시화가 ASEAN 지역에서 진행하고 있기 때문에, 재해에 의한 피해와 영향은 많은 국가에서 확대될 수 있다는 것을 인식한다. 따라서, 국경을 초월한 노력이 재해 리스크의 감소, 대비, 대응 및 복구에 필수적이다'. 제13회 ASEAN·일본사회보장 정상회담(2015년 10월 20~22일)에서 제언. 경제적 변용에 대응하는 재해부흥에 관해서는 일본방재산업회의 http://bousai-industry.jp(2021년 8월 15일 검색)의 활동과 운영조직 등을 참조할 것.

지 않다는 점을 보여 주고 있다. 예를 들어, 근대 이후 한센병이 유전되지 않는다는 과학적 근거가 제시되었음에도 불구하고 잘못된 인식을 바탕으로 환자들을 사회적으로 차별하고 억압하는 결과를 낳았다. '역사 인식'이나 사상적 재난의 변곡점을 마련하기가 쉽지 않다는 뜻이다.

5. 결론: 휴마트 생명정치를 위한 과제

결론적으로 인간 중심의 '휴마트' 생명정치학의 역할 및 한계를 점검하고 향후 인간을 위한 생명과학의 정치공학적 관점에서 개선 과제를 제시하고자 한다. 인간의 삶을 안전하게 영위하는 데 필요한 정치·경제적 활동 즉 '생명정치' 및 '생명경제'가 제대로 작동하는지 여부가 향후 인류미래학(퓨처리즘)의 최우선 과제라 할 수 있다. '생명정치'가 초래하는 학문분과 및 그 범주는 정치, 경제, 인문사회, 문화, 사상, 스포츠, 지구환경, 과학기술, 공동체(국제협력) 요인 등이 융복합적으로 상호작용하며 맞물려 있다. 코로나19로 죽음의 위기에 처한 생명(인류)에 관해서도 이와 같은 문제의식에서 출발한다면, 위드 코로나 시대의 생명정치 혹은 생명경제과 연결하여 인간의 안전보장 이슈를 경계를 넘어 협력하여 공생할 수 있는 공동체의 실현을 위해 노력해야 할 것이다.

첫째, '생명정치(biopolitics)'는 바디폴리틱스, 유전자 정치, 정치참여, 생명권력 등이 작동하는 구도하에서 생명정치 혹은 생명외교를 중시하는 안전국가론을 지향한다. 물론 정치적 영역에 한정되지 않는 경제적, 역사 인식·사상·철학적, 과학기술·생명공학적 생명 이슈를 아우르는 분야이다.

둘째, 경제적 생명 분야에 관해서는 생명을 위한 재난기본소득 등 '21세기 마셜플랜'이나 '소사이어티5.0'으로 대표된다. 인간이 안전하고 안심되는 삶을 영위하는 데 필요한 경제활동으로 전환하는 '생명(바이오)경제학'은 무엇보다 중요한 현안 문제라 할 수 있다.

셋째, 인문사회적·문화적 생명에 관한 논의는 '언택트(비대면)' 사회를 살아가는 현대인에게 '생명인문학'과 맞물려 뉴노멀의 삶에 적응하려는 일련의 과정이다. '사회생물학'이나 '생명사회학' 등과 아울러 논의될 때 그 대응력은 커질 것이다.

넷째, 역사 인식·사상·철학적 생명은 생사(死生)학으로 대표되어 삶과 죽음에 대한 인문학적 담론과 교차되는 생명사상, '생명교육' 등을 포괄하는 가장 폭넓은 영역이다.

다섯째, 과학기술·공학적 생명은 주로 '인류복지 및 생명의 과학화'에 관

〈표 4〉 융복합 생명정치의 주요 논의 및 과제

영역	주요 논의	과제
정치	바디폴리틱스, 유전자 정치, 정치참여, 생명권력	안전국가론: 생명정치, 생명외교
경제	생명(바이오)경제학: 소사이어티5.0	'21세기 마셜플랜(재난기본소득)'
인문사회문화	생명사회학	'언택트(비대면)' 사회
역사인식·사상·철학	생명사상(노자: 自然無爲), 생사(死生)학	'인류애'적 연대(유대감)
과학기술·생명공학	미생물, 식물, 동물, 농업, 수산업, 식량문제	AI 융복합학: 유전자공학
지구환경(에너지)	환경정화, 바이오매스 산업	기후변화 및 에너지
의료·보건	의료사회학, 신약개발(제약) 및 보건	팬데믹(감염병 세계유행)
공동체	지속발전가능(SDGs)	공공외교, 국제협력
인간의 안전보장		

주: 필자 작성

해 논한다. 미생물, 식물, 동물, 농업, 수산업 등을 유전자공학이나 AI와 결합하여 융복합학의 형태로 진화하고 있다.

여섯째, 안전생태계의 실현이라는 지구환경공학적 조화에 관해서는 주로 기후변화 및 에너지 문제를 계기로 관심이 증폭되고 있다. 지구환경학(地環)적 대립 과정에서도 바이오매스 및 환경정화 산업 등이 새로이 등장하고 있다.

일곱째, 의료·보건·위생학 관점에서의 생명에 관한 논의는 웰빙·웰다잉 복지 차원에서 의료사회학, 신약 개발(제약) 및 보건 등에 힘써 3.11 팬데믹(감염병 세계유행)에 대처하는 등 인간 생활에 없어서는 안 될 요인으로 자리 잡고 있다.

마지막으로, 지역협력 및 인류애적 '생명공동체' 논의는 공공외교의 한 분야이자 '국제협력'을 통한 인류공생을 위한 지상과제라 할 수 있다. 이는 인류의 보편적 문제(빈곤, 질병, 교육, 여성, 아동, 난민, 분쟁 등)와 지구 환경문제(기후변화, 에너지, 환경오염, 물, 생물다양성 등), 경제 사회 문제(기술, 주거, 노사, 고용, 생산 소비, 사회구조, 법, 대내외 경제)를 2030년까지 17가지 주 목표와 169개 세부 목표로 해결하고자 이행하는 국제적 공동 목표 즉 UN이 주도하는 지속가능발전목표(SDGs: Sustainable Development Goals)와 맥이 닿아 있다.

참고자료

강원돈. 2020. "포스트 코로나 시대의 사회적인 그린뉴딜에 대한 기독교윤리적 구상". 『신학과 교회』 제14호. pp.289-320.

김광연. 2018. 『유전자 정치와 호모데우스』. 서현사.

김규판. 2018. "일본의 제조업 혁신 정책 추진 현황과 시사점: 'Connected Industries'를 중심으로."『KIEP 대외경제정책연구원』. p.3.

김도형·아베 마코토 편. 2015.『한일관계사 1965-2015. 2: 경제』. 역사공간.

김봉수. 2021. "안전, 생명정치 그리고 법: 코로나 사태를 통해서 본 생명정치와 법." 부산대학교 법학연구소『법학연구』62(1). pp.161-189.

김영근. 2018. "재난과 안전혁명 이론: '휴마트파워' 기반의 위기관리 거버넌스 모델과 일본의 교훈."『일본연구』제30집. 글로벌일본연구원. pp.311-333.

김영근. 2020. "코로나19 재해 거버넌스에 관한 한일 비교분석."『아시아연구』23(2). pp.47-74.

김영근·히라이 가즈오미. 2016. "동아시아의 안전공동체 구축을 위한 과제: 재해극복을 통한 지방부흥."『일본의 재해학과 지방부흥』. 인터북스. pp.258-270.

김재형·이향아. 2020. "의료사회학의 연구동향과 전망."『의사학』29(3). pp.843-902.

김준수·최명애·박범순. 2020. "팬데믹과 인류세 자연: 사회적 거리두기와 '인간 너머'의 생명정치." 한국공간환경학회『공간과 사회』제30권4호(통권 제74호). pp.51-84.

김태완. 2021. "New Normal Insight."『품질경영』2021년 5월호.

김호연. 2009.『우생학, 유전자정치의 역사』. 아침이슬.

류시현. 2015.『일본의 ODA 정책과 인간안보: 일본 국내담론과 국제규범 형성과의 관계를 중심으로』.『일본연구논총』제41호. pp.33-52.

미셸 푸코. 심세광 옮김. 2008.『생명관리정치의 탄생: 콜레주 드 프랑스 강의 1978~79년』. 난장.

박위준. 2020. "코로나 19의 생명정치: 안전장치와 규율의 작동으로 바라본 한국의 코로나 19 '정치-역학' 모델과 기술의 사용."『공간과 사회』제30권4호(통권 제74호). pp.85-123.

박준홍·정희선. 2021. "지역축제를 통해 본 인간-자연의 관계와 생명정치: 화천 산천어축제의 사례."『한국지역지리학회지』제27권 제2호(통권108호). pp.179-198.

방연상. 2016. "생명정치 시대의 신학-푸코와 아감벤의 생명정치론을 중심으로."『신학과 사회』제30권 제4호. 113-141.

신충식. 2010. "푸코의 계보학적 접근을 통한 통치성 연구."『정치사상연구』제16집 제2호. 126-162.

실라 재서노프. 2019.『누가 자연을 설계하는가』. 동아시아.

염운옥. 2009.『유전자 정치와 영국의 우생학』. 아침이슬.

유발 하라리. 2017.『호모데우스』. 김영사.

윤석만. 2017.『휴마트 씽킹: 4차 시대를 이끄는 리더들의 생각법』. 시공미디어.

윤태근. 2021. "영화〈감기〉에서 표상되는 생명정치의 작동방식." 영상문화콘텐츠연구원 『영상문화콘텐츠연구』 통권제24집. pp.217-248.

이병희. 2021. "한국 생명정치와 죽음의 미학: 안창홍의 1976-1999년 인간을 그린 작품을 중심으로." 『미술이론과 현장』 제31호. pp.167-194.

이영희. 2003. "국가 과학기술정책의 형성과 시민참여: 생명공학 규제 입법과정을 중심으로." 『동향과 전망』 56. 140-163.

이정동 외. 2019. 『공존과 지속』. 민음사.

이정은. 2021. "생명정치의 명암과 빈곤." 『철학논집』. 제65호. pp.99-128.

전혜림. 2021. "한나 아렌트의 자유주의 비판-아렌트의 '사회적인 것'의 개념과 푸코의 생명정치 개념을 중심으로-." 『인문과학』 제81권. pp.147-177.

정일준. 2020. "코로나 이후의 한국 사회?: 전 지구적 생명정치로의 전환을 위하여." 성균 중국연구소 성균관대학교 『성균차이나브리프』 제8권3호. pp.138-145.

정진화. 2020. "유전공학의 발전과 인간의 자유에 대한 정치철학적 고찰: 센의 '자유로서의 발전' 개념을 중심으로." 『한국정치학회보』 제54집 4호. 193-217.

제러미 리프킨. 2020. 『바이오테크 시대』. 민음사.

최민자. 2021. 『동학과 현대 과학의 생명사상』. 모시는사람들.

최종민. 2021. "'먹어서 응원하자'? 부흥을 위한 생명정치: '예외상태'에서의 동원과 전문성의 정치를 통한 후쿠시마 정상화 시도." 서강대학교 동아연구소 『동아연구』 제80권. pp.443-481.

카우시크 순데르 라잔. 2012. 『생명자본』. 그린비.

토마스 렘케. 심성보 옮김. 2007. 『생명정치란 무엇인가』. 그린비.

한스 모겐소. 2010. 『과학적 인간과 권력정치』 나남.

홍경자. 2021. "포스트 코로나 시대의 생명정치." 『현대유럽철학연구』 제62권. pp.185-217.

Kjellén, J.R. 1920. Grundriss zu einem System der Politik, Leipzig: S. Hirzel Verlag. p.30.

Rabinow, P. 1992. "Artificiality and Enlightenment: From Sociobiology to Biosociality." *Incorporations*. Tonathan Cary and Sanford Kwinter eds., New York: Zone Books. p.241.

臼田裕一郎. 2017. "リアルタイム被害推定システム及び府省庁連携防災情報共有システム「SIP4D」と今後の展開2" http://www.nict.go.jp/resil/bosai-ai/4otfsk0000 3u12z4-att/a15082 28336771.pdf (검색일: 2022.1.1).

제2부

생명과학기술과 정치: 쟁점

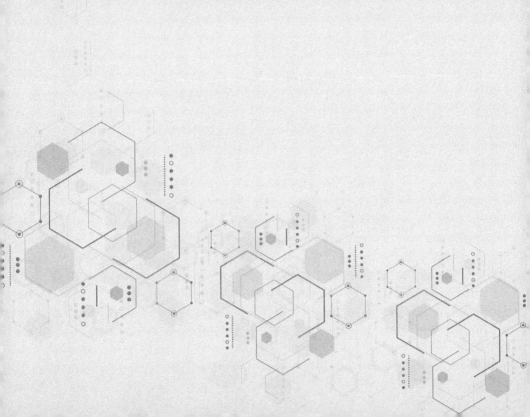

제4장

정치참여와 유전자

박지영(성신여대)

1. 서론

정치참여란 정부의 의사결정 과정에 참여하고 투표에 참여하는 유권자로서의 행동뿐만 아니라 정책에 영향을 미치는 자발적인 행위도 포함한다. 최근에는 기존의 정치 영역뿐만 아니라 사회운동과 시위 및 다양한 정치소비 행위 등도 새로운 형태의 정치참여에 포함된다. 그런데 왜 어떤 사람들은 정치참여에 적극적인 반면, 어떤 사람들은 정치에 거의 참여하지 않거나 아예 참여하지 않을까? 이러한 질문들은 정치학에서 오랫동안 중요하게 제기되어 왔으며, 이에 대해 학자들은 정치참여에 영향을 미치는 요인들을 밝히는 데 관심을 가져왔다.

정치참여를 다룬 많은 연구들은 이러한 원인을 밝히기 위해 노력해 왔다(Plutzer 2002; Timpone 1998; Verba et al. 1995). 예를 들어, 연령(Strate et al. 1989), 성별(Scholzman et al. 1995), 인종(Verba et al. 1993), 결혼 여부(Stoker and Jennings 1995), 교육수준(Leighley and Nagler 1992), 소득수준(Leighley and Nagler 1992), 직업의 종류(Nie et al. 1969) 등과 같은 인구통계학적 요소들; 선거 캠페인에 대한 관심 수준(Verba et al. 1995), 정치정보에 대한 접근성 여부(DiMaggio et al. 2001), 정치지식 수준(Galston 2001), 정당 일체감(Huckfeldt and Sprague 1992), 내·외적 효능감(Finkel 1985), 정치 신뢰도(Hetherington 1999), 교회 참석 빈도(Cassel 1999), 인도주의(Jankowski 2007), 이타주의(Fowler 2006), 인내심(Fowler and Kam 2006) 등과 같은 태도와 행동 관련 요소들; 상호 간의 의사소통(McLeod et al. 1999), 사회 정체성(Fowler and Kam 2007), 집단의식(Miller et al. 1981), 사회화(Cho 1999), 주변 이웃의 지위 정도(Huckfeldt 1979), 정치에 대한 불신(Mutz 2002), 사회 자본(Lake and Huckfeldt 1998) 등과 같은 사회적 요소들; 그리고 선거일이 얼마 남았는지 여부(Shachar and Nalebuff 1999), 정치조직으로부터의 접촉 빈도(Wielhou-wer and Lockerbie 1994), 선거 캠페인(Ansolabehere et al. 1994), 시민 교육(Somit et al. 1958), 투표 장소(Gimpel and Schuknecht 2003), 유권자 등록에 어려움이 있는지 여부(Rosenstone and Wolfinger 1978) 등과 같은 제도적 요소들이 영향을 미친다고 보았다.

이처럼 많은 정치학자들은 위에 나열된 요소들이 개인의 정치 성향(po-litical orientation) 또는 정치적 태도(political attitude)를 형성하고, 이것이 결과적으로 정치참여 여부를 결정한다고 주장하지만, 정치 성향이 왜 개인마다 다른가에 대한 연구는 거의 전무하다. 최근 유전자 정치학(genopolitics)에서는 개인의 정치 성향이 유전자 요소에 의해 내재화되어 있다고 주장하고, 정치심리학에서는 부모로부터 유전되는 많은 요소들 중 일부가 개인의 성향(personality traits)을 형성한다고 주상한다. 더 나아가, 파울러 외(Fowler et al. 2008)는 개인의 유전자가 정치적 관점뿐만 아니라 투표행위에 영향을 미친다는 연구 결과를 내놓기도 하였다.

따라서 본 연구에서는 정치참여에 대한 기존 논의를 살펴본 뒤, 유전적 요인이 외부 정보의 처리능력뿐만 아니라 정치 성향에도 영향을 미친다고 주장하는 학자들의 견해를 분석하는 동시에 이러한 주장에 대한 반론을 함께 논의함으로써 개인의 정치참여 및 정치 성향에 미치는 다양한 변인들을 논의하는 계기로 삼고자 한다. 이 장의 구성은 다음과 같다. 2절에서는 정치참여에 대한 기존 정치학 연구들을 살펴보고, 3절에서는 정치참여에 있어 유전자가 어떠한 영향을 미치는지에 대해 논의한다. 4절에서는 정치참여에 대한 환경의 영향을 살펴보고, 마지막으로 5절에서는 유전자와 정치학의 미래에 대해 전망해 본다.

2. 정치참여에 대한 기존 연구

정치참여에 대한 연구는 매우 방대하지만, 분석 방법에 따라 크게 사회학적(sociological), 사회심리학적(socio-psychological), 그리고 합리적 선택(rational choice) 방법으로 나눌 수 있다. 우선, 사회학적 방법은 인종, 성별, 교육, 경제적 수준과 같은 변수들이 유권자의 정치참여에 미치는 영향을 분석하는 것이다(Lazarsfeld et al. 1944; Wolfinger and Rosenstone 1980; Verba et al. 1993). 울핑거와 로젠스톤(Wolfinger and Rosenstone 1980)은 유권자의 사회경제적 특성이 정치참여에 어떤 영향을 미치는지를 분석하였는데, 이들에 따르면, 소득이 많고 교육 수준이 높을수록 정치에 좀 더 적극적으로 참여한다는 것을 발견하였다. 버바 외(Verba et al. 1995)는 자원(resource), 관여(engagement), 동원 네트워크(networks of recruitment) 등이 다양한 정치참여의 주요 변수라고 주장하였다(민희·윤성이 2016). 그들에 따르면, 자원은 물적 기반으로 정치에 참여할 시간이 없거나, 후원금 기부가 부담스러운 경우 정치참여에 소극적일 가능성이 높다. 관여는 정치에 대한 관심, 정치에 대한 지식, 정치효능감과 같은 요인으로 정치에 관심이 없거나, 정치지식 수준이 낮거나, 정치참여 행위가 어떠한 변화도 야기하지 못할 것이라고 생각하는 사람들은 정치에 참여하지 않을 가능성이 높으며, 주변에 정치참여를 권유하는 사람이 없을 경우 동원 네트워크로부터 고립되어 있기 때문에 개인이 자발적으로 정치참여를 하기 어렵다. 한편, 사회심리학적 접근법에서는 정당 일체감이 정치참여에 중요한 영향을 미친다고 주장한다 (Campbell et al. 1960).

　사회학적 방법과 사회심리학적 방법이 정치참여의 주요 동인으로 유권자의 성별, 경제적 수준, 교육 수준, 정당 일체감과 같은 장기적 변수에 초점을 맞추었다면 합리적 선택이론은 선거 당시의 주요 이슈, 캠페인, 선거에서 후보자의 경쟁력, 국가 경제 여건 등과 같은 단기적인 변수가 정치참여에 미치는 영향력을 분석한다(Cox and Munger 1989). 다운스(Downs 1957)는 투표행위에 드는 비용과 효용에 초점을 맞추어 시민들은 어느 정도의 비용이 수반됨에도 불구하고 왜 투표에 참여하는가를 "투표의 역설(paradox of voting)"로 제시하였다. 이에 대한 답을 구하기 위해, 라이커와 올데숙(Riker and Ordeshook 1968)은 시민의식(civic duty)이라는 개념을 이용해 시민의식 행사에서 오는 성취감이 투표 비용을 상쇄하는 효용을 가져다준다고 주장하였다. 정치학에서의 많은 연구들은 시민의식이 개인의 투표 참여 여부에 강력한 요인으로 작용한다고 보았다. 블레이스(Blais 2000)는 시민의식이 개인이 투표하는 데 있어 가장 강력한 단일 요소로 보았고, 블레이스와 갈라이스(Blais and Galais 2016)는 시민의식이 개인이 갖는 의무감이며, 그것은 다른 사람들 그리고 궁극적으로는 사회에 기여하는 것이라고 주장하였다. 데이비스 외(Davis et al. 1970)는 유권자의 투표 동기는 유권자 자신이 선호하는 정책 입장과 후보들이 제시하는 정책 입장에 따라 달라질 수 있다고 보았는데, 유권자는 자신이 지지하는 후보의 정책적 입장이 자신의 입장과 멀어질수록 그리고 경쟁하는 후보들 간의 입장 차이가 모호할수록 투표 동기는 줄어들게 된다. 페레존과 피오리나(Ferejohn and Fiorina 1974)는 유권자가 투표로부터 기대효용을 극대화시키기 보다는 기권을 했을 경우 초래되는 후회의 최댓값을 극소화(minimax regret)하기 위해 투표에 참여한다고 주장하였다.

한편, 일부 정치학자들은 교육 수준이 유권자의 투표 참여와 밀접한 상관관계가 있다고 보았다. 예를 들면, 밀리건 외(Milligan et al. 2002)는 교육이 정치지식과 정치에 대한 관심을 향상시킨다고 주장하였고, 제릿 외(Jerit et al. 2006)는 교육과 정치정보는 서로 상관관계가 있으며 이 관계는 대중매체가 제공하는 정보의 양에 따라 변한다는 것을 발견하였다. 더 나아가, 잴러(Zaller 1992)는 정치정보가 많은 유권자는 자신의 입장을 쉽게 바꾸지 않고 쟁점의 내용을 분명하게 인식하고 있다고 주장하였는데, 특히, 정치 지도자들의 입장이 서로 다르면 정치정보가 많은 유권자가 그렇지 않은 유권자에 비해 정치적으로 양극화될 가능성이 높다고 보았다. 팰프레이와 풀(Palfrey and Poole 1987)은 정치정보가 많은 유권자일수록 정치적으로 급진적인 경향이 있고 투표에 참가할 확률이 높다고 주장하였다.

이처럼 사회학적 접근법과 사회심리학적 접근법이 누가 투표하는가의 문제에 초점을 맞추어 투표 결정에 영향을 미치는 구조적 변수들의 영향력을 경험적으로 분석하였다면, 합리적 선택이론은 왜 투표하는가의 문제에 초점을 맞춰 유권자 개인의 투표효용에 대한 이론적 모형을 제시하였다.

그러나 사회학적 접근법과 사회심리학적 접근법은 구조적 변수들이 투표 결정에 어떻게 영향을 미치는가에 대한 인과적 작동 기제에 대한 설명이 부족하고 합리적 선택이론은 유권자의 효용과 정치참여의 관계에 대한 경험적 분석이 결여되어 있다는 한계가 있다.

우선, 사회학적 접근법과 사회심리학적 접근법은 유권자의 성별, 나이, 교육 수준, 경제 수준, 그리고 정당 일체감과 같은 변수들과 정치참여와의 경험적인 상관성을 검증하였으나, 이들 변수들 간의 관계가 인과적인 관계를 의미하는지는 분명하지 않다. 예를 들어, 수입이 높은 유권자가 정치참여에 더 적극적이라면 높은 수입 자체가 정치참여를 촉발하는지 아니면 높은 수입이 초래하는 다른 요인들이 정치참여를 촉발하는지 알 수 없다. 또한, 일부 학자들은 정치정보와 투표와의 상관관계를 주장하였지만 정치 정보가 구체적으로 유권자 개개인의 효용에 어떻게 영향을 미쳤는가를 규명하지 않았다. 합리적 선택이론 역시 유권자의 투표 동기를 유권자의 효용을 통해 설명하려 하였으나 이와 같은 이론적 주장에 대해 경험적 분석을 제시하지 않았다. 게다가, 합리적 선택이론은 유권자의 인구통계학적 변수들이 어떻게 유권자의 효용에 영향을 미쳐서 서로 다른 투표 성향으로 귀결되는가에 대한 분석을 제시하지 않았다.

기존 연구에 대한 대안으로 최근에는 정치참여의 결정요인을 정치적 태도에 미치는 영향에 초점을 맞춘 연구들이 등장하였다. 정치적 태도 및 성향의 관점에서, 학자들은 정치적 효능감, 정치에 대한 관심, 그리고 정치지식이 정치참여에 밀접한 관련이 있다고 주장한다(Delli Carpinin and Keeter 1996; Brady et al. 1995; Karp and Banducci 2008; Tolbert and McNeal 2003; Abramson and Aldrich 1982). 일반적으로, 정치 성향은 좌에서 우로 또는 진보에서 보수라는 단일 차원의 관점에서 연구되지만(Jost 2006), 많은 연구

생명과학기술과 정치

들에 따르면, 대다수 개인들의 정치적 견해를 표현하기 위해서는 일차원 이상이 필요하다(Jost et al. 2009). 더 나아가 일부 학자들은 성격(personality traits)은 효능감, 정치지식, 정치에 대한 관심, 그리고 정치참여에 연관되어 있다고 주장한다(Mondak 2010; Mondak and Halperin 2008; Dawes et al. 2014). 특히, 개인의 성향과 정치에 대한 관심 사이의 연구들은 주로 "5가지 성격 특성 요소(Big five personality traits)"- 개방성(openness), 성실성(conscientiousness), 외향성(extraversion), 친화성(agreeableness), 그리고 정서적 안정성(emotional stability)-에 초점을 맞추어 분석하고 있다. 조스트(Jost 2003)는 12개국 2만여 명을 대상으로 한 연구에서 성격이 정치 성향에 미치는 영향을 확인했다. 그에 따르면, 개방성·성실성·외향성이 정치 성향과 깊은 관계가 있는 것으로 밝혀졌다. 이를테면 개방적 성격의 소유자는 그렇지 않은 사람보다 진보주의자가 될 확률이 두 배 정도 높게 나타났다. 거버 외(Gerber et al. 2011) 역시 미국 데이터를 사용하여 성실성, 개방성, 친화성, 그리고 정서적 안정성이 정치참여에 높은 영향을 미친다는 것을 발견했다. 갈레고와 오베르스키(Gallego and Oberski 2012)는 스페인 데이터를 통해 개방성과 정치에 대한 관심 사이의 중요한 상관관계를 입증하였으며, 몬닥(Mondak 2010)은 개방성이 정치에 대한 관심에 중요한 영향을 미치지만, 수용성은 부정적 영향을 준다고 주장하였다.

또한, 정치사회화에 관련된 연구 역시 정치에 대한 관심을 정치참여의 원인으로 분석하고 있다. 정치사회화와 정치에 대한 관심에 대한 대부분의 연구들은 부모에서 자식으로 관심의 전이에 초점을 맞추고 있는데, 버바 외(Verba et al. 1995)에 따르면, 개인마다 차이는 있지만, 부모의 정치적 성향이나 활동 등이 자식의 정치적 관심에 일정 부분 이상 영향을 미친다. 그러나 제닝스 외(Jennings et al. 2009)는 부모의 정치적 특성이나 정치적 관심 여부, 부모의 사회경제적 지위가 자식의 정치적 성향에 영향을 미치기 어렵다는 것을 경험적 분석을 통해 발견하였다.

이처럼 최근 연구의 공통점은 정치참여의 원인을 시민의식, 정당 일체감, 정치효능감, 정치에 대한 관심, 정치 이념, 정치사회화, 사회경제적 요인 등에서 찾는다는 점에 있지만, 여전히 이러한 관계의 본질을 면밀히 분석해 볼 필요가 있다. 정치참여에서 개인 성격의 중요성을 강조한 연구들은 유사한 환경에서 양육된 사람들이 비슷한 성격을 가질 것이라고 주장하는 환경적 요인에만 초점을 맞추거나(Levinson 1958), 개인 성격이 정치참여에 대한 사회적 영향을 중재한다고 주장하였다(Krause et al. 1970). 또한, 정치적 행동 발달에 있어서 청소년 사회화의 중요성에 초점을 맞춘 연구들도 있지만, 부모와 자식 간의 연결에 있어 유전자의 역할은 간과된 측면이 크다. 결국, 정치참여의 근본적인 원인을 찾기 위해서는 개개인의 서로 다른 정치적 태도 및 성향이 어떻게 형성되는지를 살펴보는 것이 우선일 것이다.

3. 유전자가 정치참여에 미치는 영향

유전자는 '단백질을 만드는 암호'로서 부모의 형질을 자식에게 전달하는 역할을 한다. 세포의 한가운데 핵이 있고, 그 안에 염색체가 있으며, 염색체에는 DNA가 이중나선으로 꼬여 있다. 이 DNA 중에서 유전을 위한 역할을 하고 있는 것만을 유전자라 부른다. 개인의 정치참여 동인에 대한 연구 관련하여, 정치적 태도, 선호 및 성향에 대한 개개인의 차이가 유전적 차이에 기인할 수 있다는 연구들이 등장하였다(Alford et al. 2005; Eaves and Eysenck 1974; Hatemi et al. 2010; Martin et al. 1986). 이브스와 아이센크(Eaves and Eysenck 1974), 마틴 외(Martin et al. 1986)는 영국과 호주의 표본을 사용하여 사회적 태도의 유전력(heritability)을 입증하였고, 그 이후에 알포드 외(Alford et al. 2005)는 미국과 호주 표본을 사용하여 유전적 차이가 개인 간의 정치 성향 차이를 일정 부분 설명할 수 있으며, 정치 성향이 유전에 의해 결정된다고 주장하였다.

일반적으로 쌍둥이 연구는 유전자 전부를 공유한 일란성 쌍둥이와 유전자 절반을 공유한 이란성 쌍둥이를 대상으로 유전자가 특정 형질에 미치는 영향을 분석하는 기법으로, 유전성과 환경적 영향을 분리하여 측정할 수 있는 거의 유일한 방법이다. 같은 부모 밑에서 양육되는 일란성 쌍둥이의 경우 유전성뿐만 아니라 환경적 영향도 같다고 볼 수 있지만, 이란성 쌍둥이는 유전적으로 차이가 있지만, 환경적 영향은 동일하다. 이 점을 이용하여 학자들은 다양한 정치행태의 차이에 영향을 주는 유전적 및 환경적 영향을 비교적 정확하게 측정할 수 있다는 것이 쌍둥이 연구의 장점이다. 알포드 외(2005)는 3만 명의 쌍둥이에게 정치적 견해에 대해 묻는 자료를 분석해서 일란성 쌍둥이가 이란성 쌍둥이보다 똑같은 답변을 더 자주 한다는 사실을 밝혀 냈는데, 이를 바탕으로 유전자 전부를 공유한 일란성 쌍둥이는 절반의 유선자만 공유하고 있는 이란성 쌍둥이에 비해 정치사상이 동일한 경우가 많다는 연구 결과를 도출하였다. 그들에 따르면, 유전적 요인이 외부 정보의 처리능력뿐만 아니라 정치적 식견에도 영향을 미친다.

이처럼 쌍둥이 연구는 좌―우 이념 성향에 대한 개인의 정치적 입장 차이가 유전적 영향에 기인하고 있음을 주장하는데, 이 연구에서의 핵심은 유전성(heritability)에 있다. 좌―우 이념 성향에 대한 유전성 수치는 일반적으로 50~60% 범위 내에 있고(Alford et al. 2005), 보다 특정한 견해에 대한 유전성 추정치는 약 20%에서 70%까지의 범위에 있다(Alford et al. 2005; Ha―

temi et al. 2010). 학자들에 따르면, 심지어 투표율 및 투표 선택과 같은 특정한 정치적 행동과 결정도 유전적으로 영향을 받는다(Bell et al. 2009; Fowler and Schreiber 2008). 하테미 외(Hatemi et al. 2011)에 따르면 정치 성향은 다양한 유전자들에 의해 영향을 받으며, 정치 태도 형성에 관련된 유전적 과정은 매우 복잡하다고 주장하였다. 최근 논문에서 하테미 외(Hatemi et al. 2014)는 자녀의 정치 성향은 부모로부터 물려받는다고 발표하였는데, 미국을 포함한 5개국 쌍둥이 1만 2000쌍을 대상으로 실시한 연구에서 정치적 신념의 60%는 환경, 40%는 유전에 의해 형성된다는 것을 발견했다.

파울러 외(Fowler et al. 2008)는 쌍둥이 연구를 통해 투표율과 유전성 간의 높은 상관관계가 있음을 밝히고, 유전적 요인이 정치참여에 미치는 영향은 60%라고 주장하였다. 또한 파울러와 도위(Fowler and Dawes 2008)는 투표 행태와 관련된 유전자들을 발견하였는데, 그들에 따르면, 이 유전자들은 뇌 안의 신경전달물질인 세로토닌의 분비를 조절하는 데 관여한다. 세로토닌은 신뢰와 사회적 상호작용에 관련된 뇌 부위에 영향을 미치기 때문에 이 유전자를 보유한 사람은 세로토닌을 잘 조절할 수 있어 더 사교적이 되며, 이런 사람들은 선거일에 투표장에 나갈 가능성이 다른 유권자보다 1.3배 높은 것으로 나타났다. 그리고 이 유전자들은 개인의 친사회적(pro-social) 행동에 영향을 미치며, 결과적으로 투표 참여 여부도 결정한다.

한편, 웨스틴 외(Western et al. 2006)는 2004년 미국 대통령 선거 캠페인 시기에 열성 공화당 및 민주당 당원 각 15명을 대상으로 조지 W. 부시 공화당 후보와 존 케리 민주당 후보의 연설문을 평가하게 하고 기능성 자기공명장치(fMRI)를 사용하여 그들의 뇌를 살펴보았다. 그들에 따르면, 공화당원들은 케리에게, 민주당원들은 부시에게 일방적인 혹평을 하는 확증편향(confirmation bias) 경향을 확인하였다. 또한, 웨스틴 외는 실험자들에게 무의식적인 확증편향이 발생했을 때 전두엽의 감정을 처리하는 영역의 활동이 눈에 띄게 증가한다는 것을 발견하였다. 즉, 사고와 판단과 같은 이성을 담당하는 배외측전전두피질(dorsolateral prefrontal cortex)은 활성화되지 않는 반면에, 공감, 동정, 수치, 죄책감 같은 사회적 정서 반응과 관련된 복내측전전두피질(ventromedial PFC)이 활성화되었다는 것이다.

더 나아가, 아모디오(Amodio et al. 2007)는 사람마다 정치 성향이 다른 까닭을 뇌 안에서 정보가 처리되는 방식이 근본적으로 다르기 때문이라고 주장하였다. 아모디오는 43명에게 본인의 정치 성향이 보수주의자인지 진보주의자인지를 질문하고 두개골에 삽입된 전극으로 전두대상피질(anterior cingulate cortex)의 활동을 측정하였다. 전두대상피질은 의견이나 이해관계의 충돌을 해결하는 기능을 가진 부위로, 진보주의자의 뇌에서는 보수주의자보다 이 부위가 2.5배 더 활성화하는 것으로 나타났다. 즉, 이 두 그룹은 뇌 안에서 복잡한 정보를 처리하고 이해관계의 충돌을 해결하는 기능을 가진 '전방대상피질'의 활동에 차이가 있으며, 이는 진보 성향의 사람들이 보수 성향의 사람들보다 변화의 요구에 민감하기 때문에 그런 반응이 나타나는 것으로 분석될 수 있다. 아모디오에 따르면, 정치 성향은 문화나 환경이 아니라 '유전자와 환경의 상호작용'에 따라 결정된다.

〈그림 1〉은 1974년부터 2012년까지 정치 성향 관련 26개 영역에 대한 유전적 요인과 환경적 요인의 상대적인 영향을 보여 주는 것이다. 주목할 만한 점은 정치적 성향에 대한 개인적 차이의 상당 부분을 유전적 요인이 설명하고 있다는 것이다. 이처럼 정치 성향에 대한 개인 간의 차이를 부분적으로는 유전적 차이에 의해 설명할 수 있지만, 어떻게 유전자가 정치 성향에 영향을 미치는지에 대해서는 아직 설명이 필요하다. 일부 학자들은 정치적 선호에 미치는 인과관계를 분석하기 위해 분자 유전 변이(molecular

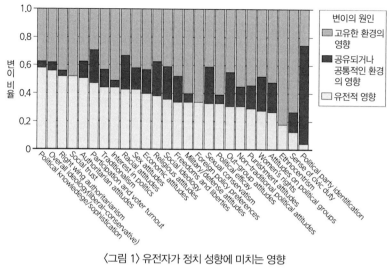

<그림 1> 유전자가 정치 성향에 미치는 영향

출처: Hatemi and McDermott 2012

genetic variation)와 생물학적 과정까지 살펴보기도 하는데, 이러한 접근방
식을 통해 분자 유전 변이와 정치에 대한 관심 사이의 관계를 직접적으로
살펴보는 것이 가능하지만 개개인의 유전자 변이의 효과 크기(effect size)가
너무 작고 환경조건에 민감하기 때문에 결과를 일반화하기에는 아직 위험
하다(Benjamin et al. 2012).

한편, 거버 외(Gerber et al. 2010)와 옥슬리 외(Oxley et al. 2008)는 개인 성
향—5가지 성격 요소(the Big Five traits)—은 유전성이 강하고 유전자와 정치
적 성향을 연결하는 그럴듯한 통로가 될 수 있다고 주장하였다. 이러한 논
의들은 개인의 성향과 정치 성향 사이의 강한 연관성을 보여 주는 것으로
정치행태 연구에서 두드러지게 나타나고 있다. 그들의 핵심적인 발견은 새
로운 아이디어에 관심이 있고 지적으로 호기심이 많은 것으로 묘사되는
"경험에 대한 개방성(openness to experience)"에서 높은 점수를 받은 사람들
은 사회 및 경제 문제에 대해 더 진보적인 반면, 조직적이고 목표 지향적인

생명과학기술과 정치

것으로 특징지어지는 성실한 사람들은 더 보수적인 경향을 갖는다는 것이다(Gerber et al. 2010). 결국, 유전자에 따라 뇌의 작용이 달라져서 성격은 물론 정치적 성향까지 영향을 받는다는 것이다.

그러나 정치적 성향에 대한 유전적 영향을 오로지 개인 성향으로만 설명하기에는 무리가 있다(Kandler et al. 2012). 개인 성향으로 설명하는 것 이외에도 강한 유전적 기반을 가진 다른 특성들을 가지고 정치 성향에 대한 유전적 차이를 설명할 수 있다. 예를 들어, 일반적인 인지 능력은 개인 및 국가 수준에서 좌-우 정치 성향과 상당한 연관성을 보였으며(Stankov 2009), 아동기의 지능을 가지고 성인기의 진보적이고 반전통적인 태도를 예측했다는 종적 연구 결과도 발표되었다(Deary et al. 2008). 즉, 정치적 견해는 개인 성향, 지능, 또는 다른 성향 변수와 체계적이고 유전적으로 관련이 있을 수 있지만, 그것들에 의해 야기되지는 않는다. 이러한 입장과 유사하게, 벌허스트 외(Verhulst et al. 2012)는 인과관계의 방향이 개인적 성향에서 정치적 태도로 간다는 가설을 지지하지 않았다. 그들에 따르면, 개인적 성향과 정치적 성향 사이에 상관관계가 존재하고, 이들이 공통적인 유전자에 의해 영향받는다는 것은 인정하지만 유전자가 개인적 성향에 영향을 미치고 결과석으로는 정치적 성향에 영향을 미친다는 인과성은 경험적 분석을 통해 입증되지 못하였다고 주장하였다. 이러한 주장은 유전적 자질과 정치 이념 사이를 연결하는 잠재적인 메커니즘의 영역을 확장하는 것으로 지금까지 고려된 것 이외의 기본적인 심리적 특성을 포함할 필요가 있음을 암시한다.

유전자와 정치적 견해 사이의 심리-생리학적(psycho-physiological) 경로에 대한 연구는 최근에야 비로소 과학 분야에 진입했다. 향후 연구는 관련된 메커니즘과 과정에 대한 더 많은 통찰력을 제공할 것이며 일부 모순되는 발견과 관점을 조화시키는 데 도움이 될 수 있을 것이다. 그러나 축적된 증거를 통해 살펴볼 때, 정치적 태도가 유전적으로 영향을 받는다는 것에 대해서는 의심의 여지가 없다.

4. 환경이 정치참여에 미치는 영향

쌍둥이 연구 방법은 일란성 쌍둥이와 이란성 쌍둥이의 특성 비교에 의존하는데, 각각의 쌍둥이들은 태어나자마자 동일한 환경과 생애사(life history)에 의해 영향을 받는 것으로 가정한다. 그러나 이러한 쌍둥이의 비교가 직접적인 유전자 비교가 아니기 때문에, 쌍둥이의 구체적인 유전자 구성에 대한 정보는 알 수 없다. 단지 일란성 쌍둥이는 두 개의 배아를 쪼개고 생산한 동일한 수정란에서 태어나서 유전적으로 동일한 것으로 간주되고, 이란성 쌍둥이는 두 개의 다른 정자에 의해 수정되어 같은 자궁에서 발달된 두 개의 분리된 난자에서 태어나는데, 그들은 다른 한 쌍의 형제자매처럼 평균 50%의 유전자를 공유한다는 것을 알고 있다(Visscher et al. 2006).

여러 학자들은 이란성 쌍둥이에 비해 일란성 쌍둥이에게서 정치 성향에 대한 유사성이 더 크다는 연구 결과를 도출하기 위해 다양한 성향에 대한 유전성 수치를 산출하였다(Bouchard and McGue 2003; Turkheimer 2000; 2004). 쌍둥이 연구를 통해서 정치학자들은 좌파 또는 우파 이념 선호와 투표율(Alford et al. 2005; Fowler et al. 2008; Hatemi et al. 2009)과 같은 정치적 행동에 대한 유전성 추정치를 제시하였다. 이러한 추정치는 뚜렷한 자유주의 또는 보수주의 성향을 생성하는 유전적 구소("정치적 유전자형")의 형태로 나타나며 유전적 영향이 있음을 보여 준다(Alford et al. 2008). 그들에 따르면,

비록 유전적 영향이 결정론적이 아닌 확률론적인 것에 기반하지만, 이러한 사실이 유전적인 효과가 특정한 정치적 선호나 행동에 영향을 미친다는 기본적인 주장을 바꾸는 것은 아니라고 주장한다.

그러나 여기에서 제기되는 중요한 질문은 왜 일란성 쌍둥이가 이란성 쌍둥이에 비해 정치 성향에 있어 좀 더 유사한가에 대한 부분이다. 생물학적 부분에 초점을 맞춘다면, 쌍둥이 연구 결과에 대한 가장 논리적인 설명은 일란성 쌍둥이처럼 동일한 게놈을 가진 개인이 동등한 조건에서 이란성 쌍둥이처럼 동일하지 않은 게놈을 가진 개인에 비해 동일한 특정 환경에서 더 유사하게 반응한다는 것이다. 이것은 쌍둥이 연구 맥락에서 단지 일란성 쌍둥이가 이란성 쌍둥이보다 유전적으로 훨씬 더 유사하기 때문에 같은 환경하에서 평균적으로 더 유사한 성향을 가지게 된다는 것을 의미하는 것이며, 만약 환경이 바뀌면 일란성 쌍둥이라고 하더라도 성향에 상당한 영향을 받을 수 있다. 이러한 설명은 쌍둥이 연구 맥락에서는 새로운 것이지만, 이 설명을 뒷받침하는 기본 개념은 수십 년 동안 생물학 이론의 일부이자 핵심이다. 이러한 유전성에 대한 개념은 생물학 분야 중 발달 행동 유전학, 발달 진화, 그리고 생태발달 생물학 분야에서 광범위하게 논의되고 있으며, 그들에 따르면 "비록 동일한 유전자형일지라도 개인의 경험과 다양한 환경에 따라 완전히 다른 형태가 될 수 있다."고 주장하였다(Bateson 1998, 161). 특히, 생태발달 생물학에서는 다양한 종으로부터 나타난 특징들은 그들의 특정한 유전자 구성으로부터가 아닌 생태 환경에 달려있다고 본다(Gilbert 2001).

전통적으로, 정치적 성향은 청소년기와 초기 성인기 동안의 사회화 과정으로부터 비롯된다고 가정되었다. 그러나 유전적인 접근을 포함한 정치적 태도에 대한 대부분의 연구는 가족 양육과 사회적 배경을 성인기에 소급

해서만 평가하는 경향이 있다. 일부 학자들은 어린이의 정치 태도 발달 궤적을 탐구하기 위해 쌍둥이에 대한 종적 및 패널 데이터를 가지고 사회 학습 이론(social learning theory)과 유전적 전이에서 나오는 이론을 통합하였다. 성인 연구와는 대조적으로, 이 연구들은 어떤 증거도 발견하지 못했다. 아이들이 집을 떠날 때까지 태도에 미치는 유전적인 영향보다는 이념 성향 발달에 있어 공유된 환경의 역할이 청소년기에 비해 10배 이상 증가했다. 그러나 일단 아이들이 집을 떠나면, 이란성 쌍둥이의 상관관계는 눈에 띄게 감소한 반면, 일란성 쌍둥이의 상관관계는 비슷하게 유지되었다(그림 2).

〈그림 2〉는 정치적 태도에 대한 유전적 영향이 '부모와 함께 생활하는 환경'과 같은 강력한 사회적 압력이 더 이상 존재하지 않을 때에만 발현된다는 것을 보여 준다. 여기에서 가장 중요한 특징은 정치 이념이 유전적으로 영향을 받지 않으며, 20세 이전의 일란성 쌍둥이와 이란성 쌍둥이 모두 정치 성향에 있어 유사한 태도를 갖는다는 점이다. 그러나 일단 쌍둥이들이 부모로부터 독립하여 집을 떠나면, 정치 성향에 대한 패턴은 크게 변화한다. 21세를 시작으로 이란성 쌍둥이의 상관관계는 현저히 감소하는 반면, 일란성 쌍둥이의 상관관계는 대체로 유사하게 나타나는데, 이 시기 이후부터 나타나는 정치 성향은 유전적 영향에 의한 것으로 볼 수 있다. 즉, 가족들이 함께 사는 환경은 형제자매의 정치 성향을 비슷하게 만들지만, 일단 그 요소가 제거되면, 염색체 서열의 100%를 공유하는 일란성 쌍둥이만 정치 성향에 있어 서로 비슷하게 남겨지게 되는 것이다. 추가적으로, 쌍둥이가 집을 떠나기 시작하는 연령대(21~25)에서 일란성 쌍둥이와 이란성 쌍둥이의 상관관계를 비교해 보면, 가정에서 함께 생활하는 쌍둥이는 일란성 또는 이란성 여부와 관계없이 통계적으로 유사한 태도를 보인다(일란성=0.575, 이란성=0.571). 그러나 이 연령대에 같은 집에 함께 살지 않는 쌍둥

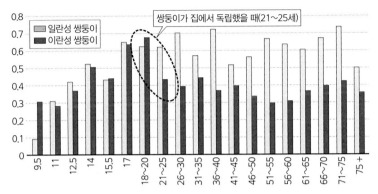

〈그림 2〉 연령에 따른 유전자와 환경이 정치성향에 미치는 영향

출처: Hatemi and McDermott 2012

이의 경우, 일란성 쌍둥이는 0.577 그리고 이란성 쌍둥이는 0.229의 상관관계를 갖는다. 따라서 유년기와 비교해 볼 때, 성인기 시기에 이란성 쌍둥이의 상관관계가 현저히 감소한 것은 거의 전적으로 부모와 함께 생활하는 환경을 떠났기 때문으로 분석할 수 있다. 즉, 〈그림 2〉의 결과는 함께 생활하는 환경이 이란성 쌍둥이의 정치 성향을 더 비슷하게 만들었다는 것을 의미하며, 일단 집을 떠나면, 쌍둥이의 경험, 그들이 환경을 자유롭게 선택할 수 있는 능력, 그리고 그들의 유전적 성향에 기초하여 그들 스스로의 개인직인 정치석 태도를 발전시키게 되는 것이다(Hatemi and McDermott 2012).

이처럼 유전학과 신경과학 연구의 결과는 우리 두뇌 속 유전자 안에 개인의 정치적 성향이 유전될 수 있는 요소가 있다는 것을 강하게 주장하지만, 환경 또한 우리 두뇌의 구조에 영향을 미칠 수 있다는 증거가 발견되고 있다(Jost et al. 2014). 예를 들어, 좌파 그리고 우파 성향의 사람들은 특정 뇌 구조의 크기와 활동 수준에 차이를 보이며, 당파적 정치에 참여하는 행동은 유전성과는 상관없이 이러한 차이를 야기할 수 있다는 것이다. 따라서 유전적인 영향이 특정 정치 이념을 좀 더 매력적으로 느끼게 하는 데 기여하지만, 개인의 심리적 그리고 생리학적 특성도 정치 이념 형성에 영향을 미칠 수 있다.

특히, 환경적 영향은 개인의 성격을 형성하고 정치 성향을 변화시키는 데 도움을 줄 수 있다. 예를 들어, 낮은 사회경제적 지위는 정치 성향을 형성하는 데 밀접한 상관관계가 있는 권위에 대한 복종 정도를 예측하기 위한 믿을 만한 예측변수로 사용될 수 있다. 비록 유전자가 언론의 선호에 영향을 미칠 수 있겠지만, 이는 다시 정치 이념 발달에 영향을 미칠 수 있다. 테러 공격과 같은 위협적인 사건들은 죽음에 대한 두려움과 체제에 대한 위협을 활성화시킴으로써, 사람들이 그들의 정치적 의견을 우익 성향으로 바꾸도록 영향을 미칠 수 있으며, 여러 개의 상반되는 주장과 증거에 대한 이해와 이러한 이해를 필요로 하는 직업에서 일하는 것은 좌익 성향의 가능성을 증가시킨다. 또한, 거의 한 세기 동안 미국에서의 투표 기록과 경제적 성과에 대한 연구를 살펴보면 위협적인 경제 환경이 우익 성향 쪽으로 투표하는 데 영향을 미치는 반면, 긍정적인 경제 환경은 좌익 성향으로 투표하는 데 영향을 미친다는 것을 발견했다.

종합해 보면, 쌍둥이 연구는 특정 형질에 대한 유전적 영향이 있는지 여부를 결정하는 데 있어 유용하지만, 얼마나 많은지를 결정하는 데는 그다지 도움이 되지 않기 때문에 환경의 영향을 간과해서는 안 될 것이다. 따라서 개인의 정치 성향을 분석하기 위해서는 유전자와 환경이 어떻게 상호작용하는지 이해하는 것이 단계적인 발전을 이루는 데 필요하다.

생명과학기술과 정치

5. 결론: 유전자 연구와 정치학의 미래

2008년에 처음으로 '정치학 연구에서 선호(preference)의 원천을 설명하기 위해 유전학을 도입하는 것이 나쁜 것인가 아니면 사회과학 중심 이론에 대한 근본적인 도전인가'라는 의문이 제기되기 시작하였고, 이러한 논의는 생물학적 그리고 사회적 영향을 모두 아우르는 광범위한 패러다임으로의 전환을 야기하였다(Eaves et al. 2008). 학계 및 언론에서 유전자와 정치 성향 사이의 관계에 대한 관심은 점차 증가하고 있고, 최근에는 유전자 정보가 어떻게 공공 정책을 형성하고 발전시킬 수 있는지, 그리고 특정한 유전적 특성의 발현을 촉진시키거나 억제하는 데 있어 사회 구조나 정치 제도가 환경에 어떠한 영향을 미치는지에 대한 연구가 진행되고 있다. 예를 들어, 폭력에 대한 노출, 기근이나 전쟁으로 고통받는 사람들 및 어린이에 대한 학대가 유전적·신경생물학적 피해를 야기하는지 여부에 대한 연구는 사회 구조, 법률 정책 그리고 정치 제도가 효과적으로 그러한 피해를 어떻게 완화할 수 있는지에 대한 방법을 모색하는 데 있어 중요한 의미를 갖는다(Hatemi 2010). 또한 유전자 연구는 아동 비만의 유전적 영향을 완화하기 위해 학교 정책에 어떠한 정보를 줄 수 있는지 또는 유전자 연구를 반영한 금연 전략이 어떻게 더 잘 실행될 수 있는지에 대한 것들을 포함할 수 있다. 추가적으로, 정치폭력에 가담하는 대중의 성향 그리고 정치인의 유전자 특성에 의해 외교정책이 어떻게 영향받을 수 있는지 등도 연구하기 시작했다. 유전자 연구를 가지고 정책에 성공적으로 적용한 사례는 현재 정치적 담론의 중심에 있는 동성애자에 대한 차별 문제이다. 유전자 연구를 통해 성적 선호의 개념에 대한 공적 담론을 도덕성과 선택의 문제에서 본질적인 성향의 문제로 전환시키기 시작했다. 동성애에 대한 태도 변화에 많은 요소들이 기여했지만, 특히, 유전자 연구는 동성애 결혼의 합법성에 대한 여론 및 정책 수립에 영향을 미치는 엘리트와 법적 담론을 변화시키는 데 중요한 역할을 수행했다. 이처럼, 중요한 공공 정책의 수립과 평가를 포함하여 유전자 연구는 대중에게 지대한 영향을 미치고 있다.

지금까지 정치학자들은 개인들의 다양한 정치행태의 원인을 분석하기 위해 다른 학문 영역에서의 이론과 방법론을 받아들여 왔다. 최근에는 뇌신경의학, 내분비학, 생리학 등과 같은 생물학에 정치학을 접목하여 바이오폴리틱스(biopolitics)라는 명칭으로 정치참여, 전쟁, 리더십, 서열 등에 대한 연구를 하고 있다. 기존의 바이오폴리틱스 연구들이 주로 개인이 공통적으로 가지고 있는 일반적인 정치행태의 원인을 찾는 데 치중했다면(Alford and Hibbing 2008), 현재의 바이오폴리틱스 연구는 일반적인 정치행태 분석에서 벗어나 개인 간 정치참여 정도의 차이, 정당 일체감의 유무 또는 정치 이념의 차이 등을 설명하려는 다양한 시도들이 왕성하게 이루어지고 있다.

비록 정치학과 유전학의 통합은 여전히 초기 단계에 머물러 있지만, 바이오폴리틱스에서 다양한 정치행태들이 유전되는 현상을 연구하는 것은 지금까지의 전통적인 정치학 연구 전반에 큰 함의를 지닌다고 볼 수 있다. 게다가 기존의 정치학 연구에서 사용되지 않았던 다양하고 흥미로운 연구 방법을 사용하여 개인의 정치 성향 및 정치활동에 대한 유전적 영향을 밝히는 연구는 유전학이 발전함에 따라 앞으로 더 큰 진전을 보일 것으로 기대된다.

참고문헌

민희·윤성이 2016. "감정과 정치참여." 『한국정치학회보』 Vol. 50(1): 271-294.

Abramson, Paul and John Aldrich. 1982. "The Decline of Electoral Participation in America."*American Political Science Review* 76(3): 502-521.

Alford, John R., Carolyn L. Funk, and John R. Hibbing. 2005. "Are Political Orientations Genetically Transmitted?" *American Political Science Review* 99(2): 153-67.

Alford, John R., and John R. Hibbing. 2008. "The new empirical biopolitics." *Annual Review of Political Science* 11: 183-203.

Amodio, D.M., Jost, J.T., Master, S.L., and Yee, C.M. 2007. "Neurocognitive correlates of liberalism and conservatism." *Nature Neuroscience* 10: 1246-1247.

Ansolabehere, Stephen, Shanto Iyengar, Adam Simon, and Nicholas Valentino. 1994. "Does Attack Advertising Demobilize the Electorate?" *American Political Science Review* 88(4): 829-839.

Bateson, Patrick. 1998. *Genes, environment, and the development of behaviour. In The limits of reductionism in biology.* Chichester, UK: Novartis Foundation.

Bell, E., Schermer, J.A., and Vernon, P.A. 2009. "The origins of political attitudes and behaviours: An analysis using twins." *Canadian Journal of Political Science* 42: 855-879.

Benjamin, D.J., D. Cesarini , M. van der Loos, C.T. Dawes, P.D. Koellinger, P.K. Magnusson, C.F. Chabris, D. Conley, D. Laibson, M. Johannesson, P.M. Visscher. 2012. "The genetic architecture of economic and political preferences." *Proceedings of the National Academy of Sciences of the United States of America.* 109(21): 8026-8031

Blais, A. 2000. *To vote or not to vote? The merits and limits of rational choice theory.* Pittsburgh, PA: University of Pittsburgh Press.

Blais, A., and Galais, C. 2016. "Measuring the civic duty to vote: A proposal." *Electoral Studies* 41, 60-69.

Bouchard, Thomas J., and Matt McGue. 2003. "Genetic and Environmental Influences on Human Psychological Differences." *Journal of Neurobiology* 54(1): 4-45.

Brady, Henry E., Sidney Verba, and Kay Lehman Schlozman. 1995. "Beyond SES: A Resource Model of Political Participation." *American Political Science Review* 89: 271-94.

Campbell, Angus, Phillip E. Converse, Warren E. Miller, and Donald E. Stokes. 1960.

The American Voter. Chicago: University of Chicago Press.

Cassel, C.A. 1999. "Voluntary Associations, Churches, and Social Participation Theories of Turnout." *Social Science Quarterly* 80(3): 504-17.

Cho, W.K.T. 1999. "Naturalization, Socialization, Participation: Immigrants and (Non-) Voting." *Journal of Politics* 61(4): 1140-55.

Cox, Gary W., and Michael C. Munger. 1989. "Closeness, Expenditures, and Turn-out in the 1982 U.S. House Elections." *American Political Science Review* 83: 217-31.

Davis, O., Hinich, M., and P. Ordeshook. 1970. "An Expository Development of a Mathematical Model of the Electoral Process." *American Political Science Review* 64(2): 426-448.

Dawes, Christopher, David Cesarini, James H. Fowler, Magnus Johannesson, Patrik K. Magnusson, and Sven Oskarsson. 2014. "The Relationship between Genes, Psychological Traits, and Political Participation." *American Journal of Political Science* 58(4): 888-903.

Deary, Ian J., G. David Batty, and Catharine R. Gale. 2008. "Childhood Intelligence Predicts Voter Turnout, Voting Preferences, and Political Involvement in Adulthood: The 1970 British Cohort Study." *Intelligence* 36(6): 548-55.

Delli Carpini, M.X., and Keeter, S. 1996. *What Americans know about politics and why it matters*. New Haven, CT: Yale University Press.

DiMaggio, P., E. Hargittai, and W.R. Neuman. 2001. "Social Implications of the Internet." *Annual Review of Sociology* 27: 307-36.

Downs, A. 1957. *An economic theory of democracy*. New York, NY: Addison-Wesley.

Eaves, L.J., and Eysenck, H.J. 1974. "Genetics and the development of social attitudes." *Nature* 249: 288-289.

Eaves, Lindon J., and Peter K. Hatemi, Peter. 2008. "Transmission of attitudes toward abortion and gay rights: Parental socialization or parental mate selection?" *Behavior Genetics*,

Ferejohn, J.A., and M.P. Fiorina. 1974. "The Paradox of Not Voting: A Decision Theoretic Analysis." *American Political Science Review* 68: 525-36.

Finkel, S. 1985. "Reciprocal effects of participation and political efficacy: A panel analysis." *American Journal of Political Science* 4, 891-913.

Fowler, James H. 2006. "Habitual Voting and Behavioral Turnout." *Journal of Politics* 68(2): 335-44.

Fowler, James H., Laura A. Baker, and Christopher T. Dawes. 2008. "Genetic Variation in Political Behavior." *American Political Science Review* 102(2): 233-48.

Fowler, James H., and Cindy D. Kam. 2007. "Beyond the Self: Altruism, Social Identity, and Political Participation." *Journal of Politics* 69(3): 811-25.

Fowler, J.H., Baker, L.A., and Dawes, C.T. 2008. "Genetic variation in political behavior." *American Political Science Review* 102: 233-248.

Fowler, James H., and Cindy Kam. 2006. "Patience as a Political Virtue: Delayed Gratiffcation and Turnout." *Political Behavior* 28: 113-28.

Fowler, James H., and Darren Schreiber. 2008. "Biology, Politics, and the Emerging Science of Human Nature." *Science* 322(5903): 912-14.

Gallego, Aina, and Daniel Oberski. 2012. "Personality and Political Participation: The Mediation Hypothesis." *Political Behavior* 34(3): 425-51.

Galston, W.A. 2001. "Political Knowledge, Political Engagement, and Civic Education." *Annual Review of Political Sciences* 4(1): 217-34.

Gerber, Alan S., Gregory A. Huber, David Doherty, Conor M. Dowling, Connor Raso, and Shang E.Ha. 2011. "Personality Traits and Participation in Political Processes." *Journal of Politics* 73(3): 692-706.

Gerber, A.S., G.A. Huber, D. Doherty, C.M. Dowling, and S.E. Ha. 2010. "Personality and political attitudes: Relationships across issue domains and political contexts." *American Political Science Review* 104(1): 111-33.

Gilbert, S.F. 2001. "Ecological developmental biology: Developmental biology meets the real world." *Developmental Biology* 233(1): 1-12.

Gimpel, J.G., and J.E. Schuknecht. 2003. "Political Participation and the Accessibility of the Ballot Box." *Political Geography* 22(5): 471-88.

Hatemi, Peter K., John R. Hibbing, Sarah E. Medland, Matthew C. Keller, John R. Alford, Kevin B. Smith, Nicholas G. Martin, and Lindon J. Eaves. 2010. "Not by Twins Alone: Using the Extended Family Design to Investigate Genetic Influence on Political Beliefs." *American Journal of Political Science* 54(3): 798-814.

Hatemi, Peter K., Christopher T. Dawes, Amanda Frost-Keller, Jaime E. Settle, and Brad Verhulst. 2011. "Integrating Social Science and Genetics: News from the Political Front." *Biodemography and Social Biology* 57(1): 67-87.

Hatemi, Peter K., Carolyn L. Funk, Sarah E.Medland, Hermine M. Maes, Judy L. Silberg, Nicholas G. Martin, and Lindon J. Eaves. 2009. "Genetic and Environmental Transmission of Political Attitudes over a Life Time." *Journal of Politics* 71(3): 1141-56.

Hatemi, Perter K., Medland, S.E., Klemmensen, R., Oskarsson, S., Littvay, L., Dawes, C.T., Verhulst, B., McDermott, R., Nørgaard, A.S., Klofstad, C.A., Christensen, K., Johannesson, M., Magnusson, P.K., Eaves, L.J., and Martin, N.G. 2014. "Genetic influences on political ideologies: twin analyses of 19 measures of political ideologies from five democracies and genome-wide findings from three populations." *Behavior genetics* 44(3): 282-294.

Hatemi, Peter K., and Rose McDermott. 2012. "The Genetics of Politics: Discovery, Challenges, and Progress." *Trends in Genetics* 28(10): 525-33.

Hatemi Peter K. 2010. "Genetic and neurocognitive approaches for comparative politics: A partnership between science and culture." *APSA-CP symposium on politics and the brain* 21(1): 6-12.

Hetherington, M.J. 1999. "The Effect of Political Trust on the Presidential Vote, 1968-1996." *American Political Science Review* 93(3): 311-26.

Huckfeldt, R., and J. Sprague. 1992. "Political Parties and Electoral Mobilization: Political Structure, Social Structure, and the Party Canvass." *American Political Science Review* 86(1): 70-86.

Huckfeldt, Robert. 1979. "Political Participation and the Neighborhood Social Context." *American Journal of Political Science* 23(3): 579-92.

Jankowski, Richard. 2007. "Altruism and the Decision to Vote: Explaining and Testing High Voter Turnout." *Rationality and Society* 19(1): 4-34.

Jennings, M. Kent, Laura Stoker, and Jake Bowers. 2009. "Politics across Generations: Family Transmission Reexamined." *The Journal of Politics* 71(3): 782-99.

Jerit, Jennifer, Jason Barabas and Toby Bolsen. 2006. "Citizens, Knowledge, and the Information Environment" *American Journal of Political Science* 50(2): 266-282.

Jost, J.T. 2006. "The end of the end of ideology." *American Psychologist* 61: 651-670.

Jost, J.T., Glaser, J, Kruglanski, A.W., and Sulloway, F.J. 2003. "Political conservatism as motivated social cognition." *Psychological Bulletin* 129(3): 339-375.

Jost, J.T., C.M. Federico, and J.L. Napier. 2009. "Political ideology: Its structure, functions,and elective affinities." *Annual Review of Psychology* 60: 307-337.

Jost, J.T., H.H. Nam, D.M Amodio, and J.J. Van Bavel. 2014. "Political Neuroscience." *Political Psychology* 35: 3-42.

Kandler, C., Bleidorn, W., and Riemann, R. 2012. "Left or right? Sources of political orientation: The roles of genetic factors, cultural transmission, assortative mating, and personality." *Journal of Personality and Social Psychology* 102: 633-645.

생명과학기술과 정치

Karp, J.A., Banducci, S.A., 2008. "Political efficacy and participation in twenty-seven democracies: how electoral systems shape political behaviour." *British Journal of Political Science* 38(2): 311-334.

Krause, Merton S., Kevin Houlihan, Mark I. Oberlander, and Lawrence Carson. 1970. "Some Motivational Correlates of Attitudes toward Political Participation." *Midwest Journal of Political Science* 14(3): 383-91.

Lake, R.L., and Robert Huckfeldt. 1998. "Social Capital, Social Networks, and Political Participation." *Political Psychology* 19(3): 567-84.

Lazarsfeld, Paul, Berelson Bernard, Gaudet Hazel. 1944. *People's Choice.* New York Columbia University Press.

Leighley, J.E., and J. Nagler. 1992. "Socioeconomic-Class Bias in Turnout, 1964-1988 —theVoters Remain the Same." *American Political Science Review* 86(3): 725-36.

Levinson, D.J. 1958. "The Relevance of Personality for Political-Participation." *Public Opinion Quarterly* 22(1): 3-10.

Martin, Nicholas G., Lindon J. Eaves, Andrew C. Heath, Rosemary Jardine, Lynn M. Feingold, and Hans J. Eysenck. 1986. "Transmission of Social Attitudes." *Proceedings of the National Academy of Sciences* 83(12): 4364-68.

McLeod, J.M., D.A. Scheufele, and P. Moy. 1999. "Community, Communication, and Participation: The Role of Mass Media and Interpersonal Discussion in Local Political Participation." *Political Communication* 16(3): 315-36.

Milligan, K., Moretti, E. and Oreopoulos, P. 2004. "Does Education Improve Citizenship? Evidence From the United States and the United Kingdom." *Journal of Public Economics* 88(9-10): 1667-1695.

Miller, Arthur H., P. Gurin, and G. Gurin. 1981. "Group Consciousness and Political Participation." *American Journal of Political Science* 25(3): 494-511.

Mondak, Jeffery J. 2010. *Personality and the Foundations of Political Behavior.* New York: Cambridge University Press.

Mondak, Jeffery J., and KarenD.Halperin. 2008. "A Framework for the Study of Personality and Political Behaviour." *British Journal of Political Science* 38(2): 335-62.

Mutz, Diana C. 2002. "The Consequences of Cross-Cutting Networks for Political Participation." *American Journal of Political Science* 46(4): 838-55.

Nie, Norman H., G.B. Powell, and K. Prewitt. 1969a. "Social Structure and Political Participation-Developmental Relationships." *American Political Science Review*

63(2): 361-78.

Oxley, D.R., K.B. Smith, J.R. Alford, M.V. Hibbing, J.L. Miller, M. Scalora, P.K. Hatemi, and J.R. Hibbing. 2008.Political attitudes vary with physiological traits. Science 321(5896): 1667-70.

Palfrey, Thomas R., and Keith T. Poole. 1987. "The Relationship Between Information, Ideology, and Voting Behavior." American Journal of Political Science 31:511-30.

Plutzer, Eric. 2002. "Becoming a habitual voter: Inertia, resources, and growth in young adulthood." *American Political Science Review* 96(1): 41-56.

Riker, W.H., and P.C. Ordeshook. 1968. "A Theory of the Calculus of Voting." *American Political Science Review* 62(1): 25-42.

Rosenstone, Steven J., and R.E. Wolfinger. 1978. "Effect of Registration Laws on Voter Turnout." *American Political Science Review* 72(1): 22-45.

Shachar, R., and B. Nalebuff. 1999. "Follow the Leader: Theory and Evidence on Political Participation." *American Economic Review* 89(3): 525-47.

Schlozman, Kay L., Nancy Burns, Sidney Verba, and Jesse Donahue. 1995. "Gender and Citizen Participation: Is There a Different Voice?" *American Journal of Political Science* 39(2): 267-93.

Somit, A., J. Tanenhaus, W.H. Wilke, and R. W. Cooley. 1958. "The Effect of the Introductory Political Science Course on Student Attitudes toward Personal Political Participation." *American Political Science Review* 52(4): 1129-32.

Stankov, L. 2009. "Conservatism and cognitive ability." *Intelligence* 37: 294-304.

Stoker L., and Jennings M.K. 1995. "Life-cycle transitions and political participation: the case of marriage." *American Political Science Review* 89(2): 421-433.

Strate, John M., Charles J. Parrish, Charles D. Elder, and Coit Ford. 1989. "Life Span Civic Development and Voting Participation." *American Political Science Review* 83(2): 443-64.

Timpone, Richard J. 1998. "Structure, Behavior, and Voter Turnout in the United States." *American Political Science Review* 92(1): 145-58.

Tolbert, Caroline, and Ramona S. McNeal. 2003. "Unraveling the Effects of the Internet on Political Participation?" *Political Research Quarterly* 56: 175-85.

Turkheimer, Eric. 2004. "Spinach and ice cream: Why social science is so difficult." In Behavioral genetics principles:Perspectives in development, personality, and psychopathology, ed. L. DiLalla. Washington, DC: American Psychological As-

생명과학기술과 정치

sociation.

_____. 2000. "Three laws of behavior genetics and what they mean." *Current Directions in Psychological Science* 9(5): 160-4.

Verba, Sidney, Kay L. Schlozman, and Henry E. Brady. 1993. "Race, Ethnicity, and Political Resources-Participation in the Unites States." *British Journal of Political Science* 23(4): 453-97.

Verba, Sidney, Kay Lehman Schlozman, and Henry E. Brady. 1995. *Voice and Equality: Civic Volunteerism in American Politics*. Cambridge, MA: Harvard University Press.

Verhulst, Brad, Lindon J. Eaves, and Peter K. Hatemi. 2012. "Correlation Not Causation: The Relationship between Personality Traits and Political Ideologies." *American Journal of Political Science* 56(1): 34-51.

Visscher, P.M., S.E. Medland, M.A.R. Ferreira, K.I. Morley, G. Zhu, B.K. Cornes, G.W. Montgomery, and N.G. Martin. 2006. "Assumption-free estimation of heritability from genome-wide identity-by-descent sharing between full siblings." *Plos Genetics* 2(3): 316-25.

Westen, D., Blagov, P.S., Harenski, K., Kilts, C., and Hamann, S. 2006. "Neural bases of motivated reasoning: an FMRI study of emotional constraints on partisan political judgment in the 2004 U.S. Presidential election." *Journal of cognitive neuroscience* 18(11): 1947-1958.

Wielhouwer, P.W., and B. Lockerbie. 1994. "Party Contacting and Political-Participation, 1952-90." *American Journal of Political Science* 38(1): 211-29.

Wolfinger, R., and S. Rosenstone. 1980. *Who Votes?* New Haven, CT: Yale University Press.

Zaller, John. 1992. *The Nature and Origins of Mass Opinion*. Cambridge: Cambridge University Press.

제5장

바이오 빅데이터의 시대, 가능성의 명과 암

권혜연(KIST)

1. 서론

바이오기술(BT) 혁신에 디지털기술(ICT)과 인공지능기술(AI)이 융합되면서 바이오 빅데이터와 AI 기반의 바이오경제 시대가 시작되고 있다. 유전체 분석기술의 발전은 더 빠르고 더 많은 생물체의 유전정보를 집적할 수 있게 만들었다. 바이오 빅데이터란 이런 유전정보와 더불어 인체의 건강, 보건, 의료 정보를 포함하는 생물학적 정보의 총체를 말한다. 기술 발전을 통해 집적량이 크게 증가하고 있는 바이오 빅데이터가 미래 사회 혁신의 원천이 될 것으로 기대하는 이유는, 이 데이터를 인간의 계산능력을 뛰어넘는 분석 및 자율학습 능력을 갖는 인공지능이 분석하여 이전에는 경험하지 못한 혁신과 사회경제적 파급효과를 이끌어 낼 것으로 예측되기 때문이다. 따라서 바이오 정보를 어떻게 잘 활용할 것인지가 생명공학 기술 및 보건 의료산업 혁신의 핵심 요소로 인식되고 있다. 미래 글로벌 지식 시장과 인류의 건강 증진을 위한 사회경제적 요구를 충족시키는 데 그 중요성은 점점 커질 것으로 예측된다.

기존에는 주로 실험실에서 계획된 절차에 의하여 생물학적 지식이 단계적으로 발생하였지만, 앞으로 미래에는 축적된 바이오 빅데이터의 기계학습과 인공지능을 활용한 분석으로부터 폭발적이고 예측하지 못했던 영역까지를 아우르는 지식 정보생산이 가능하다. 예를 들면, 기존의 생명공학 연구에서는 신약 개발을 위하여 신약 후보 물질을 실험실에서 합성하여 독성을 시험하고 임상을 단계적으로 거쳐야 했다. 이 과정은 긴 시간이 요구될 뿐만 아니라, 많은 후보물질 중 성공적인 신약 물질을 찾는 성공률도 매우 낮은 방법이었다. 하지만 최근에는 바이오 빅데이터를 통하여 이미 구축된 많은 물질 가운데 생체 독성이 적은 구조이면서 목적하는 질환 치료에 효과적인 후보물질을 빠르게 스크리닝 할 수 있다. 후보물질을 일일이 실험실에서 합성하고 시험하여 실제 실험하지 않아도 임상 전 단계까지의 모든 과정을 계산과학과 시뮬레이션을 통하여 해결할 수 있는 길이 열린 것이다(노철중 2021).

또한 개인의 고유한 유전체 정보를 추출하고 분석할 수 있으므로 맞춤형 보선의료 서비스가 가능해진다. 미국 공학 아카데미(NAE, National Academy of Engineering)가 후원하는 14가지 엔지니어링의 주요 과제 중 하나가 바로 개인 맞춤형 의약품이다. 개인 맞춤 의학(personalized medicine)을 미래 인류가 "최적의 개인별 건강 결정을 내리기 위한" 핵심 기술이라고 판단하고 있는 것이다(National Academy of Engineering 2016). 현재까지의 보건의료 서비스는 환자의 질환에 관하여 원인 질병을 의료적으로 진단하고 사용할 수 있는 의약품이나 치료법을 의사가 판단하여 처방하였다. 그런데 사용하게 되는 의약품과 치료법에 대하여 개개인의 반응이 개별적으로 다를 수 있다. 특히 암과 같은 대표적 난치 위중질환에서는 어떤 항암제를 사용하는지, 환자 개별 수준에서 적합한 것이었는지의 판단에 따라 환자의 예후가 매우 크게 달라질 수 있다. 그런데 바이오 빅데이터의 활용을 통하여는 이런 질병의 위험성에 대해 예상되는 반응을 각각의 개별 환자의 유전정보를 통해 예측할 수 있고, 따라서 어떠한 약이 효과가 있는지 결정해 처방을 내리는 개인 맞춤형 의학이 가능해지는 것이다.

　바이오 빅데이터 활용의 중요성과 잠재력에 대하여는 이제 많은 사람들이 알게 되었을 뿐만 아니라, 실제로 잠재되었던 가능성들이 하나둘 속속 눈앞에 구체적인 현실로 이루어지고 있다. 따라서 바이오 빅데이터의 활용을 통하여 국가의 기술경쟁력을 높이고 사회경제적 이익을 추구하는 정책적 흐름이 커지는 것 역시 자연스러운 현상이다. 바이오 데이터에 기반한 생명과학 혁신의 가치를 다방향으로 극대화하는 데에 많은 국가들이 정부 차원에서 관심을 기울이고 있다. 그런데 어떻게 바이오 데이터를 다루어야 할지 정책적 방법에 대하여는 아직 사회적 논의와 정치적 합의가 이루어진 바가 거의 없다. 이는 우리나라만이 당면하고 있는 문제가 아니다. 많은 국가들이 일치된 답을 내지 못한 채, 서로 다른 정책적 접근 방법을 시도하고 있으며, 생물정보의 활용을 비교적 일찍 시작한 국가라고 할지라도 그 바탕에 충분한 사회적 합의를 두지 못한 경우가 많다.

　인간 유전자 분석, 맞춤형 치료제 개발 등 파괴적 기술혁신이 이루어지는 데이터와 인공지능 기반의 바이오 빅데이터 활용은 사회적 파급효과가 크기 때문에 윤리적 고찰을 동반한 사회적 합의가 중요하다. 또한 유전(DNA) 정보가 개인의 행정적, 사회적, 경제적 정보와는 달리 정보 그 자체로 고유하며 암호화할 수 없다는 측면에서 이 데이터는 소유권, 결정권 및 재산권에 대한 정치적 합의와 정책 방향에 대한 논의가 기술 잠재력의 실현보다 먼저 선행되는 것이 매우 필요하다. 과거의 다른 과학기술 발전과 그로 인한 사회 변화에 대한 논의와 같이 접근한다면, 바이오 빅데이터의 활용이 야기할 수 있는 어두운 문제들이 사회에 해악을 끼친 후에야 뒤늦게 큰 사회적 비용을 치루게 될 우려가 크다.

이 장에서는 첫째, 생물정보의 정의와 바이오 빅데이터 시대의 잠재력 및 가능성을 갈무리하고 이어서 우리 사회가 아직 충분히 고찰하고 있지 못한 가능성의 바이오 빅데이터 시대의 어두운 면을 함께 논의한다. 인간 생체 및 유전정보의 활용이 가지고 올 수 있는 여러 문제들이 무엇이며 어떻게 문제가 발생할 수 있는지 구체적으로 살펴볼 것이다. 더하여, 생물정보학에 대한 정부 전략의 차이를 탐구하고자 한다. 과학과 국가 간의 관계와 이 관계에서 정부 및 정치 체제가 취할 수 있는 몇 가지 접근법들(option), 그리고 접근법들의 차이가 생물정보학과 같은 새로운 인식론적 영역을 지원하고 활용할 수 있는 국가의 능력에 미치는 영향에 대하여 짚어 볼 것이다. 이를 통해, 우리 사회가 아직 바이오 빅데이터 시대의 문제들에 대한 고찰이 부족한 상황임을 보이고, 현재 다른 국가들의 전략적, 정치적 접근 현황을 돌아본 뒤, 마지막으로 우리 사회가 앞으로 바이오 빅데이터 사회의 밝은 미래를 실현하면서 동시에 우려되는 문제들을 예방하고 관리하기 위한 사회적 선결 논의가 무엇인지 시사점을 도출하고자 한다.

2. 생물정보 빅데이터 시대의 시작

생물학적 정보(Bio information)란 생물체 혹은 그 일부 및 생물체의 산물과 생물체의 활동에 관한 정보를 일컫는데, 바이오 데이터베이스란 이러한 생물학적 정보들의 저장소(Jonathan and Alex 2008)를 말한다. '종의 기원'의 저자, 다윈의 시대에 이르기까지의 생물 정보란 주로 어떤 종의 생물이 지구상에 존재하는지, 어떻게 개별의 종을 명명하고 구분할 것인지를 의미했다. 보건의료 차원에서는 인간의 신체와 장기가 어떤 모습으로 생겼으며, 어떤 기능을 갖고 있는지, 병증을 어떻게 치료할 수 있는지에 관한 정보들을 천천히 축적해 왔다.

그러다가 지구상의 모든 생물체를 관통하는 생명구성의 중심원리(central dogma)가 1958년 프란시스 크릭(Francis Crick)에 의하여 제시된다. DNA는 RNA를 만들고 RNA는 단백질을 만든다(Crick 1958)는 명제이다. 이는 어떻게 생물체가 세대를 건너 정보를 후손에게 전달하는지를 밝혀 낸 역사적 사건이었다. 생물체는 DNA 혹은 RNA 라는 생체고분자, 핵산을 세포마다 갖고 있는데, 이는 단량체(monomer) 염기가 이어져 있는 선형의 구조이다. 각 단위 단량체는 4가지 종류에 불과하지만, 이것들이 길게 연결되면서 이 배열이 효과적으로 생물체의 정보를 암호화한다. 핵산은 원본과 똑같은 배열을 갖는 새로운 핵산을 복제할 수 있다. 생물체는 이를 후손 세포에게 넘겨줌으로써 유전정보를 세대를 건너 전송한다. 세포 내에서 유전체는 mRNA를 전사(transcription)하기 위한 템플릿으로도 사용된다. 세포 내 소기관인 리보솜은 이 mRNA의 배열을 변역해서(translation), 아미노산을 연결해서 붙이는 폴리펩타이드 고분자를 합성한다. 이 선형의 폴리펩타이드가 접히고 뭉치면서 입체적인 형태의 단백질이 만들어지게 된다. 즉, 유전체의 정보가 생물체를 구성하는 물질이 되는 것이다. 즉, 각 생물체를 구성하는 모든 정보가 세포 내의 유전체(genome)를 이루는 단량체 단위들의 배열로서 코딩되어 있다는 것을 의미했다. 유전체의 배열이라는 바이오 정보를 안다면 그 생명체가 어떤 단백질을 만들어 내는지, 어떤 종과 유전적으로 가까운지를 파악할 수 있는 것이다.

이후, 현대 생명과학은 유전체를 구성하는 염기의 서열이라는 바이오 정보를 밝히기 위하여 노력한다. 특히, 인간의 유전체가 어떤 배열로 구성되어있는지, 인간 DNA 염기서열을 밝히는 것이 가장 큰 관심사였다. 이에 인간 게놈 프로젝트(HGP, Human Genome Project)라는 국제적인 과학 연구 프로젝트가 시작된다. 목표는 인간의 DNA를 구성하는 염기배열을 밝히고 물리적, 기능적 관점에서 인간 유전체의 모든 유전자를 식별하고 매핑하는 것이었다. 생명과학 역사상 가장 큰 국제 프로젝트였던 HGP는 1984년 미국 정부에 의해 채택되어, 1990년에 공식적으로 착수되었다. 국제적 규모의 연구비 지원이 모아졌고 미국, 영국, 프랑스, 독일, 일본 및 중국의 수많은 대학과 연구 센터가 참여하여 DNA 분석을 수행하였다. 세계는 연구자들이 인간 질병의 유전적 요인을 이해할 수 있는 강력한 도구를 갖게 되어 질병의 진단, 치료 및 예방을 위한 새롭고 혁신적인 전환이 가능할 것이라는 기대에 부풀었다.

하지만 1998년까지 HGP는 모델 유기체의 화학적 배열을 밝혔을 뿐, 실질적인 바이오 기술의 혁신을 위한 정보를 알아내는 것은 거의 진전이 없는 상태로 약 20억 달러를 지출한다. 인간의 유전체의 염기서열은 그 데이터의 양과 복잡성, 그리고 다양성이 너무나 방대하여 정보를 개념화하고, 조정, 분석 및 해석하기에는 어려워 보인다는 문제에 직면했다(Ouzonis and Valencia 2003). 2003년 4월 14일 공식적으로 HGP가 완료되었지만 생성된 데이터를 활용하는 것은 요원해 보였다. 유전체만 분석하면 약속될 것으로 믿었던 인류 건강 증진이 과연 이루어질 수 있을지 그 방법은 여전히 안개 속에 쌓여 있었고, 생명과학 역사상 첫 대규모 국제 프로젝트의 결과에 대한 신뢰성과 산업적 잠재력에 대한 믿음은 심각한 정치적 위협을 받게 된다(Nightingale and Martin 2004). 생물체의 모든 정보를 기록한 책을 찾았는데, 이 책이 너무도 크고 방대했을 뿐만 아니라 활자들의 나열이 무슨 뜻인지 정리하고 기록하고 해석할 수 있는 능력이 부족했다.

2000년대 중후반, 데이터 분석을 위한 새로운 컴퓨팅 툴의 개발이 거듭 이루어지고, 계산과학과 유전학이 만나면서 새로운 대안이 떠오른다. 바로 생물정보학(Bio Informatics)이다. 생물정보학 혹은 전산생물학은 새로운 예측을 하거나 새로운 생물학적 지식을 발견하기 위해 유전 서열, 세포 집단 또는 단백질 샘플과 같은 대규모 생물학적 데이터를 구축하여 분석하는 전산 방법을 개발, 적용하는 학제 간 융합 연구분야이다. 고도의 컴퓨팅과 분석 방법, 수학적 모델링 및 시뮬레이션이 포함된다. 생물정보학 기술은 많은 양의 원시 데이터에서 유용한 결과를 추출할 수 있게 한다. 유전체와 돌연변이의 염기서열을 분석하는 것뿐만 아니라, 생물학 연구 문헌의 텍스트 마이닝과 생물학적 데이터베이스의 구축, 유전자와 단백질의 발현과 조절을 분석하는 데에도 중요한 도구가 되었다. 분자 생물학으로부터 시스템 생물학과 구조 생물학에 이르기까지, 생체 분자의 상호작용과 DNA, RNA, 단백질의 시뮬레이션과 모델링을 수행할 수 있다. 완연히 가설검증 중심의 전통적인 연구 패러다임에서 벗어나 데이터베이스가 먼저 구축되고 그 데이터가 포함하는 패턴에 대한 분석과 설명이 나중에 도출되는 '발견 과학'으로 변화한 것이다(Chow-White and Garcia-Sancho 2012).

더하여 비슷한 시기에 NGS(Next Generation Sequencing) 염기서열 분석 방법이 개발되어 유전체 해독에 들어가는 비용과 시간을 획기적으로 감소시켰다. 이전의 시퀀싱 기술은 전체 인간 게놈을 분석하는 데 10년 이상이 필요했으나 NGS를 사용하면서 하루 안에 분석이 가능해진다(Behjati and Tarpey 2013). 2003년 4월에 발표된 최초의 인간 유전체 분석은 20개 기관의 전문지식, 인프라 및 인력을 활용하여 약 30억 쌍의 염기서열을 밝히는 데 13년의 작업과 약 30억 달러가 소비되었다. 이제는 1,000달러에 불과한 돈으로 하나의 인간 유전체를 시퀀싱할 수 있으며 매주 320개 이상의 유전체 정보를 생성할 수 있다. 파괴적 혁신이 아닐 수 없다.

임상 환경에서 NGS 기술은 첫째, 컴퓨터의 데이터 저장 용량과 같은 필수적 인프라가 갖춰져야 한다는 것과 둘째, 후속 데이터를 종합적으로 분석하고 해석하는 데 필요한 인력 전문지식을 확보하는 것이 어렵다는 점이 난제였는데, 이는 생물정보학의 급격한 부상으로 빠르게 해결되고 있다. 데이터를 분석할 수 있는 생물 정보기술(bio informatics technology)과 그 기술이 활용하는 재료가 되는 바이오 데이터 생성 기술이 서로 발맞추어 진화한 것이다. 더욱 빠르게 대용량의 바이오 정보를 구축하고 드디어, 바이오 빅데이터의 분석이 가능해지는 시대가 시작되고 있다.

3. 바이오 빅데이터의 의미와 잠재력

바이오 빅데이터에서 신뢰할 수 있는 지식을 추출해 낼 수 있을까? 이는 우리에게 어떤 혁신을 가져다 줄 것인가. 바이오 분야의 빅데이터는 유전체 정보뿐만 아니라 임상 정보, 생체 내 분자의 이동 경로, 사람의 건강 생활 습관 정보, 약물 반응성 데이터, 인구 집단의 정보 등 다양한 층위와 형태를 모두 포함한다. 인체의 정보뿐만 아니라 세균, 병원균, 가축 및 반려동물, 기타 생명체에 대한 정보까지도 포괄한다. 과학자들은 이렇게 복잡하고 이질적인 바이오 빅데이터를 어떻게 생산, 수집, 관리, 통합 분석할 것인지 그 방법만 다듬는다면 이전에 달성하지 못했던 새로운 가치를 창출할 수 있다고 예측한다. 예를 들어, 방대한 양의 정보를 바탕으로 이전에 알지 못했던 생물학적 메커니즘을 파악하고, 그 지식을 인간의 건강 관리에 적용하는 새로운 보건의료 솔루션을 얻을 수 있다. 다만, 빅데이터의 양, 속도 및 변동성을 다루는 더 획기적이고, 많은 분석 솔루션의 개발이 필요할 뿐이다. 본격적인 바이오경제 시대를 위해서는 바이오기술(BT) 혁신에 디지털기술(IT)과 인공지능 기술(AI)이 융합되어야 한다.

바이오경제란 바이오기술이 인류의 복지와 경제성장을 동시에 달성하는 원동력이 되는 새로운 경제 패러다임이다. 미래에는 건강, 식량, 환경, 에너지 문제를 해결하는 데 전방위적으로 바이오기술을 활용할 것으로 예상한다. 정부는 2015년 기준 1.6조 달러 수준인 글로벌 바이오시장이 반도체, 자동차, 화학제품 등 3대 산업 합계 규모를 뛰어넘어 2030년에는 4.4조 달러, 한화 약 로 급성장할 것으로 보고 있다(과학기술부 2017). 우리 정부는 바이오산업을 크게 3가지로 구분하여 바이오산업 정책을 추진하고 있는데, 보건의료 분야에 바이오기술이 활용되는 레드바이오, 농식품 분야에 바이오기술이 활용되는 그린바이오, 산업공정과 에너지 분야에 바이오기술이 활용되는 화이트바이오로 나뉜다.

레드바이오 산업은 대표적으로 바이오 빅데이터를 통하여 파괴적인 혁신이 실현되고 있는 분야이다. 신약이나 신의료기기, 신의료서비스 개발이 이미 고도의 컴퓨팅 기술에 힘입어 사이버상에서 이루어지기 시작하였고 임상시험을 디자인하고 시뮬레이션 하는 단계에 이르렀다. 전자의료기록, 유전체 정보, 인구통계 자료, 행동학적·사회학적 데이터, 생태학적·환경학적 데이터 등이 복합적으로 활용된다. 만성 및 감염성 질환들을 인구집단 수준에서 이해하고 진단과 치료 모니터링 데이터 집적이 함께 이루어지며 새로운 질병의 발생과 위험 요인들을 감시하고 건강조사 개선과 질병 통제 등에 이를 활용하는 연구 역시 증가하고 있다. 이러한 연구 결과들은 산업 측면뿐만 아니라, 과학적인 보건의료 정책의 수립과 헬스케어 시스템 구축, 신종 감염병 발병 예측 및 대비책 마련에 활용될 수 있다.

그린바이오 산업은 전통적으로 생명공학 분야에서 가장 많은 혁신이 이미 이루어진 분야라고 볼 수 있다. 수확량이 많고 병충해에 견딤이 뛰어난 농작물로 개량하거나, 경제성이 우수한 신품종의 원예, 과수 작물을 개발하는 일들이 모두 그린 바이오 산업에 속한다. 전통적인 생명공학을 넘어서, 바이오 빅데이터는 이 분야에 또 한번 새로운 혁신을 가져올 수 있다. 최근, 국내 연구진이 세계 최초로 벼 노화 조절 유전자를 확인하고, 이 유전자의 돌연변이를 유도할 경우, 벼의 노화가 지연되어 수확량 증진으로 이어짐을 보고한 바 있다(Shin et al 2020). 이때, 진화 및 개체군 유전자 분석 기술을 벼의 노화 패턴과 수명에 영향을 미치는 유전자를 찾아내고 그 유전자의 다형성을 확인할 수 있었다. 이와 같이 바이오 빅데이터의 활용 기술에 힘입어 다시 한 번 농식품 분야 그린 바이오 산업이 도약하고 있다. 기술 및 시장을 선점한 미국, 유럽 등을 중심으로 2030년까지 2배 이상 산업이 성장할 것으로 전망되는데, 이에 우리 정부는 '그린바이오 융합형 신산업 육성방안'을 통해 산업 성장을 위한 토대를 마련하고자 유전체 정보, 기능 성분 정보 등 분야별 빅데이터를 구축하고, AI 기술 등의 활용을 지원할 계획이다(관계부처합동 2020).

화이트 바이오는 생분해성 바이오플라스틱 제조와 같은 바이오 소재 및 에너지 분야, 그리고 산업공정 혁신을 위한 바이오 기술적용 분야를 아우른다. 특히 최근 ESG[환경(Environment), 사회(Social), 지배구조(Governance)]를 중요하게 판단하여 기업 및 비즈니스 투자의 지속 가능성과 사회 영향성을 고려해야 한다는 흐름 속에서, 화이트 바이오산업은 그 중요성이 매우 커지고 있다. 기후변화와 폐기물 문제 대응을 기술적으로 해결하기 위한 핵심 분야라고 할 수 있다. 석유 기반 제품의 생태 유해성, 세계적인 플라스틱 사용 증가로 인한 환경오염 해결을 위한 대안이 이 분야에서 제시될 수 있을 것으로 기대한다. 글로벌 화이트 바이오산업 시장은 2019년 2,378억 달러(약 281조 원)에서 2028년에는 약 5,609억 달러(약 662조 원) 규모로 성장이 예측되고 있다(Adroit Market Research Report 2021).

4. 바이오 빅데이터의 활용이 가져올 수 있는 사회적 문제

유전체(게놈) 및 바이오 정보는 기술 발전으로 사용이 확대되는 빅데이터의 한 종류다. 특히, 유전체 정보 데이터를 생성할 수 있는 기술은 유전체 데이터를 공유하여 사용하려는 노력들과 함께 발전되어 왔다. 처음 DNA 시퀀싱 기술이 개발되었을 때, 인간의 게놈 시퀀싱은 일개의 개인이나 기업, 기관이 담당하기에는 필요한 인력과 자금의 규모가 엄청났다. 때문에 공공부문의 국제적 협력 기금을 통해 지원되는 연구 프로젝트가 이를 수행하게 되었고, 당연히 공공의 투자에 의하여 발생하는 결과를 공개해야 한다는 인식이 확산되었다. 이는 연구 결과의 빠른 보급뿐만 아니라, 부수적으로는 연구 투명성 및 높은 책임성을 요구하는 긍정적인 효과를 가져오기도 하였다(Lappalainen et al 2005; Mailman et al 2007). 유전체 데이터에 대한 액세스를 보장하기 위해 여러 리소스 역시 만들어졌다. 예를 들어, 국제 뉴클레오티드 시퀀스 데이터베이스(INSDC, International Nucleotide Sequence Database Collaboration, https://www.insdc.org/)는 미국 국립보건원

생명과학기술과 정치

(NIH, National Institutes of Health)의 시퀀스 아카이브(SRA, Sequence Read Archive), 유럽 생물정보학 연구소(EMBL-EBI, The European Bioinformatics Institute), 일본의 국립 유전학연구소 산하 DNA 데이터베이스(DDBJ)와 제휴하여 시퀀싱 정보 검색 플랫폼과 원시(raw) 시퀀싱 데이터를 공동으로 보관하고 제공한다. 글로벌 연구자 공동체는 연구의 결과인 유전체 정보를 무료로 모두 공유하고 새로운 지식을 탐구하는 데 이용할 수 있다.

학술적인 효용을 넘어, 앞에서 살펴본 것처럼 바이오 빅데이터의 활용은 인류와 우리 사회에 가져다줄 수 있는 기술적, 경제적, 사회적 효과가 막대할 것으로 예상된다. 우리 정부도 바이오산업의 유망성을 인지하고 지원 투자를 아끼지 않고 있다. 문제는 연구개발을 통한 기술혁신 경쟁력 확보가 물론 중요하지만, 유전정보를 포함하는 데이터 자원 경쟁력과 사회 전체 시스템의 경쟁력이 균형적으로 확보되지 못하면 기술혁신의 성과가 사회경제적 파급효과로 연결되는 데 한계가 있다는 점이다. 데이터와 인공지능 기반 바이오경제 경쟁력의 3대 핵심 요소는 데이터(자원), 혁신(기술), 그리고 사회 시스템이며, 특히 파괴적 혁신에 대한 사회적 수용성 등 시스템 경쟁력 없이는 바이오경제를 구현할 수 없다는 지적이 제기된다(Pastorino et al. 2019; 최윤희 2019). 유전체와 바이오 데이터를 공유하고 데이터베이스에 공개적으로 액세스할 수 있는 과학적 성과 뒤에 따라오게 되는 사회적 위험과 과제가 존재한다(Wang et al 2017; 김진현 2017). 대규모 시퀀싱 기술과 유전체 정보 처리 기술, 기계학습과 인공지능을 통한 새로운 지식 창출이 제공하는 이점에만 집중할 것이 아니라, 이를 제대로 관리할 수 없다면 바이오 빅데이터의 시대가 오히려 우리 사회에 초래할 위험들에 대한 논의가 필요하다. 앞으로도 바이오 정보를 발굴, 축적하고 데이터 분석 기술을 적용하는 일들은 빠르게 발전할 것이기 때문에, 더더욱 사회는 잠재적인 새로운 위험 요인을 예상하고 대비해야 한다. 특히, 생물정보는 그 특성상 비가변적이라는 성격을 지니기에, 정보 활용이 가져오는 문제에 대하여 선제적으로 대응할 필요성이 더욱 절실하다. 여기서는 개인정보의 보호와 관련된 문제, 바이오경제의 편익과 관련된 주요 이슈들, 데이터 저장과 공유와 관련된 문제 등 세 가지로 나누어 바이오 빅데이터 활용 과정에서 초래될 수 있는 윤리적 위험 및 과제를 살펴본다.

1) 개인정보의 보호와 관련된 문제

개인의 프라이버시(privacy) 보호는 생물학 및 의학 연구에서 오랫동안 심도 있게 논의되어 온 주제이다. 연구, 임상 환경에서 연구 참여자의 프라이버시를 보호하기 위한 전통적인 안전장치는 데이터를 익명화하고 익명화된 데이터 공유에 대한 당사자의 사전동의를 받는 방법을 통상적으로 사용한다. 또한 수합된 개인정보는 접근이 제한된 시설에 저장한다. 그런데 이제 연구자 혹은 의료진만 출입할 수 있는 공간 안에 물리적으로 정보가 저장되지 않고, 디지털 데이터베이스로 정보의 저장방식을 전환하면서 접근의 편리함만큼, 그에 상응하는 위험 요인들이 생겨나기 시작했다.

유전체 정보와 관련하여, 국가의 경계를 넘나드는 글로벌 데이터베이스 리소스를 마련하고 인터넷을 통하여 게놈 정보를 공유하는 일은 분명 여러 장점을 가져다주었다. 문제는 이제 그 정보가 연구실을 넘어, 임상 및 실제 산업 환경으로 공유되기 시작한다는 사실이다. 소수의 연구 공동체가 사용하던 바이오 빅데이터는 더 넓은 이용자들에게, 더 다양한 목적으로 열리게 된 것이다. 데이터의 책임 있는 사용을 담보하기 어렵다는 것을 의미한다. 개인의 유전체 정보는 무한정 복사될 수 있으며 국경과 상관없이 수많은 데이터베이스와 통신 컨텍스트를 통해 이동할 수 있다.

특히, 주목해야 할 것은 바이오 정보의 고유한 특성이다. 유전체는 지구 상에 존재하는 모든 인류의 수만큼 존재한다. 개개인의 지문 패턴이 모두 다르듯이 모든 개인의 유전체 정보는 그 정보를 통하여 오롯이 어떤 개인을 정확하게 식별하도록 한다. 뿐만 아니라, 가족 구성원들의 민감한 정보를 드러낼 수 있기도 하다. 모든 인류는 본인의 유전체 정보의 50%를 부모, 형제, 자식과 공유한다. 형제와 조부모, 손자, 숙부, 숙모 역시 평균 25%의 높은 비율로 유전정보를 공유하기 때문에 개인의 현재 혹은 미래 건강 상태에 대한 정보가 유출된다는 것은 그 개인뿐만 아니라, 잠재적으로 다른 가족 구성원에게도 영향을 미칠 수 있다는 뜻이다. Chow-White et al.(2015)은 앞으로 가족 네트워크 단위의 새로운 차원의 개인 정보 보호 문제가 중요해질 것이라고 지적하고 있다. 식별 가능한 유전정보가 네트워크에 공개되면 프라이버시는 되찾기가 거의 불가능할 것이다. 정보를 누가 저장하고 있는지, 누가 그것에 접속(access)하며 새로운 복사본이 만들어지는지, 그리고 정보를 가져간 이가 그것을 사용하는 목적을 알아내고 추적하는 것은 사실상 불가능하다(El Emam et al. 2011).

이런 맥락에서 유전체 연구 프로젝트 참여자들의 프라이버시를 보호하기 위해 새로운 전략이 구현되기도 하였다. 예를 들어, 1000 Genomes 프로젝트는 연구 참여자의 프라이버시를 보호하기 오버샘플링, 즉, 유전체 정보 데이터베이스에 포함할 최종 인원수보다 더 많은 참여자를 모집하고 성별을 제외한 개인정보는 수집하지 않았다. 참여자조차 본인의 유전체가 데이터 세트에 포함될지 알 수 없는 방식이다. 또 다른 프로젝트에서는 웹서비스를 통한 데이터 공유는 집단 내 어떤 유전형질의 발현 빈도나 포함 여부 정보와 같이 집계자료(aggregated data)로만 제공하기도 한다.

하지만 이러한 노력들이 데이터 마이닝 알고리즘 시대에서 완전한 프라이버시를 보장할 수는 없다는 한계가 존재한다. 초고속으로 발전을 거듭하고 있는 데이터 마이닝 알고리즘은 정보를 식별할 수 없도록 섞이고 뭉쳐진 데이터 안에서 고유한 정보를 특정하고 연결하는 데 매우 뛰어나다. Gymrek et al.(2013)은 공개된 게놈 데이터베이스의 정보를 통해 익명화된 시퀀싱 프로젝트 참가자를 다시 식별해 낼 수 있다는 것을 보인 바 있다. 저자들은 HapMap과 1000 Genomes Project와 같은 가장 중요한 유전자 프로젝트에 포함된 유럽 혈통의 다세대 유전체 정보 컬렉션에서 5명의 익명의 개인을 완전히 식별할 수 있었다. 이는 이들과 연관된 가족 네트워크까지 약 50명의 개인 사생활이 침해되었다는 것을 의미한다. Shringarpure와 Bustamante(2015)는 집계된 형태로 제공되는 데이터 역시도 잠재적 재식별로부터 안전하지 않다는 것을 보여 주었다.

프라이버시를 보호하기 위한 강력한 메커니즘을 구현해야 하지만 유전체 데이터의 활용 자체가 개인정보의 노출 위험과 분리하기가 어려우며, 정보 재식별의 가능성이 존재함을 인정해야 한다. 개인정보의 완벽한 보완이나 혹은 비식별 체계의 구축보다는 잠재적으로 개인정보 식별을 통하여 야기될 수 있는 사회적 부작용을 어떻게 관리할 것인지에 집중할 필요가 있다. 보건 분야에서 빅데이터를 사용하려 하는 모든 정부는 프라이버시 및 개인정보 보안 측면에서 개인의 건강 데이터를 보호하며 동시에 보안을 위협하는 행위를 어떻게 규제하고 처벌할 것인지에 대한 정책을 수립해야 한다. 특히, 사회 구성원들이 바이오 정보 유출의 비가역성과 그 잠재적 위험의 심각성을 인지할 수 있도록 사회적 논의를 활발히 진행해야 할 것이다.

2) 바이오경제의 편익과 관련된 주요 이슈들

데이터와 인공지능 기술을 통해 바이오경제로의 혁신 과정에는 다양한 이해관계자가 참여할 것이다. 각 당사자들은 추구하는 편익과 가치가 서로 다르며, 이로 인하여 사회적 갈등이 촉발될 가능성이 높다. 따라서 향후 발생할 수 있는 상황에 대하여 다양한 이론이 제기되고 예상되는 이슈에 대한 사회적 이해를 형성하는 것이 중요하다. 바이오경제 생태계에서 발생하는 많은 갈등과 정책 비효율성에 대한 이해의 폭을 넓히기 위해서는 경제학, 정책학, 정치학, 사회학 및 심리학 등 다양한 분야에서의 이론을 활용하여 현상을 다각적으로 살펴볼 필요가 있다.

경제학적 관점에서는 먼저 바이오경제의 공급자와 수요자, 조정자가 누구인지 그 주체에 대하여 생각해 볼 수 있을 것이다. 최윤희(2019)는 바이오경제의 공급자를 바이오산업 시장에서 이미 독점력을 가지고 있는 기존 공급자와 바이오 벤처 등의 신규 진입 공급자로 구분하고, 수요자는 혁신적인 제품과 서비스에 우호적인 수용적 수요자와 기술혁신으로 인한 위험성을 중요시하는 방어적 수요자로 나눈다. 이때, 조정자는 인허가와 정책을 담당하는 정부로, 기술혁신에 적극적으로 투자하는 도전적 조정자와 시장에 대한 인허가를 담당하며 잠재된 위험성을 방지하고자 하는 저항적, 규제적 조정자가 존재할 수 있다. 이렇게 바이오경제에 참여하는 사회적 주체들의 성향이 다를 경우 어떤 갈등이 촉발될 수 있을까? 수요자 측면에서 예를 들면, 만성질환이나 희귀질환 등으로 고생하기 때문에 보다 빠르게 혁신적인 제품과 서비스를 적극적으로 활용하고자 하는 환자단체가 있는 한편, 보건의료정보가 공유되는 혁신 메커니즘이 가지고 올 부작용에 대한 두려움으로 기술에 대하여 방어적인 소비자들이 존재할 수 있다. 이 두 집단은 각각의 상황에 따라 바이오 기술혁신이 가져오는 편익에 대한 차이가 명백히 존재하는데, 이런 상황에서 바이오경제는 상호 간 편익의 조정이 없이는 달성되기 어렵다. 조정자가 개인의 보건의료정보를 공유하고 이 정보에 대한 빅데이터 분석과 원격의료 등 혁신적인 의료서비스를 어떤 시기에 어떤 방법으로 허용할지에 대한 결정은 결국 사회적인 합의가 이루어진 이후에 가능할 것이다.

바이오경제 혁신을 달성하기 위해 사회적 합의가 필요한 대표적인 사회 윤리적 이슈는 다음과 같다. 첫째, 바이오경제 실현을 위해서는 인간을 그 대상으로 하는 연구가 필수적이다. 따라서 이와 같은 연구들에 대한 모니터링과 관리, 인허가 체계가 먼저 선결적으로 갖추어져야 한다. 둘째, 바이오경제는 복지의 범위에 대한 결정권과 공공 보건의료서비스와 직결된다. 인구 전반의 바이오 데이터가 보건의료 서비스를 위하여 사용되는 만큼, 바이오 정보를 제공하는 사회 구성원이라면 이를 이용할 권리가 있다. 누구에게 먼저, 어떤 가격으로 첨단 보건의료서비스를 제공할 것인지 보건의료결정권과 지불 체계가 함께 혁신되어야 하는 방향에 대한 논의가 필요할 것이다. 셋째, 기술의 잠재력을 제한할 필요성이 없는지에 대한 합의가 있어야 한다. 유전체 빅데이터 분석은 특정 유전자가 발현될 확률과 유전형질을 갖고 있을 확률을 계산해 준다. 첨단 유전공학은 유전자 재조합 및 편집을 가능하게 하고 있다. 유전자를 맞춤으로 편집하여 아기를 만들거나, 결혼상대자의 유전병 발병 확률을 공개할 것을 요구하거나 기업에서 신입직원을 뽑을 때, 특정 형질 유전자를 갖고 있는지 여부를 보는 것은 더 이상 공상과학 영화에서만 가능한 일이 아니다. 이 모든 가능성이 실현되도록 허용해야 할 것인가? 어떤 행위를 허용하고 어떤 기술개발을 제한할 것인가? 가치 충돌이 발생할 수밖에 없는 바이오 기술혁신을 우리 사회가 어디

생명과학기술과 정치

까지 수용할 것인가에 대한 사회적 합의가 필요하다.

3) 데이터 저장과 공유와 관련된 문제

유전체 수준의 규모로 유전자 데이터를 다룰 때 또 다른 문제는 생성되는 데이터의 양에서 비롯된다. 이러한 종류의 데이터는 자체적인 특성으로 인해 그 크기가 매우 큰데, 다른 빅데이터와 마찬가지로 안전한 방식으로 저장되어야 할 뿐만 아니라 효율적인 액세스, 분석 및 공유를 위한 도구(tool)가 필요하다. 2025년까지의 컴퓨팅 니즈를 예측한 결과, 유전체학은 데이터 수집, 저장, 배포 및 분석에 있어 그 수요가 가장 큰 분야가 될 것으로 나타났다(Stephens et al. 2015).

먼저, 정보 저장 공간에 대한 요구가 빠르게 증가하고 있다. 현재 수십만 개의 개별 인간 유전체가 이미 미국 SRA에 저장되어 있는데, 이 중 가장 큰 20개의 시퀀싱 센터가 이미 100페타바이트(즉, 102,400테라바이트 이상)의 데이터 저장 공간을 사용하고 있다. 이뿐만 아니라 저장된 유전체 데이터를 공유하는 것 역시 네트워크 서버에 있는 다른 정보들과 동일한 종류의 잠재적 위험—속도, 전기에너지 공급, 서버 충돌, 데이터의 손실, 해킹 등—을 갖게 된다. 이 중 전송 속도와 관련된 문제가 특히 이 정도 크기와 규모의 데이터에게는 중요하다. 테라바이트 크기의 데이터 세트는 중앙 저장소에서 웹을 통해 배포하는 작업이 매우 느리게 진행될 뿐만 아니라 그 과정에서 데이터가 손상되기 쉬운 특징을 지니기 때문이다. 이 정도 규모에서는 네트워크를 통해 데이터를 전송하는 것보다 물리적으로 외장 드라이브의 데이터를 한 공간에서 다른 공간으로 운송하는 것이 더 빠를 때도 있을 정도이다. 이런 막대한 크기의 데이터를 다루기 위한 인프라는 누가 주체가 되어 어떤 자원을 투입하며 어디에 마련하며 어떻게 관리할 것인가?

바이오 빅데이터를 저장하고 공유하고 사용하는 절차와 방법 역시 사회적 문제로 연결될 가능성이 존재한다. 유전체 정보과 같은 바이오 데이터는 더 이상 학술연구에 한정하여 사용되는 것이 아니라 바이오산업의 시장 서비스를 위하여 창출된다. DTC(Direct to Consumer) 소비자 유전체 서비스를 제공하는 회사가 독자적인 상용 유전체 데이터베이스를 구축하고 정보를 공유하지 않으며 소유하는 것을 제한할 수 있는 법적 근거가 마련되어 있는가? 소비자 개인의 고유 유전체 정보를 기업이 소유하고 관리할 권리가 없다고 판단한다면, 그런 행위가 일어나지 않도록 감시 관리할 체계가 미리 마련되어야 할 것이다. 그런데 기업에게 그런 권리를 일체 허용하지 않는다면 막대한 데이터를 관리하기 위한 자원을 누가 투자할 것인가? 공공의 자원을 투입하여 서비스 이용자 개개인의 정보를 모두 수집하고 저장하는 것 역시 논란의 여지가 있다. 서비스를 이용하지 않는 사람이 서비스 이용자의 정보 저장 비용을 지불하는 것과 기업에게 허용하지 않는 개인의 정보 소유 권리를 국가에게는 허용할 것인지 역시 논쟁의 여지가 매우 크다. 반대로 기업에게 데이터 구축과 소유를 허용하고 이로 인하여 인프라를 위한 투자 비용의 경제적 효율성을 달성하는 경우에도 또 다른 위험이 존재한다. 만약, 어떤 기업이 거대한 데이터를 관리하기 위한 역량이 부족하거나 기업의 도산과 같은 일이 발생할 경우, 바이오 빅데이터 인프라의 유실, 데이터 오염 및 유출에 대한 위험의 관리는 위협받을 것이다.

5. 바이오 빅데이터 활용에 대한 국가 간 접근법 비교

앞에서 바이오 빅데이터의 시대가 가져올 혁신과 위험을 살펴보았다. 현재 많은 국가들이 위험에 대한 고민에 시간을 할애하기보다는 혁신적인 기술이 약속하는 장밋빛 미래에 대한 기대로, 바이오 혁신기술 확보에 방점을 두고 경쟁적인 투자를 하고 있다. 주요 국가의 정부들은 이제 생물정보와 그 활용이 기초생명과학 연구성과를 경제성장 원동력 및 사회 구성원의 건강 증진으로 전환시킬 수 있는 필수적인 연결고리라는 의견에는 이견이 없다. 더불어 미래의 바이오경제에서 경쟁우위를 차지하기 위하여 적극적인 기술개발 정책 전략을 도입한다. 흥미로운 것은 채택하는 전략에 있어 국가 간에 상당한 차이가 관찰된다는 점이다.

중국과 인도, 영국의 생명과학 투자의 공공 거버넌스를 연구한 Salter et al.(2016)은 이러한 차이점의 중심에 과학 공동체 자체와 국가의 기구 사이의 인식적 변화 간의 상호작용이 있다고 주장한다. 정책을 구성하는 정치적 핵심에 과학계 내부의 인식론적 변화와 국가의 목적, 그리고 공적 기구 사이의 상호작용이 존재한다는 것이다.

영국에서는, 한편으로는 전통 생물학과 생물정보학 사이의 긴장이 지속되고 있지만, 그것들은 과학계의 연구회에 대한 통제와 민간의 연구기금에 대한 접근 기회를 통해 제도화되고 관리되는 긴장이다. 연구기금 단체. 유전체를 연구하는 학문 공동체에 의해 주도되는 정치적 필요성에 의해 영국의 과학은 움직인다. 과학적 관심이 먼저 선행되고, 국가적인 목표와 사회의 이익을 위한 미래에 대한 설득력 있는 시각이 제시되어 이들을 서로 혼합하는 전략을 채택함으로써 정책은 탄생한다. 이를 통해 국가는 생명과학 혁신에서 우위를 차지하기 위한 세계 경쟁에서 어떻게 영국의 위치를 유지할 것인가에 대한 까다로운 정치적 문제를 과학 공동체에 위임할 수 있다. 국가는 촉진자로서의 역할을 하고 적절한 정치적, 재정적 지원을 제공하면서 과학이 공통 의제의 형성과 전달에 대한 책임을 진다.

대조적으로 중국과 인도에서는 과학계와 국가 사이의 관계가 상당히 다른 형태를 갖고 따라서 다른 결과를 낳는다. 두 국가 모두 생물정보학의 발전을 위한 자체 의제를 국가의 기구가 정의하고, 그 의제를 국가적 필요와 연관시킨다. 공공분야와 상호 협약의 제도를 형성하고 이를 발전시킬 수 있는 과학 공동체는 부족하다. 인도의 경우에는 과학-국가 관계가 제도적 네트워크라기보다는 개인적 네트워크를 전제로 하고 있다. 중국은 균형 잡힌 그 관계가 공동체와 국가 사이의 정치적 계약이라기에는 일방적으로 국가 중심적이다. 인도에서 과학자 개인이 정치적 어젠다 설정의 주도권을 잡은 경우가 일부 존재하지만, 체계적인 정책 전략으로 이어지지는 못했다. 중국에서는 더더욱 과학자들이 미래의 과학 의제를 정의하는 데 익숙하지 않으며, 정책은 과학적 전문지식이 부족한 국가 기관이 선도한다. 두 나라 모두 과학 공동체는 명확하게 정치적 리더십이 부족하다.

혁신 정책은 일반적으로 국가가 과학 투자의 경제적, 사회적 이익을 가장 극대화할 수 있는 방법에 대한 문제를 다룬다. 바이오 기술 혁신에서, 주요한 정책 관심사는 기초 과학에서 임상 시험을 거쳐, 치료나 기술서비스, 제품에 이르기까지의 과학 지식재산 생산의 기나긴 힘들고 불확실한 과정을 단축하고 촉진하는 방법이다. 이 방법에 대하여 가장 깊고 폭넓은 전문지식을 보유한 것은 과학을 연구하고 산업화 기술 방법을 탐구하는 과학 공동체이다. 그럼에도 불구하고 생물정보학에 정치적인 가치를 두는 것은 연구 실패의 위험을 과학 공동체가 오롯이 떠안기가 불가능하기 때문이다. 과학기술 혁신이 공공재적 성격을 띠기 때문에 그 위험을 공공의 영역이 책임져야 한다는 논리가 힘을 얻는다. 과학기술에 대한 공적 투자를 함으로써 사회적으로 요구되는 충분한 수준의 과학기술 연구가 이루어지도록 하는 맥락이다. 특히 최근 생물정보학에 대한 정치적 논의가 커지는 것은 바이오산업과 보건의료 혁신의 과정과 그러한 혁신이 가지고 오는 미래 시장에 대한 가치가 사회적으로 더 크게 인식되기 시작했기 때문이다.

바이오 기술혁신에 대한 공공투자는 필연적으로 융합적이다. 학문 및 인식론적 영역으로서, 생물정보학은 생물학의 지식, 기술과 컴퓨터 과학, 통계학, 수학을 융합한다. 정책 및 정치적 영역에서는 이 분야에 공공재원을 투입하는 데 사회적 합의가 이루어지는 과정과 실무적 투자의 결정을 내리고 관리하는 주체를 누가 맡을지에 대한 정치적 합의가 융합되어야 한다. 중국, 인도 및 영국의 생물정보학 개발을 지원하는 책임 조직을 구조적으로 비교하면 우리가 참고할 만한 특징적 차이 드러난다. 중국과 인도에서는 국무부가 생물정보학에 대한 정책의 수립과 실행에 있어서 지배적인 역할을 한다. 반면, 영국에서는 정부가 전반적인 예산 규모를 통제하고 있지만, 생물정보학 정책의 세부 사항은 과학계가 지배적인 영향력을 행사하는 연구 위원회 주도로 결정된다. 중국과 인도는 하향식 혁신 거버넌스, 영국은 상향식 혁신 거버넌스로 볼 수 있다.

우리나라의 경우, 과학기술정책은 과학기술기본법에 따라 5년마다 정부가 가장 상위 계획으로서 과학기술기본계획을 수립하고 이를 통해 정책 전략과 방향성이 제시되어 시행되도록 하고 있다. 구조적으로 과학기술 정책 전략의 제시가 과학적 전문성보다는 집권 정부가 중요하게 인식하는 당면 과제에 집중되어 이루어진다는 특성을 갖게 된다. 즉, 현재까지 영국과 같은 과학-국가 협력 시스템보다는 중국과 인도와 같은 하향적 거버넌스에 가까웠다. 하지만 2000년대 이후, 과학 공동체의 전문적 시각이 정책 전략에 적극 반영되어야 한다는 기조가 확대되고 있다. 생명과학 역시 기술경쟁력 제고를 위한 공급 정책을 정부에 의한 기획보다는 현장의 연구자들의 수요에 의하여 과학의제가 결정되도록 하는 흐름이 확대되는 중이다.

한편, 바이오 빅데이터의 활용이 가져올 수 있는 사회적 위험에 대하여 각 국가들은 어떻게 접근하고 있을까? 개인정보의 보호와 데이터 저장 및 공유와 관련된 문제 측면에서 아이슬란드의 예시는 위험을 미리 고려하지 않았을 때, 어떤 위험이 발생할 수 있는지에 대한 중요한 교훈을 던져 준다.

아이슬란드의 바이오 벤처기업 디코드(deCode)는 아이슬란드 인구 전체 27만 5천 명의 유전정보와 진료 정보를 통합한 데이터베이스를 구축하고자 했다. 이 정보를 분석해 질병 유발 유전자를 찾고, 정보를 제약회사와 민간보험회사에 판매하는 것이 사업 모델이었으며 이후 데이터베이스 분석 정보를 이용한 신약 개발, 개인 유전자 검사까지 사업을 확장할 계획이었다. 일자리 창출, 신산업 발굴 등의 잠재적인 경제적 가치만을 생각하고 아이슬란드 입법부는 민간기업 디코드에게 전 인구의 의학 기록을 담은 데이터베이스 사용권을 주는 법안을 통과시킨다. 심지어 '추정된 동의(presumed consent)'를 적용해 개인에게 동의를 받지 않고 유전정보와 진료 정보를 디코드가 사용할 수 있게 하였다. 고유 유전체 정보의 사적 전용이 가져올 문제를 우려한 사회적 반대 운동이 일어났으나, 디코드는 최종적으로 14만 명의 아이슬란드인에 대한 유전체 데이터베이스를 구축한다. 이후 이렇다 할 경제적 성과가 나오지 못하자, 디코드는 누적된 적자로 인하여 2009년 파산하게 된다. 파산과정에서 디코드는 구축한 데이터베이스를 미국의 초국적 제약회사인 암젠(Amgen)에 팔았고, 미국 법원은 아이슬란드 14만 명의 유전체 정보 데이터베이스가 소유권 이전이 가능한 자산이라고 판결한다. 아이슬란드 전체 인구의 50%가 넘는 유전체 정보를 미국의 일개 사기업이 소유하게 된 것이다.

디코드와 같은 소비자 직접 유전자 검사(DTC) 기업의 활동은 공적 자금 지원 및 공공기관 기반 연구를 통하여 정보를 형성하지 않기 때문에 공공 연구 및 의료 기관과 동일한 법적, 윤리적 조사를 받지 않는다. 미국은 DTC 기업을 규제하는 방안을 논의해 왔으며(Morrison 2011) 독일은 이미 유전체 건강정보를 DTC기업이 소유하거나 관리하는 것을 금지하고 있다(Chow-white et al. 2015). 프랑스, 포르투갈, 스위스 같은 유럽의 주요 국가들은 개인의 유전자 상담을 제공하고 사전동의를 얻은 후에 오직 의사만이 유전자 검사를 할 수 있도록 규정하는 법을 제정했다. 영국은 NHS(National Health Service)와 협력하여 중앙 집중화 및 간소화 프로세스를 통해 데이터를 보호하고자 데이터 보호법을 제정하였다. 예를 들어, 환자 식별 데이터를 처리하는 사람들은 정보 거버넌스 툴킷(Information Governance Toolkit)의 지침과 의료 품질 위원회의 절차를 따라야 한다.

우리나라도 2018년 안전한 데이터 이용을 위한 사회적 규범을 정립하고 데이터 이용에 관한 규제를 혁신하며 개인정보 보호 거버번스 체계를 정비하고자 데이터 3법 개정안이 발의됐다. 데이터 이용 활성화를 위한 가명 정보의 개념을 도입하고 개인정보 보호 거버넌스 체계의 효율화를 도모하며 데이터 활용에 따른 개인정보 처리자의 책임을 강화할 것을 그 골자로 하고 있다. 하지만 데이터 3법 통과 이후에도 가명 정보의 재식별에 따른 정보 유출과 영리 목적의 데이터 활용이 가져올 수 있는 우려, 안전성과 투명성의 동시 충족에 대한 법-제도-규제의 정합성이 미흡하다는 지적이 존재한다(보건복지부 2021). 바이오 빅데이터의 안전한 활용을 활성화하기 위하여 ① 정보 주체 권리 및 동의체계, ② 정보 보호 고도화, ③ 데이터의 개방, 연계, 통합을 위한 근거, ④ 거버넌스, ⑤ 통합 데이터 인프라 구축과 관련 법제화가 추가적으로 요구된다.

6. 결론

산업혁명 이후 과학기술의 발전은 현대 사회를 변화시키는 가장 큰 원동력으로 작용해 왔다. 물리학과 그로부터 파생된 전자기학, 물질의 화학적 성질에 집중한 화학공학과 재료·소재 기술, 수리 과학에 기반을 둔 경제학과 금융공학 등이 일찍이 발전하고 고도화하면서 사회의 혁신적인 변화를 가져왔다. 그리고 이제는 생명과학 기술과 생물정보학 그리고 눈부시게 발전된 정보 처리기술의 융합이 우리 사회를 새로운 혁신으로 이끌 것임이 예견되고 있다.

새로운 바이오 의료 혁신의 기폭제인 바이오 빅데이터 정보기술은 우리에게 이전에 해결하지 못한 인류 건강과 관련된 문제들을 해결해 줄 것으로 기대된다. 인구 고령화에 따른 만성병 및 퇴행성 질환의 증가는 보건의료 빅데이터를 통해 해결될 것으로 예측된다. 예를 들면, 치매와 같은 난치 퇴행성 질환의 경우, 조기 진단이 질병의 관리에 매우 중요한 요소이다. 치매 질환 유전요인의 탐지, 치매 생체 반응 데이터의 기계학습, 생체신호 인식 및 판독 기술의 발전이 바이오 데이터를 통해 실현될 것으로 예상되어 자가 조기 치매 진단이 향후 10년 내에 실현될 것으로 예상된다. 이렇듯 의료비 절감뿐만 아니라 신종 전염병을 예방하고 의료서비스의 질을 향상하는 등 다방면에 보건의료 빅데이터가 활용될 것이다. 농식품 및 기후변화, 에너지와 자원 활용성 극대화에도 바이오 데이터의 활용이 중요해지고 있다. 변화하는 기후환경을 잘 견디는 작물을 유전적으로 설계하고, 생체고

　　　　　　　　　　　　생명과학기술과 정치

분자 물질의 특성을 분석함으로써 플라스틱 자원을 대체하는 신물질을 합성해 낼 수 있다.

그러나 바이오 빅데이터 시대가 밝은 가능성만을 갖고 있는 것이 아니다. 기술의 활용에 한발 앞서, 이 기술이 가지고 올 수 있는 어두운 가능성들에 대하여 심도 깊은 사회적 논의가 이루어져야 할 필요성이 크다.

역사적으로 과학기술의 발전이 먼저 이루어지고, 이후에 그에 따라 변화하는 사회상에 대한 고찰과 문제의 발견, 오류의 수정이 후행적으로 이루어지곤 했다. 때로는 큰 문제 없이 사회가 과학의 발전을 받아들이며 발전할 수 있었으나 점점 핵폭탄, 환경오염 등 기술의 활용이 야기하는 문제를 뒤늦게 깨닫고 많은 희생과 비용을 지불한 뒤에야 기술의 통제와 조절법을 깨닫는 경우가 많아졌다. 인류가 점점 더 발전되고 더 거대한, 파급력 역시 막대한 기술을 발명하게 되었기 때문이다. 현대 사회에서는 기술 활용의 명암을 먼저 예측하고 선행적으로 대응하는 것이 매우 중요하다.

생물정보 빅데이터의 시대가 도래하기 이전에 이 거대하고 고유한 생체 정보를 어떻게 저장하고 활용할 것이며, 그 활용 방법을 규제하거나 관리할 때 그 결정권의 주체는 누가 되어야 할 것인지에 대한 논의가 기술의 발전 이전에 선결적으로, 적어도 기술 발전과 발맞추어 동시적으로 이루어질 필요가 있다. 새로운 바이오 정보의 사적 소유권을 옹호하려는 업계와 혁신 기술이 가지고 오는 위험성에 보수적으로 접근하고자 하는 공동체의 충돌을 예상하고 대비해야 한다. 혁신적인 바이오 빅데이터 기술이 실제로 사회의 건강을 증진하고 경제적 이익으로 변환되며 동시에 대중의 신뢰가 보장되기 위해서는 산업계와 학계, 그리고 조정주체가 서로 분리되고 뚜렷한 거버넌스 영역에 걸쳐 지식 소유권 및 운용권의 절차가 합의되어야 한다.

바이오 정보 거버넌스는 오늘날 현대 사회가 필수적으로 해결해야 하는 공공 의제이다. 바이오 정보는 이미 축적되고 있다. 기존의 규제, 의학, 법률 및 사회 구조와 이 정보를 통합하려는 목표와 함께 정치적, 법적, 윤리적 측면에서 바이오 의학, 과학, 인프라 개발이 연결될 것이다. 바이오 정보 거버넌스는 이미 사회 문화적 과제이며 신뢰의 구축, 사회적 수용 및 신중한 정치적 논의가 필요한 영역이다. 국가가 바이오 정보와 관련 있는 어떤 특정 행위를 어떻게 네트워크에서 규제할 것인지, 바이오 데이터베이스 관리 주체의 결정에 대한 사회의 상호작용, 그리고 새롭게 요구되는 질서의 구조화는 다양한 행위자들을 통해 다양한 수준과 특정 합리성에 따라 운영되어야 할 것이다. 이러한 거버넌스 네트워크는 어느 정도는 거버넌스가 다수의 합의와 합리적 프로세스를 포함하는 복잡한 구조와 행동 분야가 특정되고, 규제와 그로 인한 현상 들을 고려해야 한다. 이는 여전히 이와 관련된 거버넌스가 비교적 새로운 정치적−법적 개입이 요구되는 분야이며, 바이오 정보 거버넌스의 미래는 사회 및 정치와 적절하게 바이오 정보 관리가 연결되는 체제를 구축하는 것이 중요할 것임을 시사한다.

참고문헌

관계부처합동. 2020. 바이오산업 혁신 대책(Ⅲ) 그린바이오 융합형 新산업 육성방안.
과학기술부. 2017. 제3차 생명공학육성기본계획.
김재용. 2017. 공공보건 역량강화를 위한 빅데이터 활용론. 의료와사회 (8). 14–33.
김진현. 2017. 보건의료 빅데이터, 예견된 실패. 사회진보연대 정세보고서.
노철중. 2021. "제약업계 'AI·빅데이터' 활용…신약개발 기간 얼마나 줄어들까." 인사이트
　　　코리아(6월 24일).
보건복지부. 2021. 보건 의료 데이터·인공 지능 혁신전략.
최윤희. 2019. 데이터, AI 기반 바이오 경제 에 대한 한국 의 사회적 수용성 현황과 과제.
　　　산업연구원.

Adroit Market Research Report. 2021. 1.

Behjati, S., Tarpey, P.S. 2013. What is next generation sequencing?. *Archives of Disease in Childhood-Education and Practice* 98(6): 236-238.

Chow-White P.A, Garcia-Sancho M. 2012. Biodirectional shaping and spaces of convergence: Interactions between biology and computing from the first DNA sequencers to global genome databases. *Science, Technology & Human Values* 37(1): 124-164

Chow-White, P.A., MacAulay, M., Charters, A., & Chow, P. 2015. From the bench to the bedside in the big data age: ethics and practices of consent and privacy for clinical genomics and personalized medicine. *Ethics and Information Technology* 17(3): 189-200.

Crick, F.H. 1958. "On Protein Synthesis". In F.K. Sanders (ed.). *Symposia of the Society for Experimental Biology, Number XII: The Biological Replication of Macromolecules.* Cambridge University Press. pp.138-163.

El Emam, K., Jonker, E., Arbuckle, L., & Malin, B. 2011. A systematic review of re-identification attacks on health data. *PloS one* 6(12): e28071.

Gottweis, H., Zatloukal, K. 2007. Biobank governance: trends and perspectives. *Pathobiology* 74(4): 206-211.

Gymrek, M., McGuire, A. L., Golan, D., Halperin, E., & Erlich, Y. 2013. Identifying personal genomes by surname inference. *Science* 339(6117): 321-324.

Jonathan D. Wren, Alex Bateman, 2008. "Databases, data tombs and dust in the wind, Bioinformatics". 24(19): 2127-2128, https://doi.org/10.1093/bioinformatics/btn464

Lappalainen, I., Almeida-King, J., Kumanduri, V., Senf, A., Spalding, J. D., Saunders, G., ... & Flicek, P. 2015. "The European Genome-phenome Archive of human data consented for biomedical research". *Nature genetics.* 47(7): 692-695.

Mailman, M. D., Feolo, M., Jin, Y., Kimura, M., Tryka, K., Bagoutdinov, R., ... & Sherry, S. T. 2007. "The NCBI dbGaP database of genotypes and phenotypes". *Nature genetics.* 39(10): 1181-1186.

Morrison, A.L. 2011. A research revolution: Genetic testing consumers become research(and privacy) guinea pigs. *J. on Telecomm. & High Tech. L.* 9: 573.

National Academy of Engineering. 2016. *Grand Challenges for Engineering: Imperatives, Prospects, and Priorities: Summary of a Forum.* Washington, DC: The National Academies Press. doi.org/10.17226/23440.

National Institutes of Health. 2015. Human Genome Project. NIH fact sheets. Available at: http://report.nih.gov/nihfactsheets/ViewFactSheet.aspx?csid=45

Nightingale, P., Martin, P. 2004. The myth of the biotech revolution. *TRENDS in Biotechnology* 22(11): 564-569.

Ouzounis, C. A., Valencia, A., 2003. "Early bioinformatics: the birth of a discipline—a personal view". *Bioinformatics.* 19(17): 2176-2190

Pastorino, R., De Vito, C., Migliara, G., Glocker, K., Binenbaum, I., Ricciardi, W., & Boccia, S. 2019. Benefits and challenges of Big Data in healthcare: an overview of the European initiatives. *European journal of public health* 29(Supplement_3): 23-27.

Salter, B., Zhou, Y., Datta, S., & Salter, C. 2016. Bioinformatics and the politics of innovation in the life sciences: science and the State in the United Kingdom, China, and India. *Science, Technology, & Human Values* 41(5): 793-826.

Shin, D., Lee, S., Kim, T. H., Lee, J.H., Park, J., Lee, J., ... & Nam, H.G. 2020. Natural variations at the Stay-Green gene promoter control lifespan and yield in rice cultivars. *Nature communications* 11(1): 1-11.

Shringarpure, S.S., Bustamante, C.D. 2015. Privacy risks from genomic data-sharing beacons. *The American Journal of Human Genetics* 97(5): 631-646.

Stephens, Z.D., Lee, S.Y., Faghri, F., Campbell, R.H., Zhai, C., Efron, M.J., ... & Robinson, G.E. 2015. Big data: astronomical or genomical?. *PLoS biology* 13(7): e1002195.

Wang, S., Jiang, X., Singh, S., Marmor, R., Bonomi, L., Fox, D., ... & Ohno-Machado, L. 2017. Genome privacy: challenges, technical approaches to mitigate risk, and ethical considerations in the United States. *Annals of the New York Academy of Sciences* 1387(1): 73.

Wren, J.D., Bateman, A. 2008. Databases, data tombs and dust in the wind. *Bioinformatics* 24(19): 2127-2128, doi.org/10.1093/bioinformatics/btn464

Wright, D.C. 2011. *Next steps in the sequence: the implications of whole genome sequencing for health in the UK.* PHG Foundation.

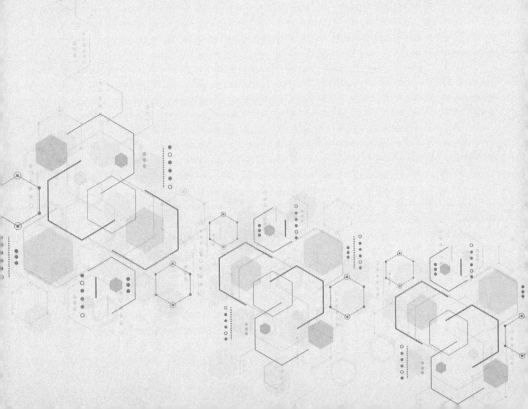

제3부

생명과학기술과 정치: 사례

제6장

생명과학기술 적용과 종교적 정치참여 : 인공생식기술 중심으로

박진곤(성신여대)

1. 서론

생명과학기술의 적용은 다른 기술 못지않게 그것의 사회정치적 맥락과 밀접한 관련이 있다. 특히 인간 복제나 배아줄기세포 이용 등 인간과 관련된 생명과학기술의 적용에 대해 세계 각국에서 시민사회의 주축을 이루고 있는 종교계는 직간접적으로 무시 못할 영향력을 발휘해 왔으며 미래에도 이러한 경향은 계속될 전망이다. 이런 배경 속에서 이 글은 국내외의 최신 사례들을 통해 생명과학기술 적용과 종교적 정치참여의 관계에 대한 고찰을 촉진하고자 한다. 다양한 생명과학기술 중에 필자는 아직 비교적 정치학적 논의가 부족한 소위 인간의 '인공생식'과 관련된 기술들에 초점을 맞출 것이다. 인공생식기술의 대표적인 예로는 체외수정의 한 종류인 IVF(In Vitro Fertilization)가 있으며 국내에서 아직 충분히 법제화되지 않은 대리모 출산 역시 이러한 인공생식기술로 이루어지고 있다. 인공생식기술은 이미

부분적으로 적용되고 있는 기술이면서도 제삼자 유전물질 기증을 통한 비배우자 간 출산이나 대리모 출산 등으로 인해 사회의 가족 형태뿐만 아니라 계층적 관계와도 밀접한 연관이 있어 현재까지도 세계 여러 지역에서 많은 논란이 되고 있다. 특히 전 세계적으로 가장 많은 신도를 보유하고 있고 우리나라와 미국에서 정치적으로 강한 존재감을 가지고 있는 기독교[1]는 인공생식기술에 대해 민감한 반응을 보여 왔다. 따라서 이 글은 구체적으로 인공생식기술에 관한 우리나라와 미국 기독교의 정치적 반응을 분석함으로써 생명과학기술 적용과 종교적 정치참여의 관계에 대한 이해를 증진하고자 한다. 본론에서는 먼저 인공생식기술의 역사, 종류, 적용 등을 설명한 뒤 이 기술에 대한 미국과 한국 기독교의 문화적, 정치적 반응을 구체적으로 살펴볼 것이다. 결론에서는 앞서 분석한 인공생식기술의 사례가 생명과학기술 적용과 종교적 정치참여의 관계에 대해 시사하는 점을 간략하게 논의할 것이다.

2. 인공생식기술 시대의 도래

1) 발전 역사

인공생식기술(혹은 '보조생식기술')은 가장 최초로 말(14세기)과 개구리(18세기) 등 인간 외의 동물에 적용되었다. 20세기 초반부터는 러시아에서 인공생식기술이 가축 교배에 활용되기 시작했으며 이후 덴마크, 영국, 미국 등

---

1   이 글은 '기독교'를 개신교뿐만 아니라 천주교와 동방정교 등을 포함하는 넓은 의미의 '그리스도교'의 동일어로 사용한다.

의 국가들이 그 뒤를 따랐다. 인간의 생식 과정에 대한 과학적 이해는 19세기부터 본격적으로 발전하기 시작했는데 1875년에 비로소 정자와 난자의 핵의 결합을 통해 수정이 이루어진다는 사실이 관찰로서 확립되었다.

인간배아 연구와 관련해 선구적인 역할을 한 과학자로서는 미국의 산부인과 의사였던 존 록크와 아더 헤르티히를 꼽을 수 있다. 헤르티히가 초기 배아를 발견하고 촬영하는 일에 집중했던 반면 록크는 정자의 냉동 보관 등과 같은 인간의 인공생식을 가능케 해 줄 신기술 개발에 몰두했다. 연구 공로를 인정받아 1948년에 미국 부인과협회상을 수상한 두 사람의 인간배아에 관한 합동 연구는 1953년까지 계속되었다.

1969년에는 영국의 동물유전학자 로버트 에드워즈가 최초로 인간의 체외수정을 성공시켰고 1978년에는 에드워즈와 산부인과 의사 패트릭 스텝토우의 시술로 최초의 '시험관아기'인 루이제 브라운이 영국에서 출생했다. 이 과정에서 두 사람은 "나팔관이 막혔던 브라운 부인으로부터 15개의 난자를 추출하여 호르몬과 다른 영양액이 담긴 시험관에 넣은 뒤에 5천 마리 정도의 정자를 집어넣어 수정을 유도"했고 "수정이 된 배아가 32세포기까지 성장했을 때 브라운 부인의 자궁에 이식"했다(이상원 2005, 21). 이 사건 이후 2018년도까지 최대 8백만 명의 아이들이 체외수정을 통해 출산한 것으로 추정되며 상당히 높은 비용에도 불구하고 몇몇 유럽 국가에서는 전체 출산의 약 5%가 이 시술에 기반하고 있다(Meilaender 2020).

과학계와 비교해 기독교를 주축으로 한 종교계는 앞서 서술한 인간 인공생식기술의 발전에 대해 비판적이거나 우려 섞인 견해를 표출해 왔다. 예를 들어 '시험관아기'를 최초로 성공시켰던 에드워즈가 불임 문제 해결에 세운 공을 인정받아 2010년에 노벨생리의학상 수상자로 선정되자 천주교와 보수 개신교는 이에 강하게 반발했다. 이그나시오 카라스코 데 파울라

교황청 생명학술원 원장은 성명을 통해 "에드워즈 교수가 없었다면 수백만 개의 난자가 팔리는 시장이 형성되지도 않았을 것이며, 자궁에 이식되기를 기다리거나 연구용으로 쓰이거나 혹은 버려져 잊혀진 채로 죽어가는 인간 배아로 가득한 냉동실도 없었을 것"이라며 노벨상위원회의 결정을 공개적으로 비난했으며 미국 최대 개신교단인 남부침례교협의회 역시 체외수정이 수반하는 여분 인간배아 파괴를 문제 삼으며 비난에 동참했다(기독신문 2010.10.7.).

또한 기독교 일각에서는 인간 인공생식기술의 역사적 발전과정의 비윤리성을 지적한다. 그 예로 총신대학교 기독교 윤리학 교수 이상원은 『시험관아기: 인공수정에 대한 기독교 윤리학적 연구』에서 "인공수정기술이 거의 윤리적인 타당성의 고려나 통제 없이 기술적으로 가능한 것은 시행할 수 있다는 견지에서 추진되어 왔다"고 주장한다(이상원 2005, 24). 이상원에 따르면 인간배아 연구에서 선구적인 역할을 한 록크와 헤르티히는 "고지된 동의의 결여, 초기낙태, 인체실험, 가난한 여성의 착취 등과 같은 비윤리적 문제점들을 묵살"했고 체외수정 출산의 보급으로 노벨생리의학상을 수상한 "에드워즈의 과학적 업적에는 최초로 여성의 자궁에 이식하기 전에 실험실에서 생산한 수십 개의 배아들의 처치 문제, 난자를 제공한 여성으로부터 난자실험을 위한 동의를 얻었는가의 여부 문제, 난자 제공자의 동의도 받지 않고 임의로 불특정한 남자의 정자를 수정시키는 문제, 잉여 난자의 문제 등과 같은 인공수정에 뒤따르는 온갖 윤리적 문제들이 아무런 검토도 없이 숨겨져 있었다"(이상원 2005, 16; 19-20). 이러한 역사적 비판을 뒷받침하는 윤리적 이유 중 특히 인간배아의 존엄성은 후술할 인공생식기술 관련 기독교 정치 활동의 주요 원동력이기도 하다.

2) 종류, 적용 방법, 관련 사회적 변화

현재 우리나라를 포함한 세계 여러 나라에서 사용 중인 인공생식기술은 크게 체내수정과 체외수정으로 구분할 수 있다. 체내수정은 정자와 난자의 수정이 여전히 여성의 신체 내에서 이루어지는 경우며 카테터를 이용해 여성의 자궁에 정자를 위치시키는 방법(Intrauterine Insemination: IUI)과 수술을 통해 체외로 꺼낸 난자를 정자와 함께 나팔관에 위치시키는 방법(Gamete Intrafallopian Transfer: GIFT)으로 분류된다. 체외수정의 가장 대표적인 기술은 IVF(In Vitro Fertilization)인데[2] 여성의 신체 외부의 실험기구 내에서 체외로 추출한 난자와 정자의 수정을 유도한 뒤 그 결과물인 수정란을 여성에 자궁에 착상시키는 기법이다. 통상적으로 여러 개의 수정란(배아)을 형성하고 유전자 진단을 통해 착상할 것을 선별한다(여분은 일반적으로 냉동보관). 또한 최근에는 실험실에서 하나의 정자를 하나의 난자에 직접 삽입한 뒤 자궁에 착상시키는 체외수정 기술인 ICSI(Intracytoplasmic Sperm Injection)도 사용되고 있다(Rae and Riley 2011; Meilaender 2020). 한 가지 중요한 점은 인공생식기술 분야는 앞으로도 획기적으로 발전할 가능성을 내포하고 있다는 것이다. 특히 인공자궁기술이 완성된다면 사회 전체의 인구 재생산이 크게 변화할 가능성이 있다.[3]

전 세계적으로 봤을 때 현재 인공생식기술의 수요자는 불임부부에 국한되지 않고 동성애 커플이나 비혼 출산 희망자 등 다양한 인구 구성원을 포

---

2 '체외수정'이 흔히 IVF만을 지칭하기도 하나 이 글에서는 여성 신체 외부에서 이루어지는 모든 인공적인 수정을 포함하는 의미로 사용한다.

3 자연적 임신이 현재 여성들의 경력 단절과 연관되어 있음을 고려할 때 인공자궁기술에 대한 잠재적 수요가 상당하며 이 기술의 안전성과 경제성이 확보된 시점부터는 출산에 사회 보편적으로 적용될 가능성이 있다고 볼 수 있다.

함하며 이를 반영해 기술의 적용 역시 다양하다. 실시된 적이 있는 모든 적용 방법을 서술하기보다 몇 가지 대표적인 경우만 소개하자면 다음과 같다. 먼저 가장 일반적인 사례는 불임부부를 위한 체외수정이다. 체외수정 기술로는 주로 IVF가 사용되는데 간혹 정자나 난자의 비배우자 기증을 통해 이루어지기도 한다. 체외수정은 또한 남성 배우자 없이 출산을 희망하는 여성을 위해 사용될 수도 있는데 그 예로 최근 국내에서 화제가 된 일본인 방송인 후지타 사유리의 비혼 출산을 들 수 있다. 이런 경우 요구되는 비배우자 정자는 일반적으로 정자은행을 통해 공급된다. 최근 비중이 증가한 수요자 유형 중에는 동성애 커플도 있다. 미국을 포함한 일부 국가에서는 혼인 여부와 상관없이 레즈비언이나 게이 커플도 체외수정을 통해 아이를 가질 수 있다. 레즈비언 커플의 경우 기증받은 정자를 커플 중 한 명의 난자와 체외수정 후 커플 중 한 명의 자궁에 착상시키는 방법이 사용된다. 게이 커플의 경우엔 난자 기증뿐만 아니라 대리모 출산이 필요한데 최근 미국에서는 유명 방송인 앤더슨 쿠퍼가 이를 통해 아들을 얻어 화제가 되었다. 대리모 출산은 현재 게이 커플뿐만 아니라 불임부부를 포함한 다양한 사람들 사이에 수요가 있다. 자궁만을 '대여'하는 '임신대리모'와 더불어 난자 제공을 통해 태어날 아이에게 유전적으로 연결되는 '유전대리모'가 있다. 또한, 금전적 대가가 있는 '상업적 대리모 출산'이 있다.

인공생식기술 적용에 따라 발생 가능한 사회적 변화에는 무엇이 있을까. 일단 가장 분명하게 예측되는 것은 가족 형태의 다양화이다. 앞서 언급한 사유리와 쿠퍼의 사례가 암시하듯이 인공생식기술은 정자나 난자의 기증을 통한 출산 및 대리모 출산을 가능하게 하므로 기존의 남녀 부부 가족 모델을 벗어나는 다양한 종류의 가족을 사회에 등장시키는 역할을 할 수 있다. 이 중에는 현재 사회적 통념상 상당히 논란이 될만한 경우들도 포함되

생명과학기술과 정치

어 있다. 예를 들어 인공생식기술은 한 아이가 양육 부모, 유전적 부모, 그리고 대리모로 이루어진 총 다섯 명의 부모를 갖게 할 수도 있다. 한편 미국에서는 최근에 동성애자인 아들을 위해 딸을 대리로 낳아 준 어머니의 사례가 있었고(크리스천투데이 2021.7.27.) 몇 년 전 일본에서는 한 불임클리닉이 약 20년간 불임부부 160쌍을 대상으로 "시아버지의 정자와 며느리의 난자를 시험관에서 인공수정해 173명의 아기가 태어"나게 한 사실이 알려져 큰 논란이 일었다(중앙일보 2016.9.19.).

인공생식기술의 적용 방법 중 특히 대리모 출산은 사회 내 혹은 국제적 경제 계층적 관계를 더욱 복잡하게 만들 가능성도 내포하고 있다. 상업적 대리모 출산을 반대하는 이들은 대리모 산업을 통해 가난한 여성들이 부유층의 출산 욕구를 위해 착취당하게 될 것을 종종 강조한다. 여전히 극심한 빈부격차가 존재하는 현대 사회에서는 대리모의 수요와 공급이 계층적으로 구분될 것이라는 전망이다. 실제로 미국에서는 대리모 산업이 군인 배우자를 둔 저소득층 여성들을 과도하게 채용하고 있음이 보고된 바가 있다 (The Christian Post 2017.5.2.). 현대의 대리모 경제는 국제적인 성격을 띠기도 하는데 조스나 굽타 전 네덜란드 유트리히트 대학 교수의 말에 따르면 한동안 "인도 병원에서는 부유한 백인들이 인도 여성의 자궁을 빌려 아이를 낳는 일들을 하고 있었다"고 한다(여성신문 2016.8.4.). 문제를 느낀 인도 정부가 "2015년에 인도인을 제외한 외국인들에게 대리모를 제공하는 것을 법으로 금지"하자 "병원들은 가까운 네팔 여성을 고용"하는 등의 새로운 방법을 쓰기 시작했다(여성신문 2016.8.4.).

앞서 살펴본 바와 같이 인공생식기술은 개인에게 새로운 출산의 기회들을 제공하는 동시에 사회를 근본적으로 변화시킬 가능성을 지니고 있다. 따라서 인공생식기술에 대한 큰 희망과 우려는 각기 현대 사회의 새로운 정치 운동의 동력으로서 역할 하고 있다. 이 글에서는 특히 인공생식기술을 향한 미국과 우리나라 기독교의 윤리적, 정치적 반응을 소개하고 분석하고자 한다.

3. 미국 기독교와 인공생식기술

1) 기술 적용의 역사 및 현황

1978년에 영국에서 인류 최초로 '시험관아기'가 출생한 지 몇 년 지나지 않아 1982년에는 미국 역시 처음으로 IVF를 통한 출산을 기록하게 되었고 (Rae and Riley 2011, 29) 1986년에는 "미국에서 냉동되었다가 녹인 배아를 이용한 아이가 출생"했다(이상원 2005, 24). 이후 1990년대 초에 낙태 등 재생산과 관련된 이슈들로 미국이 들끓고 있을 때 미국의 국립보건원은 당시의 저명한 과학자, 법학자, 그리고 윤리학자들을 초빙해 인간배아 관련 연구에 대한 보고서를 1994년에 발표했다. 이 보고서는 인간배아 관련 연구가 연방정부의 자금으로 보조되어야 함을 역설하면서도 인공생식기술 중특히 IVF의 적용에 대한 정부 규제 마련이 시급함을 강조했다. 국립보건원의 보고서가 주로 IVF와 연계된 배아 성별 선택을 문제로 삼았던 반면 그당시 보수적 종교인들은 IVF가 통상적으로 수반하는 여분 배아 파괴를 비판하며 정치적으로 행동하기 시작했다. 그 결과 1995년에 공화당 의원들의 주도하에 인간 배아의 형성이나 파괴와 관련된 연구는 연방정부의 보조금수혜로부터 법적으로 제외되었는데 이는 동시에 미국의 인공생식기술 산업이 비교적 정부의 감시와 통제로부터 자유로운 상태로 진행되는 결과를 낳았다(The Washington Post 2018.12.30.).

미국에서는 현재 모든 출산의 약 2%가 IVF를 통해 이루어지고 있다고 추정되며(Meilaender 2020) 이미 오래전인 2002년도에 미국 인공생식산업이 IVF를 통해 얻은 수입은 1,038,528,000달러에 달했다(Rae and Riley 2011, 32). 또한, 우리나라와는 대조적으로 미국에서는 비배우자 인공생식이 법적으로도 실질적으로도 가능하며 정자은행 제도가 국내에 마련돼 활성화되어 있다(국민일보 2020.12.7.). 또한, 최근에는 성 소수자 커플이 인공생식산업의 고객 중 차지하는 비중이 많이 늘어났다. UC 버클리대 교수 카리스 톰슨은 이를 'LGBT 베이비붐'이라고 지칭하며 샌프란시스코시에 기반한 회사 태평양재생산서비스의 고객의 85~90%가 동성애자일 것으로 추정했다(Rae and Riley 2011, 31).

미국에서 인공생식기술이 대리모 출산에 적용된 것은 1980년대까지 거슬러 올라간다. 미국의 대리모 출산 관련 법 적용 및 형성에 큰 영향을 준 초기 사례로는 소위 '베이비M' 사건이 있다. 1980년대 초에 미국의 윌리엄 스턴과 엘리자베스 스턴 부부는 임신이 아내인 엘리자베스에게 건강상 위험하다는 판단을 내린 뒤 뉴욕 불임센터를 통해 메리 베스 화이트헤드를 대리모 후보자로서 소개받았다. 이미 자신의 두 아이를 출산한 적이 있었던 화이트헤드는 의료비용 외에 10,000달러를 지불받는 조건으로 윌리엄 스턴의 정자를 인공적으로 주입받아 대리 임신하는 데 동의했다(난자를 제공함으로써 화이트헤드는 유전대리모 역할을 맡았다). 이때 쌍방에 의해 수립된 계약에 따르면 만약 임신 5개월 이후에 유산이나 사산이 발생하면 화이트헤드는 1,000달러만을 받게 되고 성공적인 출산 이후에는 스턴 부부만이 아이에 대한 양육권이 있었다. 하지만 화이트헤드는 1986년에 이뤄진 출산 직후 마음을 바꿔 양육권을 주장하며 아이와 함께 잠적해버렸고 결국 경찰을 통해 아이가 스턴 부부에게 양도되었다. 1987년에 뉴저지주 고등법원은 스턴 부부와 화이트헤드 사이의 대리모 계약이 유효하다는 판결을 내렸으나 같은 주 대법원 상소 재판에서 이 결정이 번복되면서 엘리자베스가 아닌 화이트헤드가 아이의 법적 어머니로 지정되었다. 이때 대법원이 제시했던 주요 근거는 해당 대리모 계약이 아이 매매라는 것과 유전적 부모는 자신의 유전적 아이의 양육에 참여할 근본적인 권리가 있다는 것이다. 다만 아이의 최대 이익을 고려해 스턴 부부가 여전히 양육권을 가지되 화이트헤드가 아이를 자유롭게 방문할 권리를 가지는 것으로 결론이 내려졌다(Rae and Riley 2011, 167-169).

1990년에도 대리모 출산과 관련한 중요한 판결이 있었는데 캘리포니아주에 살던 마크 칼버트와 크리스피나 칼버트 부부가 애나 존슨과 맺은 대리모 계약이 구체적인 사안이었다. 존슨 역시 의료비용 외 10,000달러를 대가로 칼버트 부부를 위해 출산하기로 동의했는데 '베이비M' 사례의 화이트헤드와는 달리 존슨은 유전대리모가 아닌 임신대리모의 역할을 맡게 되었다(정자와 난자 모두 칼버트 부부가 제공). 존슨은 임신 7개월 초기에 마음을 바꾸기 시작해서 출산 한 달 전에는 태어날 아이의 양육권 소송을 신청했다. 캘리포니아주 오렌지 카운티 고등법원은 해당 대리모 계약이 유효함을 판결하면서 그 근거로 수태와 출산의 사실보다는 유전적 연결이 부모의 권리를 결정하는 데 더 중요함을 언급했다. 이와 더불어 존슨이 아이를 책임감 있게 양육할 자질이 부족함을 나타내는 정황도 판결에 큰 영향을 주었다(Rae and Riley 2011, 169-170). 유전대리모였던 화이트헤드와는 달리 임신대리모였던 존슨은 방문권조차 부여받지 못했다. 두 사례를 통해 법적 부모 후보자와 아이의 유전적 연결을 중시하는 미국 사법부의 경향이 드러난다.

한 해 동안 미국에서 대리모를 통해 출생하는 아이의 수는 매우 적지만 빠르게 증가하는 추세를 보인다. The American Society for Reproductive Medicine에 따르면 연간 대리모 출산 아이들의 숫자는 2004년도에는 738명으로 집계되었지만 2015년에는 2,807로 약 4배 증가했다. 이들 거의 모두는 IVF와 임신대리모를 통해 출생했다(Christianity Today 2018.2.20.). 미국에서도 대리모에 대한 법제화는 전국적으로는 아직 미비한 수준에 머물러 있다고 볼 수 있다. 대리모에 대한 별도의 연방법은 없으며 절반 이상의 주가 이 사안에 대해 법적으로 침묵하고 있다(Christianity Today 2018.2.20.). 대리모 관련 법령이 있는 주 중 캘리포니아주, 일리노이주, 그리고 네바다주는 일찍이 대리모 출산을 전반적으로 허용했고(The Christian Post 2014.2.7.) 워싱턴주는 비교적 최근인 2018년에 상업적 대리모 출산을 합법화했다(The Christian Post 2018.5.1.). 한편, 같은 해에 뉴저지주에서는 상업적 대리모 출산을 허용하는 법안이 주의회 양원을 통과했고(The Christian Post 2018.5.1.) 2020년에는 많은 인구를 보유하고 있는 뉴욕주가 상업적 대리모 출산을 합법화했다(The Christian Post 2020.4.16.). 현재 다른 주에서도 상업적 대리모 출산의 합법화에 대한 요구가 거세지고 있다.

2) 미국 기독교의 윤리적 견해

미국 내에서 인공생식기술 적용이 확대됨과 함께 국가 전체 인구의 약 65%를 구성하는 미국 기독교도 이에 대한 여러 신학적/윤리적 입장을 제시해 왔다(Pew Research Center 2019.10.17.). 다양한 교파가 포함된 미국 기독교는 크게 천주교와 개신교로 구분할 수 있는데 일반적으로 전자가 후자보다 좀 더 일찍 인공생식기술에 대해 적극적인 관심을 가졌던 것으로 여겨진다. 인공생식기술에 대한 천주교의 공식 입장은 어느 나라에서든 로마 교황청이 정한 생명윤리에 대체로 부합하는데 이는 개신교에 비해 중앙집권화된 천주교의 특징을 반영한다고 볼 수 있다.

인공생식기술 적용 초기부터 현재까지 천주교는 일관되게 이 기술의 사용에 전면 반대해 왔다. 천주교의 이런 단호한 태도를 뒷받침하는 바티칸의 초기 문서로 교황 바오로 6세가 1968년에 발표한 *Humane Vitae: On the Regulation of Birth*를 들 수 있다. 원래 인공적인 피임을 반대할 목적으로 작성된 이 문건은 현재 천주교 내에서 인공생식기술에 대한 논의와도 밀접한 관련이 있다고 여겨지고 있다. *Human Vitae*는 신이 부부의 성교에 두 가지 의미를 부여했다고 주장하는데 하나는 부부간 합치의 경험이고 다른 하나는 생식이다. 중요하게도 이 두 가지는 서로 분리되어서는 안 된다. 이런 관점에서 피임은 부부간 성교와 생식을 의도적으로 분리하므로 금지된다. 이 문건은 비록 인공생식은 직접 다루고 있지 않지만, 오늘날 천주교에서는 부부간 성교를 통한 합치의 경험에서 분리된 생식을 금하는 내용을 내포하고 있다고 본다. 바티칸은 1987년에는 현재 주로 *Donum Vitae*라고 불리는 문건을 발표했는데 이것 역시 현대 천주교 생명윤리의 주요 근간의 역할을 하고 있다. *Donum Vitae*는 과학기술이 신이 인간에게 부여한 피조물 중 지배자로서의 위치를 표현함을 인정하면서도 기술의 적용이 자연법으로부터 도출된 도덕적 원칙들에 의해 제한되어야 함을 주장한다. 인공생식기술의 적용을 제한하는 근본적인 가치 중 한 가지는 바로 인간 생명이다. 천주교는 인간 생명이 정자와 난자의 수정 순간부터 시작된다고 보기에 수정란 파괴를 수반하는 인공생식기술들을 전부 반대한다. 인공생식기술의 적용을 제한하는 또 다른 가치는 결혼한 남녀를 통한 생식이다. 따라서 제삼자의 유전물질 기증이나 임신대리모를 통한 출산 둘 다 금지된다. 생식은 오직 결혼한 배우자 간 성교를 통해 이뤄져야 하며 이러한 과정을 단순히 보조하기보다 대체하는 역할을 하는 인공생식기술의 이용은 신이 정한 자연적 섭리에 어긋난다. 2008년에 바티칸은 *Dignitas Personae*를 발표하면서 *Donum Vitae*가 제시했던 인간 재생산 관련 원칙들을 재확인함과 동시에 명시적으로 IVF, ICSI, 수정란 냉동 등의 기술들을 비판하기도 했다. 이런 배경 속에서 천주교는 난임 부부에게 여성의 자연 가임력을 향상한다고 알려진 나프로임신법을 인공생식기술의 대안으로 추천한다(Rae and Riley 2011, 58-65).

한편, 현재 미국 전체 인구의 약 43%가 속한 미국 개신교는 매우 다양한 교파로 구성되어 있는데 아직 인공생식기술에 대한 공식 입장이 없는 교파가 많고 입장을 가진 교파들 사이에서도 다양한 의견이 발견된다(Pew Research Center 2019.10.17.). 다만 천주교의 공식기관들과는 달리 개신교 신학자나 목회자들은 일반적으로 인공생식기술을 적어도 부분적으로 수용한다. 체내수정뿐만 아니라 체외수정도 배우자 간에 이루어지고 여분 배아 파괴를 수반하지 않으면 허용된다는 의견이 대다수이다. 하지만 제삼자 유전물질 기증을 통한 출산과 대리모 출산 등에 대해서는 학자들 사이에서도 아직 여러 의견이 있다. 이 글에서는 이 모든 의견을 구분해서 살펴볼 수는 없고 인공생식기술 적용에 관한 미국 개신교 서적 중 전문성과 대중적 영향력을 겸비했다고 판단되는 두 권의 내용을 소개하고 분석할까 한다.

먼저 언급할 길버트 메일랜더의 *Bioethics: A Primer for Christians*는 1996년에 처음 출간된 이후 2020년까지 세 번이나 증보판으로 발행된 바 있다. 이 책의 두 번째 장에서 메일랜더는 인공생식기술의 윤리성을 구체적으로 다루는데 그는 이 기술에 대해 전반적으로 비판적인 태도를 보인다. 메일랜더에 따르면 인공생식기술 적용의 확대는 아이를 신으로부터 주어진 선물이 아닌 우리의 이성적 의지의 결과물로 보게 만들어 인간 평등의 관념을 훼손시킬 수 있다.**4** 특별히 IVF는 통상적으로 수정란이라는 인간 생명을 파괴한다는 점에서, 상업적 대리모 출산은 아이를 상품화한다는 점에서 도덕적인 문제가 있다. 메일랜더의 저서가 낙태에서 안락사까지 다양한 생명윤리적 주제를 다룬다면 2011년에 처음 출판된 스콧 래와 조이 라일리의 *Outside the Womb: Moral Guidance for Assisted Reproduction*은 인공생식기술에 구체적인 초점을 맞춘다. 메일랜더처럼 래와 라일리도 수정란을 인간 생명으로 간주하므로 IVF와 같은 체외수정 기술은 배아 파괴가 수반되지 않을 때만 허용됨을 강조한다. 하지만 메일랜더와 달리 두 저자는 성경적 관점에서 제삼자를 통한 출산(제삼자의 유전물질을 사용하거나 임신대리모를 고용해 이뤄지는 출산)이 어떤 경우에는 허용될 수 있다고 주장한다. 비록 성경이 일부일처제를 통한 생식을 이상으로 제시하고 있지만, 같은 텍스트 내에서 여러 가지 합법적인 예외를 발견할 수 있다는 것이다. 대리모 출산의 경우, 만약 이 방법이 폐기될 배아를 구하는 목적으로 사용된다면 도덕적으로 정당하다. 왜냐하면, 이는 두 저자의 관점에 따르면 인간 생명을 살리는 것이기 때문이다. 하지만 상업적 유전대리모 출산은 아기 매매로 간주해야 하고 그 외 다른 대리모 출산 역시 대리모의 권리 및 행복과 관련된 많은 문제를 일으킴을 인식해야 한다.**5** 메일랜더와 래와 라일리의 사례들이 드러내듯 미국 개신교는 천주교보다 인공생식기술에 대해 좀 더 개방적인 태도를 지니면서도 일반적으로 배아 파괴를 반대하고

---

4   메일랜더는 제삼자 유전물질 기증을 배제한 배우자 간 인공수정은 무조건 반대하지는 않는다. 하지만 그는 동시에 이런 방식이 우리의 몸을 대상화하고 도구화하는 현대 사회적 경향을 부추길 것을 우려한다.

5   대리모가 자신이 낳은 아이와 관계를 형성할 권리를 부정당할 수 있다는 점 등을 예로 든다.

제삼자를 통한 출산에 대해 조심스러운 견해를 가지고 있다.

3) 미국 기독교의 정치적 반응

그렇다면 미국 기독교는 인공생식기술과 관련해 어떤 정치적 움직임을 보여 왔을까. 이를 논의하기 전에 이 글에서 '종교적 정치참여'의 개념이 어떤 의미로 사용되는지에 대해 간단히 설명하고자 한다. 이 글이 초점을 두는 광의의 정치참여는 특정 주제에 대한 공공정책이나 법의 유지, 폐지, 개정, 수립 등을 직간접적으로 추구하는 모든 행위를 뜻하며 투표와 시위뿐만 아니라 각종 출판물을 통한 공적 발언을 포함한다. 이중 '종교적' 정치참여는 적어도 부분적으로 종교적 이유에 기반한 종류를 의미한다. 비록 종교적 이유와 세속적 이유의 정확한 경계는 모호하지만, 전자가 모두 후자에 포함되지 않음은 분명하다. 예를 들어 '하나님의 창조 질서'는 세속적 시민이 종교적 시민과 공유하는 이유라고 보기 힘들다.

최근 미국 내 인공생식기술 적용에 관한 기독교 정치참여는 대리모 출산이라는 주제를 위주로 이루어져 왔는데 천주교 단체들과 개신교 내 복음주의자들이 그 주축을 맡아 왔다. 낙태와 동성혼에 관련된 기독교 정치 운동이 드러내듯 미국 복음주의자들은 강한 종교성과 정치 참여성을 동시에 가지고 있으며(Eberle 2002) 최근에는 비교적 오랫동안 생명윤리를 발전시켜 온 천주교를 의식적으로 본받으려 하면서 인공생식기술에 관심을 기울이고 있다.

현재 대리모 출산에 대해서는 미국 기독교 내에 다양한 의견이 있으며 복음주의자들도 이에 대해 통일된 의견을 가지고 있지 않다. 2018년에는 이런 상황을 미국 복음주의 사회에서 가장 영향력 있다고 평가받는 월간지

인 크리스천투데이가 대리모 출산에 관한 표지 기사를 통해 보도하였다 ("America's Surrogacy Bump: Is Fertility a Blessing to Be Shared?")(Christianity Today 2018.2.20.). 이 기사는 대리모 출산에 참여했던 신실한 기독교인들의 사례도 소개하는데 이 중에는 건강상의 이유로 임신을 못하고 입양받기도 어려운 상황에 놓여 있던 여성을 위해 임신대리모의 역할을 했던 어느 한 목사 부인의 경우도 포함되어 있다. 즉 금전적 이익보다는 이타적인 목적을 위해 대리모 역할을 자처하는 기독교인들이 미국 복음주의 사회 내에서도 존재하는 것이다. 하지만 동시에 이 기사는 대리모 출산에 관한 여러 가지 우려의 목소리도 전달하고 있다.

이러한 내부적 의견의 다양성에도 불구하고 최근 미국에서 대리모 출산의 법적 허용이 확대되는 추세 속에서 많은 미국 기독교인들이 이를 반대하거나 아예 대리모 출산을 금지하려는 정치적인 움직임을 보여 왔다. 대리모 제도를 가장 적극적으로 반대하는 개신교 사회운동가의 예로 제니퍼 랄을 들 수 있다. 현재 The Center for Bioethics and Cultural Network의 회장을 맡은 랄은 2014년도에 대리모 출산을 주제로 한 "Breeders: A Sub-class of Women"이라는 영화를 직접 제작해서 발표했다. 이 영화는 실제 대리모들과 그들이 낳은 아이들이 겪었던 심리적 고통에 초점을 맞추는데 랄은 이러한 스토리텔링을 통해 대리모 출산에 대한 법적 규제가 마련되길 희망한다고 밝혔다(The Christian Post 2014.2.14.). 랄은 또한 2013년도에 한 루이지애나주 의원이 대리모 출산을 '오븐에서 빵을 굽는 것'에 비유하며 지지했던 것에 대해 "신의 형상 속에 창조된 인간으로서 여성은 빵 굽는 오븐이 아니다"라며 강하게 반발한 적이 있다(The Christian Post 2013.9.6.). 한편, 대리모 제도를 가장 공개적으로 반대하는 천주교 사회운동가 중에는 제니퍼 로벡 모스가 있다. 모스가 회장을 맡은 The Ruth Institute는 "결혼,

가족, 그리고 인간의 성(性)에 대한 전통적인 기독교의 가르침"을 수호하는 목표를 가지고 있다(http://www.ruthinstitute.org/about). 모스는 2016년에 주요 기독교 온라인 일간지 크리스천포스트에서 대리모 출산을 반대하는 이유를 무려 15가지나 제시한 바 있는데 이 중에는 여성이나 아동의 복지와 연관된 것들도 다수 포함되어 있다. 이 사설에서 모스는 대리모 출산이 프랑스와 핀란드에서 불법인 점과 유럽의회가 근래에 대리모 합법화 법안을 부결시킨 점을 언급하며 진보적인 정치적 성향을 지닌 독자를 겨냥하기도 했다(The Christian Post 2016.6.6.).

미국에서의 대리모 관련 입법은 현재까지 개별 주 정부를 통해 이루어져 왔는데 특정 주 내의 대리모 법 혹은 법안에 대해서도 미국 기독교는 중요한 목소리를 내어 왔다. 2014년에 캔자스주에서 대리모 계약을 금지하는 법안이 메리 필쳐-쿡 주의원에 의해 제안되었던 적이 있는데 이때 The Kansas Catholic Conference는 대리모 계약이 가난한 여성을 착취하며 아이를 상품화한다는 이유로 이 법안을 지지했었다(The Christian Post 2014.2.7.). 같은 해 루이지애나주에서는 대리모 계약을 법적으로 인정하는 취지의 법안이 상하원을 모두 압도적인 표 차로 통과했는데 주지사 바비 진달의 거부권 행사를 통해 입법이 무산되었다. 진달은 바로 이전 해에도 비슷한 법안을 거부했었는데 보수적인 기독교 단체의 항의가 크게 작용했던 것으로 알려져 있다. 이 중에는 진 밀스가 회장을 맡고 있는 Louisiana Family Forum도 포함되어 있는데 밀스는 대리모 출산에 사용되는 체외수정이 여분 배아 파괴를 수반하며 이는 낙태와 다를 바 없음을 지적했다. Louisiana Conference of Catholic Bishops도 비슷한 근거로 대리모 계약 법적 인정을 반대했다(The Christian Post 2014.6.2.).

좀 더 최근인 2018년에는 워싱턴주에서 상업적 대리모 출산이 합법화되었는데, 이전과는 달리 기본적인 출산 의료비용을 초과하는 금전적 이익을 목적으로 한 대리모 계약이 법적으로 유효하게 되었다(The Christian Post 2018.3.19.). 이 법에 대해 The Chuck Colson Center for Christian World-view의 회장 존 스톤스트리트는 강하게 반발했다. 그에 따르면 "신은 성(性), 결혼, 그리고 아이를 일괄 거래로 설계"했으며 "성경적 관점에서 출산에 제삼자가 끼어들 여지는 없다". 세속적 관점에서도 상업적 대리모 제도는 여성의 착취로 이어지기 때문에 도덕적인 문제가 있다. 따라서 미국도 유럽연합의 2015년도 선례를 따라 상업적 대리모 계약을 금지해야 한다는 것이다(The Christian Post 2018.7.9.). 워싱턴주에 이어 2020년에는 대략 2천만 명의 인구수를 가지고 있는 뉴욕주가 상업적 대리모 출산을 합법화했는데, 이 입법 전후에도 기독교의 반발이 있었다. 입법 과정 초기에 The New York State Catholic Conference의 낙태 반대 운동 책임자 캐슬린 갤러거는 해당 초안을 "아기 브로커에게 수만의 달러를 지급할 수 있는 부유한 남성이 저소득 여성의 희생을 대가로 이득을 볼 수 있도록 설계된 법"이라고 규탄했고(The Christian Post 2020.1.11.) 입법 후에 스톤스트리트는 새로운 뉴욕주 대리모 법이 "부끄러운" 일이며 "여성과 아이"가 피해를 보게 될 것이라고 주장했다(The Christian Post 2020.4.16.).

지금까지 서술한 기독교 정치참여에도 불구하고 대리모 계약을 법적으로 인정하는 주들이 점차 증가하고 있는데 이는 아내가 임신할 수 없는 난임 부부뿐만 아니라 성 소수자도 대리모를 통해 자신과 유전적으로 연결된 아이를 얻을 수 있기 때문이다. 실제로 미국 일간지 시카고 트리뷴이 2016년에 제공한 조사 결과에 따르면 불임클리닉이 소지했던 기증된 난자의 10~20%가 대리모 출산을 원하는 게이 남자에게 제공됐다고 한다(Xavier 2016). 한편, 낙태에 관련해 여성의 신체 자기 결정권을 지지하는 여성 인권

생명과학기술과 정치

단체들이 상업적 대리모에 대해서만큼은 전반적으로 기독교 단체들과 궤를 같이하는데, 이러한 두 진영의 연합 양상은 대리모 관련 정치의 특징적인 부분이라고 할 수 있다. 2020년에 뉴욕주에서 진행되고 있던 상업적 대리모 합법화 움직임에 대해 Women's Liberation Front의 이사회 의장 나타샤 차트는 "여성은 상품이 아니다"라고 반발하며 대리모 산업의 가혹한 계약 조건, 고객이 대리모에게 가하는 감정적 트라우마, 고객이 원치 않게 된 아이의 유기 등이 많은 개발도상국이 상업적 대리모를 금지하게 된 이유임을 지적했다. 같은 시기에 저명한 페미니스트인 글로리아 스타이넘과 다른 여성인권운동가들이 뉴욕주 주지사 앤드류 쿠오모에게 상업적 대리모를 반대하는 서한을 보내기도 했는데, 여성의 신체 자기 결정 능력의 저해와 가난한 여성이 겪는 피해 등을 반대 논거로 제시했다(The Christian Post 2020.1.11.).

4. 한국 기독교와 인공생식기술

1) 기술 적용의 역사 및 현황

우리나라 최초의 '시험관아기'는 영국의 루이제 브라운의 출생 7년 후 1985년에 태어났으며 2019년에 34세의 나이로 자신이 출생한 서울대병원에서 자연 분만으로 건강한 아이를 출산했다(조선일보 2021.7.23.). 서울대병원 산부인과 교수 구승엽은 최근 대한산부인과학회지 영문판에서 "'시험관 수정으로 태어난 첫 세대 아이들이 성인이 돼 임신 연령이 됐다'며 '이제 시험관 시술은 더 이상 특별하고 복잡한 것이 아니고, 불임 부부에게는 흔한 절차가 됐다'"고 밝혔다(조선일보 2021.7.23.). 2020년에 "국내 신생아 11명 중 1명"이 "시험관아기 및 인공수정 절차로 태어났다"는 통계가 구승엽의 말을 뒷받침하는 듯하다(조선일보 2021.7.23.). 하지만 뒤에 분석할 사유리의 사례가 드러내듯 우리나라에서 인공생식기술은 실질적으로 비혼자에게는 제공되지 않고 있다(따라서 동성혼이 성립하지 않는 우리나라에서는 동성애 커플도 이 기술의 적용으로부터 배제되어있다고 볼 수 있다).

한편, 우리나라에서 부부가 대리모 출산을 시도하는 데는 많은 어려움이 있다. 현행 생명윤리법은 "'금전, 재산상의 이익 또는 그 밖의 반대급부를 조건으로 배아나 난자 또는 정자를 제공 또는 이용해서는 안 된다'"고 규정하고 있지만 "난자와 정자를 제공하는 행위가 아닌 부부의 난자와 정자로 체외수정한 뒤 이를 대리모의 자궁에 착상하는 유형의 대리모가 처벌 대상인지는 법조계에서 의견이 갈린다"(동아닷컴 2019.5.30.). 다만 대리모에게 금전적인 대가를 약속하는 계약은 수정 방법과 상관없이 민법 제103조에 명시된 '선량한 풍속'에 반하므로 법률상 무효다(동아닷컴 2019.5.30.). 또한, 우리나라 "법원 판례는 대리모가 출산한 자녀의 출생신고 문제가 불거질 경우 대리모를 친모로 인정하고 있다"(동아닷컴 2019.5.30.). 예를 들어 2017년에는 한국에 거주하던 부부의 수정란을 착상한 대리모가 미국에서 아이를 출산했는데 이후 서울의 관련 구청이 출생신고를 거부하자 이 부부는 소송을 냈다. "하지만 법원은 1심과 항고심에서 모두 '체외수정해 얻은 자녀는 낳아 준 대리모가 친어머니'라고 판결했다"(문화일보 2019.2.10.). 이러한 제도적 맥락 속에 2019년에는 청와대 국민청원 게시판에서 20대 후반으로 추정되는 한 청원인이 "외국에서는 대리모 정책도 자궁 이식 정책도 모두 마련돼 불임여성이 자신의 아이를 출산할 수 있는 희망이 있지만, 현재 우리나라에는 어떠한 정책도 복지도 마련돼 있지" 않다며 변화를 요청하기도 했다(문화일보 2019.2.10.).

2) 한국 기독교의 윤리적 견해

현재 우리나라 인구의 약 28%를 구성하고 있는 기독교는(문화체육관광부) 인공생식기술의 적용에 대해 기술 초기부터 적지 않은 관심을 보여 왔다. 한국 기독교 역시 크게 천주교와 개신교로 구분할 수 있는데 생명윤리에 대한 전자의 의견은 바티칸의 공식 입장과 거의 같다고 볼 수 있다. 천주교와 달리 중앙집권화된 의사결정 구조를 가지지 않은 개신교는 완전히 통일된 공식 의견을 갖고 있지는 않지만, 미국 개신교와 마찬가지로 인공생식기술을 부분적으로 수용하는 일반적인 특징을 가지고 있다. 대체로 체내수정뿐만 아니라 배우자 간 체외수정 역시 여분 배아 파괴를 수반하지 않는다는 전제하에 허용한다. 하지만 크리스천투데이(한국), 국민일보: 미션라이프, 기독신문 등 개신교 내 가장 영향력 있는 신문 매체들의 내용을 살펴보면 한국 개신교는 미국 개신교보다 제삼자 유전물질 기증을 통한 출산, 비혼 출산, 동성애 커플 출산, 그리고 대리모 출산에 대해서 부정적인 견해로 더욱 단합되어 있는 듯하다.

인공생식기술과 관련한 한국 개신교의 신학적, 철학적 입장을 대표하는 서적으로는 앞서 언급한 이상원의 『시험관아기: 인공수정에 대한 기독교 윤리학적 연구』가 있다. 이상원은 배우자 간 체내수정은 허용하지만, 비배우자 간 체내/체외수정과 대리모 출산은 전면 반대한다.[6] 비배우자 간 수정을 반대하는 이유로는 이런 행위가 "부부의 관계에 관련된 성윤리상의 문

---

6 한편, 배우자 간 체외수정도 현재 일반적으로 여분 배아 폐기를 수반하기에 문제가 있다고 지적한다.

제를 야기시킨다"는 점, "부모와 아이의 정체성에 위기를 초래할 수 있다"는 점, "정자와 난자를 매매의 대상으로 전락시킴으로써 돈으로 환산되어서는 안 될 하나님의 형상인 인간의 존엄성에 심각한 손상을 가한다"는 점 등을 제시한다(이상원 2005, 51-56). 대리모 출산의 경우 "대리모의 역할을 하는 여성에게 고가의 대가가 지불되는 경우가 대부분"인데, 이는 "'어린이 매매'"와 다를 바 없다(이상원 2005, 51-56). 게다가 "비록 대리모가 자궁만을 빌려 주는 임신대리모의 경우라 할지라도 태아를 잉태하고 있는 기간 동안 대리모는 태아의 신체적, 정서적, 심리적 발달에 주목할 만한 기여를 하고 있는 셈이며, 실질적으로는 위탁부부보다 훨씬 더 강한 모성애 관계를 맺게 된다"(이상원 2005, 61). 이를 전제로 했을 때 "만일 대리모로부터 인격적 모성애를 완전히 단결시킨다면 대리모는 인간으로 대우받지 못하고 다만 생물학적인 잉태기관으로만 대우받는 셈"이 된다(이상원 2005, 61-62). 그뿐만 아니라 "대리모의 모권제한은 출산되는 아이에게도 타격을 주는바, 곧, 아이가 최선의 사랑, 돌봄 그리고 양육을 받을 기회를 박탈한다"(이상원 2005, 62).

3) 한국 기독교의 정치적 반응

인공생식기술과 관련된 한국 기독교 정치참여의 대표적인 사례로는 먼저 2000년도 초반에 시작된 생명윤리법 개정 운동이 있다. "2000년대 들어 인간배아를 대상으로 한 연구가 고개를 들자, 종교계 등의 요청에 의해" 생명윤리법의 제정이 빠르게 추진되기 시작했고 "2001년 과학기술부 산하 생명윤리자문위원회가 발표한 생명윤리기본법 첫 시안은 인간 배아의 체세포 핵이식과 불임치료 외 배아 생성 행위를 금지했다". 하지만 이에 대해

생명과학기술과 정치

생명과학 연구 분야가 강하게 반발하자 정부는 "희귀·난치병을 전제로 할 때는 인간배아를 대상으로 실험할 수 있는 길을 여는 것으로 입장을 정리했다". 그 이후 기독교를 포함한 종교계에서는 많은 의견과 개정안을 정부에 제시했는데 이는 인공생식기술의 적용이라는 주제와도 직접적인 연관이 있었다. 그 예로 2010년에 한국 천주교는 그 당시 생명윤리법과 관련해 "배아생성의료기관이 난자 기증 자체를 받지 못하고 취급할 수 없도록 개정돼야 한다고 주장"했다(가톨릭신문 2010.7.4.).

앞서 언급했듯이 현행 생명윤리법은 제삼자의 유전물질 기증 없이 부부의 정자와 난자로 만든 배아를 대리모의 자궁에 착상하는 행위가 불법인지에 대해 모호하다. 이런 맥락 속에서 기독교는 전반적으로 대리모 출산을 윤리적으로 법적으로 강하게 반대하고 있다. 2001년에 생명윤리법이 처음으로 제정될 즈음에 이미 대리모 출산을 반대하는 움직임이 있었고 2009년에는 한국기독교생명윤리협회가 "'대리모를 통한 자녀 출산' 문제를 우려하는 의견서를 국회에 전달"한 바 있다. 이 의견서에서 생명윤리협회는 "'대리모 출산계약은 중개행위 유무나 대가관계 유무를 불문하고 모두 무효로 하고, 대리모 중개행위는 대가 유무를 불문하고 모두 금지해야 한다'"고 주장했다. 대리모 계약이 "출산될 자녀를 거래 대상으로 하고 있고, 출산된 자녀의 정체성에 혼란을 야기시킬 위험이 있는 등 인간의 존엄과 가치를 존중해야 하는 헌법적 가치질서에 반한다는 것"과 이런 계약이 "대리모를 출산 도구로 전락시켜 인권을 침해"한다는 것 등을 주요 논거로 제시했다(크리스천투데이 2009.6.20.). 2000년대 초반부터 현재까지 한국 기독교의 대리모 출산에 대한 태도는 거의 변화가 없었다고 봐도 무방할 듯하다. 가톨릭 신문은 난임에 대한 2019년 기획 보도에서 "청와대 국민청원 게시판에는 대리모 합법화를 요청하는 목소리가 끊이지 않는다"는 것을 언급하면서도 대리모 출산에 대한 반대 의견을 명확히 했다(가톨릭신문 2019.8.18.).

대리모 출산 외에 인공생식기술과 관련해 우리나라에서 최근에 정치적으로 논란이 된 주제 중에는 비혼 출산이 있다. 체외수정을 이용한 비혼 출산이 최초로 사회적 이슈로 떠오른 것은 2007년으로 거슬러 올라가는데, 이때 비혼 상태에서 공개적으로 정자 기증을 받아 임신했던 방송인 허수경은 다음 해 아이를 출산했다(국민일보 2020.11.18.). 이후 2020년에 사유리가 같은 기술을 통해 아이를 출산하며 국내에서 큰 화제를 일으켰다. 사유리는 "'사랑하지 않는 사람을 급하게 찾아 결혼하는 게 어려웠다'"고 토로하며 "'아이를 낳을 수 있는 권리를 인정해 줬으면 한다'"고 발언했다(국민일보 2020.11.19.). 사유리의 출산이 공개되자 "여성들이 많이 활동하는 온라인 커뮤니티와 지역맘카페 등에서는 '사유리 용기 있는 선택이 대단하다', '쉽지 않은 선택이지만 응원한다' 등의 글이 잇달아 올라왔다."(국민일보 2020.11.18.) 김은희 미혼모협회 '아임맘' 대표도 "사유리의 결정을 환영"한다고 밝혔다(국민일보 2020.11.19.). 반면, 기독교계의 반응은 전반적으로 우호적이지 않았다. 크리스천투데이(한국)와 국민일보: 미션라이프 등 주요 기독교 언론 매체들은 비혼 출산에 대해 비판적인 관점을 담은 기사들을 연달아 내었다.

12년 전의 허수경과 달리 사유리는 우리나라가 아닌 일본에서 정자 기증을 받았었는데 그 이유를 설명하면서 "한국에서는 결혼한 사람만 시험관이 가능하고 모든 게 불법이었다"고 발언해 인공생식기술을 통한 비혼 출산이 국내에서 합법인지에 대한 논란이 일었다(국민일보 2020.11.20.). 합법임을 주장하는 측은 비록 현재 대한산부인과학회 보조생식술 윤리지침이 "체외수정시술은 원칙적으로 법적인 혼인관계에서 시행되어야 한다"고 규정하고 있으나 이는 국가 법률이 아니며 인공생식기술과 직접적인 연관이 있는 생명윤리법은 "배우자가 없는 경우는 규정하지 않고 있다"는 사실을 강조한다. "비혼 여성들의 임신·출산은 법에 저촉되지 않는다"는 보건복지부의 발표는 이런 관점을 반영한 듯하다(국민일보 2020.11.20.). 하지만 불법이라고 볼 근거가 전혀 없지는 않다. 현행 "모자보건법에서 인공수정과 같은 보조생식술을 받을 수 있는 '난임' 상태를 부부인 경우에만 한정하여 인정하고 있다"는 시각도 존재하기 때문이다(크리스천투데이 2020.12.15.).

합법이라고 하더라도 우리나라에서 비혼 여성이 인공생식기술을 통해 출산하는 것은 매우 어렵다. 무엇보다도 앞서 언급한 현행 대한산부인과학회 보조생식술 윤리지침에 따라 전국의 산부인과들이 "난임부부만을 대상으로 운영되는 게 현실"이기 때문이다. 게다가 이런 윤리지침에 대해서 보건복지부가 "'의료계와 공식·비공식 협의'"는 할 수 있지만 직접 그 "'형성과정에 관여할 순 없다'"고 알려져 있다(국민일보 2020. 11. 20). 사유리의 사례를 통해 인공생식기술을 이용한 비혼 출산의 법적 모호함과 현실적 어려움이 드러나자 정부와 여당은 관련 법률을 검토하고 개정하겠다는 의사를 밝혀 왔다. 출산 공개 약 2주 후 한정애 민주당 정책위원회 의장은 국회에서 열린 민주당 원내대책회의에서 사유리에게 "축하를 건네며 '아이가 자라게 될 대한민국이 더 열린 사회가 되도록 모두 함께 노력해야 한다'며 '국회가 그렇게 역할을 하겠다'"라고 밝혔다(국민일보 2020.11.18.). 또한, 2021년 4월에는 "여성가족부가 '제4차 건강가정기본계획(2021~2025)'을 통해 난자·정자 공여나 대리출산 등으로 이뤄지는 비혼 출산에 대해 사회적 논의를 시작한다고 발표"했다(국민일보: 미션라이프 2021.5.3.).

이러한 법제화 움직임들은 많은 기독교인의 반발을 샀다. 2020년 12월 11일에 한국기독교생명윤리협회와 성산생명윤리연구소는 "비혼출산 문제점 긴급 진단" 포럼을 진행하며 "비혼출산의 문제점을 신학, 법률, 여성 등 다양한 관점에서 분석했다". 이상원 한국기독교생명윤리협회 공동대표는 사유리의 사례를 언급하며 체외수정을 통한 비혼 출산이 인간 생명인 여분 배아 파괴를 수반할 뿐만 아니라 "'결혼에 대한 오해, 가족 해체를 초래하고 정자와 난자, 아기를 매매의 대상으로 전락시킬 수 있다'"고 지적했다. 박상은 샘병원 미션원장 역시 "정자와 난자는 거래되고 유전자 편집과 조작을 통해 소위 '맞춤 아기'를 가지려는 비혼 남녀도 많아질 수 있다"며 "생식의료의 상업화"에 대한 우려를 표했다(국민일보:미션라이프 2020.12.14.). 같은 달 15일에는 한국기독교생명윤리협회가 바른인권여성연합과 성산생명윤리연구소와 함께 정부서울청사 본관 앞에서 "정부와 여당의 비혼출산 법제화 움직임에 대해 규탄하는 기자회견"을 열기도 했다. 이때 발표된 성명서는 사유리가 선택한 출산 방식이 "탄생한 아이의 정체성에 심각한 위기를 초래"할 수 있고 "인간관계를 혼란에 빠뜨리는 다양한 형태의 비정상적인 출산의 문을 열어" 놓을 수 있다고 지적했다(크리스천투데이 2020.12.15.). 앞서 언급한 2021년 4월에 발표된 여성가족부의 제4차 건강가정기본계획에 대한 반발도 거셌다. 박상은 "'비혼 출산을 원하는 남성이나 동성 커플도 대리모 또는 인공 자궁을 통해 아이를 낳겠다고 요구할 수 있다'며 '이처럼 비혼 출산은 사회에 큰 파장을 일으킬 수 있기에 정부의 한 부처가 쉽게 결정할 부분이 아니다'라고 단언했다". 베이비박스를 설치해 11년간 1,800여 명의 위기 영아를 보호해 온 주사랑공동체교회 이종락 목사도 "'비혼 출산으로 태어난 아이들은 아버지나 어머니가 누구인지 모르는 상태에서 사춘기가 됐을 때 정체성 혼란으로 큰 어려움을 겪을 수 있다'"고 말하며 "'이로 인한 사회적 문제'"를 우려했다(국민일보:미션라이프 2021.5.3.).

5. 결론

인공생식기술의 사례가 생명과학기술 적용과 종교적 정치참여의 관계에 대해 시사하는 점은 무엇일까. 일단 현재까지 기독교 정치참여는 대체로 생명과학기술 적용을 제한하는(확대를 저지하거나 기존의 범위를 축소하는) 방향으로 이루어진 듯하다. 앞서 살펴본 바와 같이 제삼자 유전물질 기증을 통한 비혼 출산이나 대리모 출산에 대해 기독교는 시민사회의 그 어떤 집단보다도 큰 반대의 목소리를 내었다. 구체적인 생명과학기술 관련 이슈에 따라 기독교는 세속 시민 위주의 시민단체들과 반목하기도 연합하기도 한다. 미국에서는 상업적 대리모를 기독교 단체들과 여성 인권단체들이 함께 반대하고 있고 한국에서는 정자 기증 및 체외수정을 통한 비혼 출산에 대해 여성계와 기독교계가 서로 대립하고 있다.

존 롤즈와 크리스토퍼 에벌 등 많은 현대 정치철학자들에 따르면 자유민주주의 내 시민들 간 존중(respect)의 원칙은 종교적 시민이 자신이 지지하는 공공정책이나 법을 뒷받침할 공적 이유(public reason)를 탐색하도록 요구한다(Eberle 2002). 만약 종교적 시민이 강제성을 띤 어떤 정책이나 법을 지지하면서 그것이 적용되는 다른 세속적 시민들을 그들이 받아들일 수 있는 보편적인 이유로 설득할 노력조차 하지 않는다면 그들을 평등한 시민으로서 존중하지 않는 셈이 된다. 인공생식기술에 관한 기독교 정치참여는 이런 관점에서 어떻게 묘사될 수 있을까. 미국과 한국 둘 모두에서 기독교인들은 '신(神)', '창조', '성경' 등 종교적 개념뿐만 아니라 여성과 아이의 복지 등 세속적 시민들도 고려할 수 있는 이유를 상당한 수준으로 내세우고 있다. 한편, 기독교인들이 생명과학기술의 적용과 관련해 자주 언급하는 배아의 인간성은 짙은 종교적 배경을 가지고 있으면서도 그 자체로는 세속

철학적 이유로도 간주할 수 있다.

 기독교가 비록 현재 전 세계 종교 인구 중 가장 큰 비중을 차지하고 있지만 다른 신앙들도 무수히 많으며 이중 특히 아브라함 계열(기독교, 유대교, 이슬람)과 상당히 다른 성격을 띤 불교와 힌두교 등의 종교는 생명과학기술과 이 글에서 드러나지 않은 독특한 정치적 관계를 맺고 있을 수도 있다. 게다가 생명과학기술은 계속해서 발전하고 있는데 특히 가까운 미래에 인공 자궁 기술이 경제성 있는 가격에 제공될 수 있게 된다면 이는 전례 없는 출산 문화의 변화를 예고하면서 많은 정치적 논쟁을 불러일으킬 것이다. 끝으로 과학기술뿐만 아니라 각 종교의 신학이나 경전에 대한 해석도 시간이 지나면서 변화할 수 있다. 따라서 결국 생명과학기술 적용과 종교적 정치참여의 관계는 완벽히 일반화할 수 없고 고정불변도 아니다. 매 시대의 정치학자들이 항상 새롭게 연구해야 할 주제라고 할 수 있겠다.

참고문헌

김아영. 2021. "비혼출산 사회적 논의 시작… 전문가들 '졸속 우려.'" 『국민일보』 (5월 3일).
김철중. 2021. "국내 첫 시험관 수정 아기가… 자연분만으로 엄마 됐다." 『조선일보』 (7월 23일).
박은주. 2020. "공공정자은행 이사장 '비혼 출산, OECD 국가 대부분 가능.'" 『국민일보』 (11월 18일).
박장군. 2020. "'난임은 지원하면서, 남자 없이 낳겠다는 여성 왜 막나' [인터뷰]." 『국민일보』 (11월 19일).
박장군. 2020. "사유리처럼 낳을 권리… 정부 불법 아니라는데, 현실은 안 된다?" 『국민일보』 (11월 20일).
서윤경. 2020. "비혼출산, 생명윤리 파괴·가족 해체 부를 수도." 『국민일보』 (12월 14일).
송경호. 2021. "'여자사위, 남자며느리? 반드시 막아야'… 국민청원 시작." 『크리스천투데이』 (7월 27일).

연합뉴스. 2019. "'제 아이 좀 낳아주세요'… 대리모, 어떻게 생각하세요?" 『문화일보』 (2월 10일).

이대웅. 2009. "기독교생명윤리협회 '대리모 출산 허용 안돼.'" 『크리스천투데이』 (6월 20일).

이미영. 2010. "체외수정 개발자가 노벨의학상." 『기독신문』 (10월 7일).

이상원. 2005. 『시험관아기: 인공수정에 대한 기독교윤리학적 연구』. 서울: 총신대학교출판부.

이승훈. 2019. "[기획보도] 난임, 생명을 얻으려 생명을 죽이는 사람들 1. 대리모, 난임이 불러온 비극." 『가톨릭신문』 (8월 18일).

전주영. 2019. "대리모 불법이지만 처벌 사례는 없어…국내-해외 관련법 현황은." 『동아닷컴』 (5월 30일).

전혜성. 2020. "[소중한 성 거룩한 성] 비혼 출산, 어떻게 생각해?" 『크리스천투데이』 (12월 15일).

정선미. 2020. "[기고] 외국처럼 비혼모 허용으로 정자를 쇼핑하게 되면 나타날 문제점." 『국민일보』 (12월 7일).

정현목. 2016. "시아버지 정자와 며느리 난자를 이용한 인공수정, 일본서 큰 논란." 『중앙일보』 (9월 19일).

주정아. 2010. "[커버스토리] 죽음으로 기억될 법 – 생명윤리법." 『가톨릭신문』 (7월 4일).

최형미. 2016. "구글베이비는 성매매와 다를 바 없어." 『여성신문』 (8월 4일).

Cha, Ariana Eunjung. 2018. "From sex selection to surrogates, American IVF clinics provide services outlawed elsewhere." The Washington Post(December 30).

Eberle, Christopher J. 2002. *Religious Conviction in Liberal Politics*. Cambridge: Cambridge University Press.

Kumar, Anugrah. 2014. "Bobby Jindal Again Vetoes Louisiana's Surrogacy Bill After Objections From Pro-Life Groups." The Christian Post(June 2).

Kumar, Anugrah. 2017. "Military Wives Used as 'Breeder Stock' by Surrogacy Industry." The Christian Post(May 2).

Lahl, Jennifer. 2013. "The Overlooked Ethics of Reproduction." Christianity Today (September 6).

Meilaender, Gilbert. 2020. *Bioethics: A Primer for Christians (4th edition)*. Grand Rapids, Michigan: William B. Eerdmans Publishing Company.

Morse, Jennifer Roback. 2016. "15 Reasons to Oppose Surrogacy." The Christian Post(June 6).

Rae, Scott B. and D. Joy Riley. 2011. *Outside the Womb: Moral Guidance for Assisted Reproduction*. Chicago: Moody Publishers.

Schapiro, Jeff. 2014. "Renting a Womb (Part 1): A Non-Traditional Way to Grow a Family." The Christian Post(February 7).

Schapiro, Jeff. 2014. "Renting a Womb (Part 4): Film Highlights Firsthand Accounts of Surrogacy Struggles." The Christian Post(February 14).

Shellnutt, Kate. 2018. "America's Surrogacy Bump: Is Fertility a Blessing to Be Shared?" Christianity Today(February 20).

Showalter, Brandon. 2018. "Commercial Surrogacy on Path to Legalization in NJ, NY, but Some Donor-Conceived Adults Oppose the Laws." The Christian Post(May 1).

Showalter, Brandon. 2020. "Clergy, feminists blast New York's commercial surrogacy bill as 'dangerous,' 'graverly immoral.'" The Christian Post(January 11).

Stonestreet, John and Roberto Rivera. 2018. "Surrogacy: Babies as Merchandise." The Christian Post(March 19).

Stonestreet, John and Stan Guthrie. 2018. "Flipping Out, Marriage, and Surrogacy." The Christian Post(July 9).

Stonestreet, John and Roberto Rivera. 2020. "New York legalizes commercial surrogacy: Here's who's driving it." The Christian Post(April 16).

Symons, Xavier. 2016. "More gay couples using surrogates in US." BioEdge.https://www.bioedge.org/bioethics/more-gay-couples-using-surrogates-in-us/12106, (accessed September 23, 2021).

Pew Research Center. 2019. "In U.S., Decline of Christianity Continues at Rapid Pace." https://www.pewforum.org/2019/10/17/in-u-s-decline-of-christianity-continues-at-rapid-pace/, (accessed September 23, 2021).

제7장

중국의 생명과학 발전 현황과 그 함의

연상모(성신여대)

1. 서론

　세계적으로 새로운 산업혁명을 견인하고 있는 분야 중 하나는 생명과학 분야이다. 중국도 장기적으로 이 분야 투자를 꾸준하게 확대해 오고 있으며, 빠른 발전을 이룩하고 있다. 대표적인 예로 생명과학 및 바이오기술 분야 논문 발표량은 2011년부터 세계 2위를 유지해 왔다. 중국정부는 최근 10여 년 동안 바이오제약을 경제발전의 핵심산업으로 삼아 왔다. 2016년 중국 과학기술부가 발표한 '국가혁신주도발전전략강요(2016~2030년)'는 2049년까지 미국과 대등한 과학기술강국으로 도약하겠다는 비전과 함께 동 기간 세계 1위로 도약하기 위한 4대 중점분야의 하나로 바이오산업을 포함하고 있다.

　그리고 중국은 전통적으로 바이오 분야에서는 다양한 경험과 능력을 보유하고 있고, 넓은 국토를 이점으로 한 풍부한 생물 다양성, 그리고 거대한 인구를 배경으로 한 우수한 연구 인력과 유리한 임상 여건을 갖추고 있다. 아울러 거대한 국내시장을 바탕으로 바이오산업 분야에서는 큰 발전 잠재력을 보유하고 있다(조경매 2020, 1).

한편, 중국 생명과학과 관련 다음 측면을 주목할 필요가 있다. 첫째, 생명과학 기술은 생물경제의 밑바탕이지만 생물안전, 윤리 및 도덕, 생물 안보와 같은 부정적인 문제들도 가지고 있는 '양날의 검'과 같다. 중국은 1990년대부터 생물안전 문제에 대한 법률과 법규들을 제정하였다. 하지만 생물안전 기본법을 제정하여 생물안전을 체계적으로 제도화하면서 운영하는 선진국과는 달리 중국의 생물안전 관계 법제는 아직 그 수준에 도달하지 못하고 있는 실정이다. 둘째, 중국은 생명과학 분야에서 미국에게 아직 뒤떨어져 있으며, 이 분야에서 전 세계 리더십을 얻고자 한다. 하지만 이러한 과정에서 대다수의 정책들은 '혁신 중상주의'로서 불법적이고 공정하지 않다. 여기에는 지적재산 절도, 약한 지적재산권 집행, 국가 지원의 외국기술기업 구매, 강제 기술이전, 보조금 지급 등이 있다. 셋째, 중국은 빠르게 차세대 AI-DNA 강국으로 발돋움하고 있으며, 미국 실리콘밸리의 오랜 글로벌 우위인 '바이오 인텔리전스'를 위협하고 있다. 미국과 중국 간의 새로운 지정학적 역학관계는 누가 인공지능과 생명공학을 지배하느냐에 대한 경쟁에 의해서 형성될 것이다.

이 장에서는 중국의 생명과학의 발전현황 및 생명공학에 대한 중국의 시각과 행태에 대해서 연구하고자 한다.

2. 중국 생명과학의 발전 현황

1) 개요

세계는 4차 산업혁명의 시대를 맞아 IT기술을 바탕으로 빠르게 AI 시대로 진입하고 있다. 하지만 머지않아 인간의 건강과 수명을 책임지게 될 생명과학이 세계경제를 좌우하는 시대가 도래할 것으로 예상된다. 생명과학은 21세기에 들어 가장 혁신적이고 경제발전에 미치는 영향력이 큰 산업으로서 세계 주요국 간의 경쟁이 치열한 분야이다(조경매 2020, 1).

중국도 세계적으로 새로운 산업혁명을 견인하고 있는 분야 중 하나가 생명과학 분야라는 것을 잘 인식하고 있다. 따라서 중국은 장기적으로 국가중점연구개발계획 등을 통해 생명과학 분야에 대한 투자를 꾸준하게 확대해 오고 있으며, 빠른 발전을 이룩하고 있다. 대표적인 예로 생명과학 및 바이오기술 분야 논문 발표량은 2011년부터 세계 2위를 유지해 왔고, 특허 등록량은 2019년에 미국을 제치고 처음으로 세계 1위를 기록하는 등 생명과학의 발전 기반을 다져가고 있다. 또한, 세포치료 등 선행기술 분야에서는 성숙된 제품을 보유하고 있지는 않지만, 최근에는 항체 약물 등 분야에서 세계적으로 인정받는 혁신성과를 일부 창출하는 등 원천혁신성의 바이오신약 개발 활성화 모습도 보여 주고 있다(김종선 2021, 1).

2) 중국정부의 정책

중국은 국가가 주도하는 국가주의의 국가이므로, 중국의 생명과학의 현재를 이해하고 미래를 예측하기 위해서는 정부의 정책을 연구하는 것이 중요하다. 중국의 생명과학은 1984년부터 시작된 것으로 알려진다. 이는 한국의 생명과학과 같은 시점이다. 중국 생명과학의 정책 방향은 국민 보건 수준 향상과 산업화를 추구하는 한편, 중약의 세계시장 선점을 위한 산업화 프로젝트들을 진행하고 있다. 대부분의 과학기술 계획에서 생명과학을 전략산업으로 선정하고 국가 주도로 성장전략을 발표하고 있다. 중국의 생명과학 정책의 핵심은 '중국제조 2025(Made in China 2025)'와 '국가 과학기술혁신 계획', '건강 중국 2030 규획 요강' 등을 들 수 있다. 먼저 13차 경제발전 5개년 계획(2016~2020년)에 4차 산업혁명 대응 정책을 반영하고, '중국제조 2025'를 실천전략으로 제시했다. 특히, 바이오의약 분야와 고성능 의료기기를 차세대 성장 동력 중 하나로 육성할 방침이다(김유선 2019, 19).

우선 중국 정부가 생명과학을 발전시키기 위해 취한 정책을 시간 순서로 살펴보기로 하자. 중국 국무원이 2006년에 발표한 '국가 중장기 과학기술 발전 계획요강(2006~2020년)'—이 요강은 2020년까지 중국을 세계 최고 수준의 과학기술을 보유한 혁신형 국가로 만들겠다는 비전을 담고 있음—의 중점 육성 분야의 하나로 바이오(농업, 인구와 건강)가 포함되어 있다. 국무원은 2010년 '신흥전략산업 육성 및 발전 촉진에 관한 결정'에서 바이오산업을 7대 전략 신산업의 하나로 선정하고, 특히 바이오의약, 바이오의약공정, 바이오농업, 바이오제조, 바이오매스에너지를 전략산업으로 제시하였다. 이어서 2013년과 2017년에 각각 바이오산업발전계획을 수립하였는데, 2013년 '12차 5개년 발전계획(2011~2015년)'은 바이오산업의 경쟁력 강화, 신약 개발, 신약 승인 절차 개선, 대형 바이오제약기업 육성 등에 중점을 두었다. 2017년 '13차 5개년 발전계획(2016~2020년)'에서는 신약 개발 강화, 바이오시밀러 발전, 제조설비 첨단화, 디지털화 등에 중점을 두고, 바이오산업 생산 규모를 2020년까지 GDP의 4% 이상으로 대폭 확대시켜 국가 경제를 주도하게 한다는 목표를 제시하였다(김정석 2021, 18).

2015년 발표된 '중국제조 2025'에서는 바이오, 의료기기를 10대 중점분야의 하나로 지정하고, 2020년까지 최소 100개 이상의 바이오제약기업이 미국, EU, 일본, 세계보건기구 인증을 획득해서 제품을 수출하여, 2025년까지 국제표준에 부합하는 의약품 품질기준과 시스템을 마련하고, 10대 질환을 중심으로 한 합성신약, 중의약, 바이오신약을 개발하며, 이 중 20~30개의 혁신 신약을 산업화하는 것을 목표로 제시하였다. 2016년 중국개혁위원회가 발표한 '과학기술혁신 제13차 5개년계획(2016~2020년)'에서는 바이오를 포함한 7대 신흥산업을 전략적으로 육성하여 2020년까지 GDP 대비 20%까지 확대시키고, 바이오산업 규모를 2020년까지 8~10조 위안을 달성하는 것을 목표로 제시하였다.

또한, 정밀의료 분야를 발전시키기 위해 2015년에 국가 정밀의료전략 전문가위원회를 설치하고, 2016년에는 2030년까지 600억 위안(약 10조 원) 투자를 목표로 하는 '정밀의료발전계획'을 수립하였다. 이 계획에 근거하여 베이징게놈연구소를 통해 100만 명 코호트 구축, 병원 연계 맞춤형 의료 서비스 제공, 신약 개발 등을 국가 전략 프로젝트로 추진하고 있다. 한편, 2015년부터 신약 승인 절차를 개선하기 위해 신약, 의료기기 심사승인제도 혁신, 의약품 등록 분류 혁신, 약품등록신청적체 해결을 위한 우선 심사승인제도 도입, 신약, 의료기기 임상시험관리 정책 혁신 등의 정책을 발표하였다. 바이오산업을 이끌 해외 인재를 유치하기 위한 바이오기술 분야 '천인계획(千人計劃)'도 시행하고 있다. 유치과학자에게는 3년간 100만~300만 달러의 연구비와 50만 위안의 생활비를 지원하는데, 2008년 이후 바이오분야에서만 7,000여 명을 유치하였다(김정석 2021, 20).

한편, 코로나19에 대응하기 위해 국무원을 중심으로 하는 범부처 공동연구개발체제를 구축하였으며, 연구개발은 과학기술부가 총괄을 담당하고 있다. 과학기술부, 위생건강위원회 등 범부처가 참여하는 '코로나19 퇴치 공동연구팀'을 운영하고 있다. 과학기술부는 병원체, 감염병학, 진단기술 및 기기, 약물 및 임상시험, 백신, 동물모델 등 5개 분야를 중심으로 지원하고, 중국과학원은 '코로나 비상 대응 퇴치' 프로젝트를 통해 신속 진단기기 개발, 항바이러스 치료 약물 선별, 백신 및 항체치료제 개발 등을 수행하고 있다(김정석 2021, 21).

그리고 최근에는 중앙아시아와 유럽을 잇는 육상 실크로드(일대)와 동남아시아와 유럽, 아프리카를 연결하는 해상 실크로드(일로)를 구축하는 '일대일로' 계획을 추진하고 있는데, 과학을 다른 나라와의 협력관계의 중심요소로 보고 바이오 분야를 포함한 과학기술 국제협력을 적극 추진하고 있다(김정석 2020, 18).

중국은 13차 5개년계획 기간(2016~2020년)부터 과학기술부 주도로 발전개혁위원회 등 각 부문의 펀드를 통합한 '국가중점연구개발계획(2015년)'을 통해 바이오 분야의 지원을 '체계적으로 확대'하였다. 현재 중국의 대표적인 바이오정책은 과기부의 '13차 5개년 계획 기간(2016~2020년) 바이오기술혁신 전문프로젝트계획'과 국가발전개혁위원회의 '13차 5개년 계획 기간 바이오산업발전계획'이다. 전자의 경우 선행기술분야와 기반기술분야를 발전시키는 계획이다. 후자는 바이오의 7대 중점 산업 분야를 발전시키는 계획이다. 완강 전 과학기술부장관에 의하면, 중국 정부에서 12차 5개년 계획 기간(2010~2015년)이래 생명공학과 바이오기술 분야에 누계로 총 602억 6,500만 위안을 투입하였다. 이에 따라 중국 내 관련 연구소와 대학의 바이오 분야 연구가 크게 활성화되어 최근 5년간(2014~2018년) 중국의 생명공학 분야 논문 수와 바이오기술의 특허 등록 수 모두 미국에 이어 세계

2위를 유지했다(조경매 2020, 2-3).

한편, 최근 중국 정부가 목표로 삼고 있는 다른 많은 전략적 산업들과 마찬가지로 중국 내 의료 생명공학 부문도 정책 지원, 산업 규제 완화, 그리고 자금 지원의 결합으로 짧은 기간 동안 역동적인 성장을 누려 왔다. 2011년 중국은 생물의학을 7대 전략 우선순위 중 하나로 선정했고, 10년 안에 중국은 15억 달러의 결과를 도출하는 10~20개의 과학단지를 건설할 예정이다. 2015년 중국은 의약품 등 첨단기술 분야가 2020년까지 국내 핵심 소재량을 40%까지, 2025년까지 70%까지 늘려야 한다는 '중국제조 2025' 전략계획을 발표했다. 이와 같은 야심찬 정책 발표에 이어, 2015년부터 2017년까지 규제개혁의 물결이 잇따르면서 오늘날 부상하고 있는 생명과학 분야의 씨앗을 심었다(김치구 2019, 2).

한편, 중국의 대부분 일반적인 제약업계의 일반적인 인식은 성공적인 바이오텍 산업을 위해 필요한 혁신을 위한 환경을 조성하기 위한 사고방식, 재능, 문화가 중국 내에 없다는 것이다. 하지만 중국 정부는 이를 개선하기 위해 노력하고 있다. 첫째, 중국 정부는 다국적기업의 핵심 역할을 인식하고 있다. 중국 정부는 빅뱅으로 인해 다국적기업들이 중국 이외의 지역에 신약을 등록 및 해외 임상 2싱 또는 3상에 있어야 한다는 전제조건을 없애 다지역 임상시험과 약물의 출시를 쉽게 만들었다. 다국적기업이 2017년 중국에서 35개의 신약 중 34개를 출시한 것처럼 이러한 규제 변화에 대한 반응은 즉각적이었다. 둘째, 중국 정부는 대학원 연구기관과 외국기업에서 일하는 수많은 중국 박사 연구자들을 목표로 삼았다. 지난 6년 동안, '바다거북(sea turtle)'로 알려진 2백만 명의 귀환자들 중 25만 명이 중국의 생명과학 산업에 종사하고 있다. 중국의 '천명 인재 계획'은 외국의 유명 연구개발기관 및 기업에서 빼 온 연구자 또는 직원들에게 해외 인재 고용, 명예 부여, 매력적인 보수, 그리고 경력 향상 기회를 제공하기 위해 설계되었다. 셋째, 기술이전을 위한 핵심 채널은 해외 인수합병이다. 미국 바이오텍을 포함한 중국 인수합병은 2017년에 5건의 거래를 통해 사상 최고치인 28억 달러를 달성했다(김치구 2019, 6-7).

향후 중국의 바이오산업은 빠른 발전을 위한 새로운 전략과 폐쇄적인 정책이 병행될 것으로 판단된다. 우선 중국 정부는 기존 성공사례와 장점들을 기반으로 발전에 박차를 가하기 위해 2020년 이후 새로운 차기 5개년계획을 수립할 것으로 보인다. 이에 따라 2021년 3월에 개최된 전국인민대표대회에서 발표된 14차 5개년 계획(2021~2025년)에서도 개발에 역점을 둘 7대 분야의 기초 선도기술 중에 바이오가 포함되었고, 신성장동력을 구축하기 위해 육성을 해야 할 9대 전략성 신흥산업 중에 바이오기술이 포함되었다. 반면에 자체 시장 보호와 산업화 강화를 위해 배타적인 정책도 강화할 것으로 보여진다. 최근 중국 정부는 전략적 유전자원에 대한 보호를 강화하고, 생명윤리 규범을 강화하고 있는 추세이다(조경매 2020, 11).

3) 현황

중국은 미국과 더불어 G2의 위상에 걸맞게 연구개발 비용, 연구 인력, 논문발표에 있어 세계 최고 수준을 달성했다. 중국은 공산당과 국무원 등의 톱다운 체계하에서 전문 분야별 과학기술위원회 등을 통해 국가 차원의 중장기 과학기술정책을 추진하고 있다. 국가 거시계획인 다양한 규획을 통해 중앙과 지방 정부, 정부 기관 등이 지원 주체로서 장기적인 연구자금 계획 아래에서 지원, 운영, 평가를 진행한다. 2016년 기준으로 연구개발비는 세계 2위, 연구 인력 세계 1위, 논문발표 세계 2위이다. 중국은 우수 성과를 토대로 4차 산업의 영역을 확대하고, 특정 분야에서 세계 최고 수준을 유지하기 위해 관련 분야 연구개발 및 인프라를 강화하고 있다. 생명과학 분야는 '줄기세포 연구 및 임상화', '유전자편집', '의학면역학' 등을 중심으로 활발한 연구개발을 추진하고 있다(생명공학정책연구센터 2020, 1).

생명과학 분야에서 대표적인 성과를 살펴보면, 뇌과학 분야에서 중국과학원 신경과학연구소가 세계 최초로 생체리듬이 깨진 체세포복제 원숭이 실험모델을 구축하여 동 분야에서 세계적인 수준을 견인했다. 재생의학 분야에서는 퉁지 대학이 세계 최초로 자가 폐 줄기세포 이식기술을 이용하여 임상에서의 폐 재생에 성공했다. 현재 중국의 농업 오믹스 연구는 세계 선진국 수준으로 벼, 옥수수, 콩 등 주요 농작물의 바이오유종 분야에서 큰 성과를 거두었다. 2018년 말 기준으로 중국이 육종한 농작물 신품종은 4만여 종이고, 이 중 1만 1,000건이 품종권을 등록하여 중국 양곡은 '중국 종자'를 사용한다는 목표를 달성했다(조경매 2020, 3-7).

'2020 중국 생명과학 및 바이오기술 발전보고(2020년 10월)'에 의하면, 2019년 한해 중국이 발표한 생명과학 논문 수는 14만 9,022편으로 전년 대비 22.99%(세계 평균 9.56%) 증가하였다. 그리고 2010~2019년간 연평균복합성장률은 16.16%(세계 평균 3.89%)를 기록하는 등 세계 평균 수준보다 훨씬 높았다. 이 중 Nature, Science, Cell 등 세계적인 학술지에 발표된 논문은 100편 이상으로 모든 과학연구 분야 중 가장 많았다. 지난 10년간 국가별 생명과학 논문 발표량을 보면, 미국, 중국, 영국, 독일, 일본의 순서로 되어 있다. 이 중 중국은 2010년에 세계 4위로 등극해 주목을 받기 시작하였으며 2011년부터는 세계 2위 수준을 꾸준하게 유지해 왔다. 그러나 생명과학 논문의 인용률을 랭킹을 보면, 중국은 10위에 머물러 있고 영국이 1위를 기록하고 있다(김종선 2021, 4).

2019년 한해 중국의 생명과학 및 바이오기술 분야 특허의 출원량과 등록량은 3만 5,006건(전년 대비 10.88% 증가)과 2만 27건(전년 대비 33.19% 증가)으로 각각 집계되었으며, 전 세계에서 차지하는 비중은 11.75%와 31.59%를 각각 기록하였다. 2019년 한 해 전 세계 바이오기술 특허 출원량과 등록량의 총 5위군 국가에는 미국, 중국, 일본, 한국, 독일이 포함되었다. 이 중 중국의 특허 출원량은 2010년부터 줄곧 세계 2위를 유지해 왔고, 특허 등록량은 2019년에 최초로 세계 1위를 기록하였다. 중국이 신청한 바이오기술 특허는 주로 로컬지역에 집중되어 있고, 세계지식재산권기구, 미국, 유럽, 영국, 독일 등 해외를 대상으로 일부 특허를 신청하였지만 등록량은 상대적으로 적은 수준이다. 중국에서 접수한 바이오기술 특허도 자국 위주이지만, 중국 시장의 중요성이 갈수록 크게 부각되면서 미국, 일본, 유럽특허청 등이 현지에 대한 기술적 배치를 서두르고 있는 추세이다(김종선 2021, 4).

'중국바이오산업 발전보고 2019(2020년 9월)'에 의하면, 2019년 한 해 중국의 바이오산업은 급속히 발전했다. 먼저 바이오의약 시장의 규모가 2조 5,000억 위안에 이르렀고 연간 성장률은 10%(세계 성장률 4.40%)를 초과하였다. 바이오 신약의 연구개발 붐이 지속되어 2019년 11월 기준 신약 연구개발 인허가 건수가 7,600건에 이르렀고, 유효한 임상실험 등록 건수는 2,200건을 초과하였으며, 임상 중후반에 진입한 비중은 34.5%로 사상 최고치를 기록하였다. 특히, 항체약물, 신형 백신, 재조합 단백질, 세포 및 유전자치료 등 여러 제품이 임상시험 인허가를 받거나 출시에 성공하였다. 항체 약물의 경우, 2019년 말 기준 출시 허가를 신청한 항체 신약은 25건이고, 임상 1상과 2상과 3상 단계에 있는 항체 약물은 323건, 94건, 269건을 각각 기록하였다. BTK 억제제 'Zanubrutinib' 림프종 항암신약은 중국 최초로 미국 FDA의 출시 승인을 받았다. 현재 중국 내 항체 신약의 연구개발

생명과학기술과 정치

과 생산에 종사하는 기업 수는 300개를 상회한다. 핫이슈 분야인 세포치료는 임상 연구에서 상용화에 이르는 중요한 시기에 처해 있고 향후 10년간 폭발적인 성장이 전망되고 있다. 중국은 아직 출시된 제품을 보유하고 있지 않지만 동 분야 연구가 활성화되어 있다. 국가약품감독관리국의 자료에 의하면, 2019년 11월 기준 임상시험 인허가를 신청한 줄기세포 약물은 9건이고, 이미 임상시험 인허가를 받은 면역세포 프로젝트는 14건이다. 현재 세포치료 제품의 연구개발과 생산에 종사하는 기업은 180여 개다. 세포치료 분야의 융자는 2016년부터 급성장하여 70억 위안의 규모를 형성하였는데, 이 중 1억 위안이 넘는 투자가 17건은 차지하고, 최대 단일투자 규모는 3억 5,000만 달러에 이르렀다(김종선 2020, 5-8).

중국의 제약바이오 시장은 빠른 속도로 성장하고 있으며, 2018년에는 총액이 약 1,300억 달러에 달하는 등 미국에 버금가는 규모를 가지고 있다. 이에 따라, 다국적 기업들이 중국에 많은 관심을 보이고 있고 중국에 진출하고 있다. 향후 중국의 제약바이오 시장은 크게 변할 것으로 예상된다. 새로운 정책의 압력에 의해 기존 브랜드 의약품에 대해 위협이 가해지는 한편, 규제개혁과 시장접근의 확대는 혁신적이고 특허 받은 제품에 대해 더 밝은 전망을 제공하고 있다. 제네릭 일관성 평가와 보험급여 개혁은 특허 만료 의약품에 가격 압력을 가하지만, 잠재적으로는 기술혁신을 위한 더 많은 자금 방출이 일어나고 중국을 선진시장으로 이동시킬 것으로 예상된다. 10년 혹은 그 이전에 등록된 제품들은 중국 내 다국적 제약회사들의 총 매출의 85% 이상을 차지하는 것으로 추정된다. 많은 경영진들은 현재 포트폴리오에 가격 압력을 가할 수 있는 제네릭 품질 일관성 평가(generic-quality consistency evaluation, GQCE)와 새로운 입찰 규칙이 미칠 영향에 대해 우려하고 있다(차민경 2020, 2-3).

중국에서 혁신을 장려하는 외부환경이 조성되고 있으며, 시장접근도 지난 몇 년간 크게 개선되었다. 이러한 환경에서 다국적 기업들은 중국 포트폴리오의 초점을 혁신적인 제품으로 옮기고 있다. 하지만 접근 조건은 여전히 제약되어 있으며, 기업들은 중국 시장 상황을 고려한 사고방식과 능력을 개발하는 데 시간이 걸릴 수 있다. 최근 몇 년간 다국적 기업들은 중국에서 많은 움직임을 보이고 있다. Pfizer는 2019년 3개 사업장으로 재편하고 중국 내에 Established Medicines 리더십팀 본사를 위치하였으며, Sanofi는 '중국과 신흥시장' 사업부를 설립할 것으로 보인다. 향후 접근성 확대가 가속화됨에 따라 중국이 혁신 중심의 포트폴리오를 지향하는 기업들과 함께 '웨이브 원(wave one)' 국가가 될 것으로 기대된다(차민경 2020, 4-5).

중국의 다른 많은 산업들과 마찬가지로 제약바이오 산업은 기로에 서 있다. 상업 및 운영 모델의 변화, 투자전략의 재평가, 역량의 단계적 변화, 선도적인 다국적 기업이 주도권을 유지할 수 있는 규모의 혁신 등 근본적인 변화가 예상된다. 이러한 중국에서 오늘날 올바른 방향으로 과감하게 변화하는 기업들은 혁신적인 의약품으로의 전환을 성공할 것이며 이를 통해 중국과 전 세계의 수억 명의 환자들과 주주들에게 상당한 수익을 가져다줄 것이다(차민경 2020, 6). 미국의 암젠(Amgen)은 중국의 바이오제약기업 베이진(BeiGene)과 전략적 제휴를 2019년 10월에 체결했다. 암젠은 베이진 주식 20.5%를 27억 달러(약 3.1조 원)에 매입하여 중국에서 3개의 항암제를 상용화하고 암젠의 항암제 파이프라인에 있는 20개 제품을 공동개발하고 이를 중국 및 글로벌 시장에서 판매키로 합의했다. 이를 통해 세계 의약품 시장 2위인 중국에서의 입지를 확장하기 위한 발판을 마련했다. 베이진은 베이징에 위치한 항암제 개발 및 상업화 전문 바이오기업으로, 700명의 영업 인력과 600명의 임상 개발 인력을 보유하고 있다. 암젠은 베이진과의 전략적 협력을 통해 세계 1위의 인구를 보유하고 있는 중국의 항암제 시장에서의 입지를 확장하는 기회를 마련했다. 중국에서는 매년 400만 명의 새로운 암 환자가 발생하고, 매년 230만 명이 사망하는 것으로 추정된다. 또한, 65세 이상 인구가 전체 인구의 10%를 넘는 고령사회 진입을 앞두고 있어, 항암제 시장의 성장 기회로 작용한다. 2017년 중국의 65세 인구 비중은 11%가 넘는 1.5억 명이며, 2050년에는 25.6%인 3.3억 명으로 예상된다. 또한, 중국의 의약품 지출액은 2013년 이후 세계 2위를 차지하고 있다(생명공학정책연구센터 2019, 1-2).

4) 중국의 우세한 분야

중국의 종양학은 중국 생명과학 혁신의 원동력이다. 중국은 2010년 이후 중국의 주요 사망원인인 비정상적으로 높은 암 발병률을 겪고 있다. 중국은 2014년에는 380만 명의 새로운 암 발병률을 기록했는데, 이는 전 세계 사례의 27%를 차지한다. 폐암과 같은 일부 암의 경우, 전 세계 발병률의 36%를 차지한다. 중국에서 높은 폐암 비율은 대기오염과 관련이 있다. 세계보건기구는 인구학적 영향만으로 2012년부터 2035년까지 중국의 새로운 암 발병 건수가 연간 550만 명으로 거의 2배 가까이 늘어날 것으로 전망했다. 한편, 세계보건기구는 같은 기간 중국 내 암 사망자가 80% 증가하여 연간 430만 명까지 늘어날 것으로 전망했다. 그리고 65세 이상의 암을 앓고 있는 환자의 비율은 중국의 빠른 인구 고령화 및 암 발병률의 관계를 반영하여 2012년 전체의 60%에서 2035년에는 전체의 75%로 증가할 것이다. 2035년까지 80% 성장할 것으로 예상되는 중국의 높은 암 사망률에도 불구하고, 중국은 전 세계 종양학 약품 시장에서 겨우 4%를 차지하고 있고 종양학 약품은 국내 총 의약품 판매의 9%만을 차지하고 있다. 저렴한 것도 한 가지 이유이나, 낮은 치료 품질이 또 다른 요인이다. 이것은 많은 환자들이 해외에서 치료를 받도록 유도한다. 매년 110만 명이 넘는 중국인들이 해외 의료 치료를 받기 위해 88억 달러를 지출한다. 국내에서 가장 유력한 사망원인을 치료하기 위해 국내에서 효과적이고 저렴하며 양질의 종양 치료제를 제공하는 사업 사례는 중요하다. IMS Global Oncology는 지난 5년 동안 중국의 종양학 판매량이 전 세계 분야를 앞지르면서 10%의 성장률을 기록했다고 발표했다. 실제로 항암제 연구와 치료제는 중국 생물의약품 산업 내 혁신의 선도적 동인이다. 종양학은 전 세계 평균보다 앞선 총 매출액의 절반 이상을 차지한다(김치구 2019, 7-8).

세계 유전체 시장은 현재 빠르게 성장하고 있다. 유전체는 중국이 역동적인 성장을 위해 그것을 배치시키면서 중요한 경쟁적 우위를 누리고 있는 생명과학 분야 중 하나이다. 중국이 이 분야에 투자하는 자금은 인구 규모와 함께 이 분야에서 세계적인 지도자가 될 수 있는 위치에 있다. 중국의 유전공학 연구는 1970년대 말과 1980년대 초에 시작되었다. 이 시기 유전공학(Genetic engineering)과 모노클로널 항체기술(Monoclonal antibody technique)의 도입으로 인해 유전자기술이 신속히 발전할 수 있게 되었다. 1980년대에 이르러서는 한 차례의 과학기술 발전계획을 세우기 시작하였으며 이러한 과학기술 발전계획들은 유전공학과 생명과학을 발전의 우선순위에 두었다. 이러한 계획들이 유전자기술을 발전시키면서 인체유전자기술의 발전도 함께 추동하였다(임춘광 2019, 115-116).

중국의 인체유전자기술의 발전현황은 다음과 같다. 중국이 최초로 세운 국가과학 기술계획은 1982년의 '국가공관과기계획, 95계획'이다. 이 계획의 취지는 산업기술의 발전을 위한 것이었다. '95계획'이 유전자기술의 발전과 직접적인 관계를 보인 것은 아니지만, 중국 최초의 과학기술계획으로서 중국 과학기술 발전의 기초적인 작용을 하였으며, 기술혁신을 도모하고 고도첨단기술을 도입하려는 취지와 목표는 향후 유전자기술 발전의 기반이 되었다. 1986년 국무원에서 세운 '국가고시술연구발전규획강요, 863계획'은 중국 고도첨단기술의 한 획을 그은 상징적 부호라 할 수 있다. 1988년에 실시된 'China Torch Program'은 고도첨단기술 산업의 발전을 추진하기 위한 정부 주도성의 계획이다. 그 핵심에도 생물기술이 있다. 이러한 노력에 따라 중국은 세계 유전자변형기술(GMO) 개발의 주요국가 중 일원으로 자리 잡을 수 있게 되었다. 중국의 인체유전자기술 육성에 관한 전환점은 HGP(인간게놈 프로젝트)의 참여이다. 중국은 해당 프로젝트에 참여한 국가 중 유일한 개발도상국으로서, 염기 순서 결정 작업 중 1%를 완성하였다. 중국 국내적 측면에서 해당 프로젝트의 참여는 중국생물자원의 게놈계획을 추동하였고 동시에 중국의 유전학 연구와 산업역량을 높여 주었다는 데에서 의미가 상당하다. HGP의 참여를 기술발전의 전환점으로 중국은 유전자보조생식기술, 유전자치료, 유전자 검사, 배아줄기세포, 복제기술 등 영역에서 큰 발전을 보았다(임춘광 2019, 116-117).

　중국의 유전자치료에 관한 연구는 세계적으로 시작이 보다 빠른 편이다. 1991년 중국 과학자는 세계에서 처음으로 혈우병B에 대한 유전자치료 임상실험을 진행하였다. 이외에 2018년 4월 미국 국립보건원이 분석한 결과, 현재 세계적으로 진행 중이거나 진행될 예정인 크리스퍼 유전자 가위에 대한 임상시험은 총 13건으로 집계되었다. 이 중 10건(77%)이 중국에서 이루어졌다. 중국은 2016년 세계 최초로 크리스퍼 유전자 가위를 이용한 임상시험을 시작으로 폐암과 자궁경부암, 백혈병, 에이즈에 이르기까지 다양한 난치성 질병 치료에 크리스퍼 유전자 가위를 활용하고 있다(임춘광 2019, 117-118).

인체유전자기술에 관한 연구에서 줄기세포연구는 그 핵심이다. 줄기세포는 21세기 인류 난치병 치료의 희망으로 불린다. 중국은 1990년대 말부터 줄기세포 연구를 시작하였으며 지금은 많은 연구기관에서 해당 영역의 연구를 하고 있다. 2011년 12월 과학 저널 *Nature Biotechnology*에 역사상 최대규모의 배아줄기세포 연구 성과가 등재되었는데, 여기에는 19개 국가, 70여 개 연구기관의 과학자들이 추진한 125개 인간배아줄기세포주에 대한 계통적인 연구가 포함되었다. 그중에서 12개 줄기세포주가 중국에서 왔다. 중국은 줄기세포와 연관된 산업기지도 설립하였는데, 주요하게 국가 줄기세포 산업화 화둥기지, 칭다오기지 등이 있다. 중국 줄기세포연구는 늦은 시작에도 불구하고 정부의 적극적인 정책적 지원으로 상당한 성과를 거두었고 쾌속적인 발전추세를 보이고 있다. 중국이 발표한 논문의 수와 피인용 지수는 지속적으로 상승하고 있으며 현재 중국 내에는 각각 다른 규모의 줄기세포회사가 줄기세포제품의 연구개발에 종사하고 있다. 줄기세포 시장규모 또한 부단히 확대되고 있는 바, 2009년의 20억 위안에서 2017년의 525억 위안으로 대폭 성장했다(임춘광 2019, 118).

3. 중국 생명과학의 윤리안전문제 및 불법행위

1) 윤리문제

생명과학과 이에 기반한 생명공학 기술의 급속한 발전은 20세기 과학기술에서 가장 큰 성과를 거둔 분야이며, 특히 생명공학은 의료, 위생, 농업, 환경보호, 화공, 식품 및 보건 영역에서 인류의 건강과 생존환경을 개선하였고, 농목업과 공업의 생산량 및 품질을 향상 시키어 더욱 중요한 역할을 하고 있다. 생명공학 기술은 생물경제의 밑바탕이지만 한편으로 생물안전, 윤리 및 도덕, 생물안보와 같은 부정적인 문제들도 가지고 있는 '양날의 검'과 같다. 생명공학 기술의 급속한 발전은 유전자변형생물체의 생태계 교란 우려, 새로운 독성으로 인한 위해성, DNA 변형 기술의 안전성 미검증, 기술 보편화에 따른 오남용 등으로 인해 사회적, 기술적 불확실성을 확산 시키면서 전 세계 생물경제의 효과적인 발전을 저해하고 더 나아가 생명윤리, 생물안전 및 국가안보 문제에 이르기까지 위험성을 가중시키고 있다(한승훈 외 2020, 178-180). 이와 관련, 중국의 생물안전과 인체 유전자 기술에 관한 중국의 상황을 살펴보기로 하자.

생물안전은 안전성 또는 안보를 의미하는 개념으로 이해할 수 있고, 유전자변형생물체의 안전한 관리, 감염성 병원체로 인한 질병의 관리 같은 것은 바이오 안전성으로 이해할 수 있다. 또한, 가축 질병의 만연으로 인한 경제적 손실, 생물테러, 생물무기와 관련될 경우 '생물안보'라고 부를 수도 있다. 이처럼 생물안전 개념은 국가, 지역, 집단, 개인 혹은 여건, 상황에 따라 용어나 내용적 범위를 달리해 쓰이고 있다. 국제적으로 '생물안전'을 다루는 법률과 법규 및 정책들이 속속 도입되고 있다. 중국에서도 새로운 국제 무역 형태, 중국 내 자유무역지대 증가, 국가 간 FTA 체결, 인구이동과 물류 이동 방식의 다양화는 중국의 생물안전에 더욱 심각한 위협으로 다가오고 있다. 예를 들면, '제12차 5개년 규획(2011~2015년)' 기간 중 전국의 세관에서 유해 생물 9,000종이 350만여 회에 걸쳐서 발견되었으며, 이는 동기 대비 각각 39%와 190% 증가한 기록이다(한승훈 외 2020, 177-178).

중국은 1990년대부터 생물안전 관련 법률, 법규, 행정명령 형식의 규범성 문건들을 발표하였고 생물경제 발전이 가져온 생물안전 문제에 대한 법률과 법규들을 제정하였다. 그러나 생물안전 기본법을 제정하여 생물안전을 체계적으로 제도화하면서 운영하는 선진국과는 달리 중국의 생물안전 관계 법제는 아직 그 수준에 도달하지 못하고 있는 실정이며, 기존 법률과 법규들은 실질적인 생물안전 수요에 비해 부족한 부분들이 있다.

첫째, DNA 기술 입법을 예로 들자면 중국은 1970년대 말부터 DNA 연구를 시작하여 20세기 말에 이미 몇 가지 기술이 임상실험 단계에 들어가서 일부 동물용 백신, 항바이러스 전이 유전자까지 시도하였고, 이를 뒷받침할 법률과 법규를 제정하였다. 하지만 중국의 생물안전 관련 법률과 법규들은 대부분 1990년대에 제정된 것이며, 현재 급속하게 발전하는 생물기술에 비해 상당히 낙후된 상황이다.

둘째, 현행 생물안전 관련 법규와 법률들이 생물경제 활동을 제대로 통제하지 못하고 있다. 예를 들어, 생명공학 기술과 그 제품의 제조가 엄격한 법의 통제하에 있지 못하여 생물안전과 실험실 안전, 연구 프로젝트 허가, 위험성 평가, 시장 진입, 운수 및 격리, 식품 표시제, 안전성 평가 등에서 문제를 안고 있다. 최근 중국에서는 DNA 편집을 통한 쌍둥이 출산으로 전 세계적인 이목을 집중시켰다. 연구자들은 에이즈에 걸린 부부들을 모집하여 유전자편집 시술을 하였고 그중 2쌍의 부부가 임신하여 3명의 영아가 태어났으며 영아 2명은 쌍둥이였다. 심천시 남산구 인민법원은 2019년 12월 1심 판결에서 무면허 의사 자격, 임상실험 연구문서 위조, 과학연구 및 의학 관련 윤리도덕 침범, DNA 편집 기술을 인간의 보조 생식의료에 사용 등 관련 법률을 위반했다는 이유로 주모자인 피고 허젠쿠이에게 유기징역 3년에 벌금 300만 위안에 처한다고 판결했다. 동 사건에서 정부의 엄격한 관리

감독을 받는 의료기관들이 연구와 시술을 하면서 의사 자격 무면허자가 주도적으로 시술에 참여하고 임상실험 연구문서가 위조된 부분을 본다면 중국의 생물안전 관리 감독 및 유전자연구 프로젝트 허가 절차가 부실하다는 것을 단적으로 보여 주는 실례이다.

셋째, 현행 중국의 생물안전 관련 법규들이 기타 법규들과의 관계 설정이 부족하다. 중국의 여러 생물안전 관련 법규에서 보면 "상황이 엄중하여 범죄행위를 구성할 경우 형사책임을 지게 한다"라는 상투적인 표현을 쓰고 있지만, 현행 중국 형법에는 생물안전 문제 관련 상응한 규칙과 제도가 부실하여 형법상의 구속력이 약한 부분도 있다. 예를 들어 '유전공정안전관리방법' 제28조 규정에 따르면 "본 방법의 규정을 위반하여 하기와 같은 상황 (환경오염이 심각할 경우, 공중건강에 피해 및 영향이 있을 경우, 생태자원을 심각하게 훼손하고 생태균형에 영향이 있을 경우) 중 1개에 해당되면 책임 있는 기관은 피해 행위를 중단하고 오염관리, 피해에 대한 배상을 책임져야 하고, 상황이 심각하여 범죄행위를 구성할 경우 법에 따라 직접 책임자에게 형사책임을 지게 한다". 그러나 중국 형법은 이에 대한 구체적인 죄명을 규정하지 않고 있다(한승훈 외 2020, 181–184).

한편, 중국은 전염병 예방 및 관리에 대한 법률과 법규 및 정책들을 수립하여 시행하고 있으나 개선해야 할 부분이 있다. 특히, 지방 정부의 응급조치실시 시간이 구체적으로 규정되어 있지 않아 지방 관료들이 이에 대해 임의적인 해석을 할 수 있고 제때 상응한 조치를 취하기가 쉽지 않다(한승훈 외 2020, 207). 중국의 실험실 안전 문제는 주로 대학 실험실에서 발생하고 있다. 대학의 전염병 실험에도 다수의 치명적인 미생물 실험을 하고 있어 안전 위험에 노출되어 있다. 또한, 일부 대학들은 비정상적인 경로로 동물을 구매하여 병균 검역을 하지 않은 채로 실험하는 경우가 있고, 어떤 대학은 1급 실험실의 생물 쓰레기와 2급 생물 쓰레기를 일반 쓰레기 처리 방식으로 처리하고 있다(한승훈 외 2020, 215).

코로나19 사태에서 볼 수 있듯이 전 세계가 심각한 피해를 입었고 상당한 대가를 치루었다. 이러한 중대한 생물안전 문제들의 특징은 다양성, 광역성, 집단성, 전파성, 치명성, 복잡성 등을 나타내고 있고, 이를 해결하기 위해 상당한 수준의 과학적 지식과 경험이 요구된다. 이러한 특징으로 인해 생물안전과 관련한 법체계, 관리체계, 제도들은 가능한 한 중복을 피하고 간결하게 구성되어야 한다. 중국 생물안전 관련 법률과 법규의 주요 문제는 중국의 민법 체계가 단행법 위주의 입법 형태를 갖추고 있어 조정 대상 위주로 개별법을 제정하다 보니 관련 법률과 법규 간 내용상 불일치, 비협조, 모호성들을 피할 수 없다. 이것은 생물안전 관리체계에 영향을 주었으며, 특히 중앙과 지방의 복잡한 보고 체계, 지방 정부의 응급조치 권한 비효율성, 정보공개의 비신속성, 사법제도 부실 등의 문제 등을 안고 있다(한승훈 외 2020, 219).

이러한 문제를 해결하기 위해, 중국정부는 2021년 4월 '생물안전법'을 우여곡절 끝에 제정하였다. 그간 중국 정부는 생물안전법의 제정을 준비하여 왔으며, 중국 우한에서 발병한 코로나19 확산과 관련한 대응 문제가 끊임없이 제기된 데 따른 뒤늦은 조치다. 해당 법안에는 중국이 위험 모니터링과 조기 경보 시스템, 정보 공유와 발표 시스템, 긴급대응 시스템, 조사와 추적 시스템 등 생물안전위험의 예방통제를 위한 11개 기본 제도를 갖추게 된다는 내용이 담겼다. 각급 지방 당국의 책임도 명확히 하는 점도 담겼으며, "전염병을 보고 안 하면 처벌한다"는 내용도 포함되었다. 전국인민대표대회 상무위원회는 2021년 4월 생물안전법 시행 간담회를 열었다. 회의에서 총체적 국가안보관을 토대로 발전과 안전을 총괄한 전략적 관점에서 생물안전법을 전면적이고 효과적으로 이행하고자 하며, 이 법의 공포와 시행은 이정표적 역할을 발휘하며, 중국 생물안전이 새로운 법적 관리 단계에 돌입했음을 시사한다고 했다(중국 인민망 한국어판 2021).

한편, 생명과학에서 가장 핵심적인 기술은 인체유전자기술이다. 인체유전자기술에 관해서 인간 생명의 보편적 가치의 보호와 함께 새로운 생명사회관계를 인식하여 인체유전자기술의 양성발전을 도모해야 한다는 필요성에서 법률규제가 필요하다. 중국은 1990년대부터 유전자과학기술의 법률규제 건설을 시작했다. 외국의 입법 시기와 비교해 보았을 때 입법이 늦지는 않다. 하지만 현행 유전자과학기술 법체계를 보았을 때 많은 문제가 존재하는데, 입법이 기술의 발전을 따라가지 못하고, 인체유전자과학기술에 있어서는 더욱 많은 법적 맹점을 보이고 있다. 또한, 이것이 원인이 되어 기술 연구에 보다 느슨한 규제가 적용되었다. 독일은 1990년에 세계 최초로 '유전자기술법'을 제정하였다. 중국과 비슷한 시기의 입법이기는 하나, 해당 법규는 단행법규의 형식으로 상당히 구체적으로 유전자과학기술연구에서 준수하여야 할 법률사항을 규정하고 있다. 독일 외에도 많은 국가들이 유전자과학 기술발전의 잠재적 위험성을 인식하고 이에 대응되는 법률규제를 두고 있다(임춘광 2019, 111-112).

중국의 인체유전자기술의 발전은 빠른 편이다. 중국의 유전공학 연구는 1970년대 말과 1980년대 초에 시작되었다. 이 시기 유전공학과 모노클로널 항체기술의 도입으로 인해 유전자기술이 신속히 발전할 수 있게 되었다. 1980년대에는 과학기술 발전계획에서 유전공학과 생명과학을 발전의 우선순위에 두었다. 하지만 이에 상응하는 입법은 기술의 발전과 대비해 보았을 때는 상당히 미숙하다. 1989년에 이르러서야 중국 과학기술위원회가 첫 번째 생물기술 관리법규의 제정을 의사 일정에 두었으며, 지속적으로 수십여 개의 유전자 및 유전자공학 관련 법률 및 법규를 제정하였다. 1993년 중국 정부는 '유전공학 안전관리 방법'을 반포했다. 이 관리 방법은 전국적인 생물안전관리 법규로 자리 잡게 되었다(임춘광 2019, 115-119).

중국의 유전자원 관련 법률규제는 아직 많은 문제가 존재한다. 중국은 다민족 국가이며 인구 또한 상당하다. 이는 유전자원이 풍부함을 뜻한다. 여러 가지 유전병을 연구하는 것에 유리하며 동시에 상업적 가치와 경제적 가치 또한 상당하다. 이에 적지 않은 외국 회사와 기업 단체가 중국인을 대상으로 하는 유전자 연구를 진행하였고, 연구성과에 대한 특허출원을 도모하였다. 이런 문제들을 인식하고 1998년 6월 과학기술부와 위생부는 연합하여 '인류 유전자원 관리임시방법(人類遺傳資源管理暫定辦法)'을 제정하였다. 중국의 유전자치료 관련 영역 입법은 1990년대 초에 시작되었는데, 2003년 3월 '인간 유전치료연구 및 제제질량 공제기술에 관한 지도원칙'을 식품약품관리국에서 반포하였다. 비록 해당 원칙이 기술표준과 실시를 규범화하였으나, 환자와 실험대상자의 권인 보호에 관한 규정이 미흡하다는 것이 아쉽다. 생식세포와 연관된 유전자치료에 있어서 중국의 규제는 보다 단순한데, 생식세포의 유전자치료를 반대하는 입장을 취하면서 인체를 대상으로 하는 생식세포의 유전자치료 임상 연구를 하지 못하도록 규정하고 있으나, 동물을 대상으로 하는 연구에 대한 금지된 조항은 없다. 배아줄기세포의 연구에 있어서 중국정부는 일관적으로 적극적인 정책을 실시해 왔다. 2002년 국가과학기술부와 위생부는 연합하여 '인간 배아줄기세포 연구 윤리 지도원칙'을 제정하여 대륙지역의 배아줄기세포 연구를 위해 윤리지도 프레임을 제시해 주었고 생명윤리학의 기본원칙을 세우고자 노력하였다. 동시에 치료용 복제기술의 연구를 위한 배아줄기세포의 이용을 명확히 허용하고 있다. 외국과 비교해 보았을 때, 중국의 배아줄기세포연구는 비교적 느슨한 규제 환경과 함께 유리한 정책의 지지를 받고 있다. 복제기술 연구에 있어서 국제적으로 인간 복제는 금지되어 있으며, 중국은 아직 전문적인 인간 복제에 관한 법률이 없지만, 생식적 복제기술을 반대하되 치료용 복제기술을 허용하는 입장은 보이고 있다(임춘광 2019, 118-120).

중국의 인체유전기술 관련 입법은 1980~1990년대의 입법으로 상당히 오래된 입법이다. 이러한 원인으로 인해 유전자기술연구에서 나타나는 문제를 해결하기에는 법적 한계가 있으며 법체계 또한 상당히 분산되어 있고 체계성과 규범성이 결여되어 있다. 이에 관하여 다음과 같은 비체계성 문제를 제기한다.

첫째, 법체계의 통일적인 이념이 부족하며 법체계가 규범화되어 있지 않고 법이 규제할 수 있는 범위가 좁다. 관련 법률과 법규들이 입법의 지도적 이념을 결여하고 있다. 예를 들어, 독일의 입법목적은 우선 인류의 건강과 복지를 우선으로 하고 있다. 하지만 중국은 기술의 연구와 개발을 우선으로 하고 그다음에서야 '건강'을 언급하였으나, 그러한 것도 유전공학에 종사하는 인원으로 한정되어 있어 국민의 건강을 입법목적에 참작한 것은 아니다. 둘째, 법의 위계가 낮으며 전문적인 유전자기술 기본법이 없다. 현재 중국은 인체유전자 기술 기본법률이 없다. 연관된 법률규제도 행정부의 각 부처들이 제정한 것이다. 그리고 중국의 제반 유전자기술입법은 규정, 규칙으로서 법의 위계가 낮다. 세계에서 유전자원이 가장 풍부한 국가로서 '인류유전자원 관리임시방법'이라는 행정적 방법으로 규범을 두고 있는 것은 외국의 입법사례와 대비해 보았을 때에 입법이 상당히 미숙하다. 셋째, 법률, 법규, 규칙 사이의 연관성 및 체계성이 부족하다. 비록 중국이 일정한 법률, 법규로 인체유전자기술을 규제하고 있으나, 법률, 법규, 규칙 사이의 연결이 잘 되어 있지 않다. 즉, 인체유전자기술의 법체계성이 부족하다는 것이다(임춘광 2019, 122-124).

　많은 국가들이 유전자기술발전에 관한 입법과 계획을 중시하고 있다. 또한, 이를 통하여 21세기 세계바이오기술의 정상을 도모하고 있다. 해당 국가들과 비교해 보았을 때, 중국의 인체유전자기술 입법은 상당한 공백을 보이고 있다. 뿐만 아니라, 유전자 검사, 유전자치료, 유전자원 보호, 유전자 특허, 유전자에 대한 알 권리, 유전자 차별에 관한 전문적인 법률 규정이 없으며 많은 맹점이 존재한다. 시야를 넓힌 입법은 법률의 침체성과 입법의 임의성을 방지할 수 있고 나아가서 인체유전자과학기술의 연구와 발전을 추동할 수 있다는 것을 인지할 필요가 있다(임춘광 2019, 125).

　그리고 인체유전자기술에 관한 연구에서 줄기세포연구는 그 핵심이다. 중국 줄기세포연구는 늦은 시작에도 불구하고 정부의 적극적인 정책 지원으로 줄기세포연구는 상당한 성과를 거두었고 쾌속적인 발전추세를 보이고 있다. 이러한 성장을 이루기까지 줄기세포의 연구에 있어서 상당히 많은 배아세포가 필요했을 것이며 연구에 필요한 배아의 수요를 충족시키기 위해서는 상당한 윤리적, 법적 쟁점이 나타나야 할 것이지만, 법률규제가 느슨한 탓에 윤리적, 법적 쟁점이 거의 나타나지 않고 있는 실정이다(임춘광 2019, 118).

　한편, 생명윤리학은 생명윤리를 생물학 지식과 인간의 가치체계에 대한 지식을 함께 엮는 새로운 학문이다. 본격적인 중국 생명윤리학의 시작은 1979년 광저우에서 열린 세미나에서 츄린종 교수가 안락사와 뇌사 등 첨단 의료기술의 윤리적 쟁점을 다룬 논문을 발표한 데서 비롯되었다. 1980년대 들어 중국의 학계에서 의료윤리 및 생명윤리에 대한 관심이 증가한 배경에는 1978년 개방정책 이후 의료의 상업화가 심화되면서 의사의 비도덕적 행위가 증가한 것을 들 수 있다. 전통적 사회주의 의료시스템과 사회주의 도덕이 붕괴하면서 의업의 영리 추구는 환자와 의사 관계를 왜곡시키고 의료 자원의 낭비와 다양한 의료기관들 간의 수입의 차이를 발생시켰으며, 의료의 질이 돈에 달려 있다는 잘못된 믿음과 더불어 낙후된 지역의 병원은 고가 장비를 구입할 수 없는 등의 문제를 낳았다(권복규 2018, 3-4).

개방정책의 결과로 의료의 시장경제화가 확산된 문제와 더불어 장기이식 또한 중국의 생명윤리에 큰 영향을 미쳤다. 중국의 장기이식 역사는 1972년 친족 간 신장 이식 시도로 거슬러 올라가지만 실제로 장기이식이 활발하게 수행된 것은 면역억제제 등 기술 발전이 이루어진 1980년대 이후의 일이다. 그러나 뇌사자의 장기 기증은 극히 낮았고 1984년 '사형수의 사체 활용에 관한 규정'이 제정된 이래 중국의 이식용 장기의 원천은 대개 사형수였다. 2007년까지 이식을 할 수 있는 의료기관에 대한 규정도 없었기 때문에 어느 기관이든 장기만 구득할 수 있으면 이식을 할 수 있었다. 1977년부터 2009년까지 중국에서는 대략 12만 건의 장기이식 증례가 있었지만 95% 이상은 사형수의 장기에 의존한 것이었던 반면 이 시기 동안 뇌사자의 장기 기증은 130건에 불과했다. 사형수의 장기 활용에 대한 지속적인 국제사회의 비난으로 인해 중국 정부는 2007년 장기이식에 관한 법률을 제정하여 사전 동의가 있어야 장기 구득을 허용할 수 있게 하였고, 장기이식 의료기관도 기존의 600개가 넘는 의료기관들 중에서 164개소만 승인을 해주었다. 2010년에는 전국적인 장기배분 프로그램을 만들었고 2015년 1월부터는 사형수의 장기 활용은 전면 금지한다는 선언이 중국정부 당국자에 의해 이루어졌다(권복규 2018, 4).

전체적으로 볼 때, 중국의 생명윤리는 전통사회에서 근대로, 사회주의국가에서 자본주의 시장경제로 이행하는 과정에서의 도덕적 혼란과 더불어 서방세계에서 발전한 현대 생명윤리학의 해석과 착근이라는 과제를 안고 있다. 이 과제를 해결하는 데 있어 1990년대 이후 본격적으로 등장한 중국의 생명윤리학계는 대략 세 부류로 구분된다. 첫째는 세계보건기구 등에서 제정한 원칙이나 강령, 지침 등을 소위 보편원리로 보고 이를 소개하는 이들이다. 이들은 인민의 복지 향상을 위해서 중국에 이 '보편적 기준'의 도입이 필요하다고 여긴다. 두 번째는 중국의 전통문화와 역사, 철학을 공부하고 이들로부터 현재의 생명윤리 문제를 해결하는 데 무언가 유용한 것들을 끌어낼 수 있다고 믿는 부류이다. 이들은 다시 두 갈래로 나뉘는데 현대 생명윤리에서 통용되는 소위 '보편적 기준' 또는 '원칙'에 해당하는 것이 중국 전통 사상—예컨대 유학—에도 있었다고 보는 이들과 아예 중국의 문제는 중국의 전통 윤리를 통해 해결해야 하며 소위 보편적 기준은 중국에는 해당되지 않는다고 믿는 이들이다. 세 번째 부류는 마르크스와 마오쩌둥의 사상을 인용하여 개인의 이기심을 버리고 타인을 위해 헌신하며 인민과 사회의 이익에 복무하는 생명윤리를 정초해야 한다고 믿는 이들이다. 결국 중국 생명윤리학은 언어와 현실, 이론과 실천, 중국의 현대와 전통 간의 긴장이라는 세 가지의 중대한 난제를 여전히 안고 있다(권복규 2018, 4-6).

2) 불법행위

미국은 여전히 바이오제약 산업에서 중국을 포함한 많은 나라들에 비해 경쟁력을 유지하고 있다. 하지만 중국은 생명과학 분야에서 전 세계 리더십을 얻고자 한다. 중국은 규제 변화, 바이오의학 연구 및 벤처 자본 자금 지원, 많은 소규모 생산자를 없애기 위한 산업구조 조정, 의료관광의 확대, 홍콩거래소에 대한 목록의 신속화 등 다양한 조치를 취함으로써, 특히 제네릭 산업을 통해 중국이 주요 전 세계 바이오제약 사업의 리더가 되고자 한다. 그러나 이러한 정책 조치들 중 일부는 공정하고 합법적이지만, 많은 정책은 '혁신 중상주의'로서 불법적이고 공정하지 않으며 미국과 다른 외국 기업들을 희생시키면서 중국 기업들에게 부당하게 이익을 주게 되어 있다. 그 사례들을 살펴보기로 하자(차민경 2019a, 3).

중국 정부는 세계적으로 경쟁력 있는 바이오제약 산업을 발전시키기 위해 의약품 승인 및 규제 시스템을 개선하기로 했다. 하지만 아직 개선의 필요가 많이 있다. 바이오의학 혁신에 관한 중국의 규제가 덜 엄격하다는 이점을 가지고 있다. 이는 중국의 과학자가 신생아 쌍둥이의 유전자를 변형시켰을 때와 같이, 인간의 건강을 위협하더라도 중국에는 위험을 감수할 여지가 더 있음을 시사한다. 반대로 미국은 기술혁신에 대한 규제적 제한을 부과한다(차민경 2019a, 14-15).

미국이나 유럽에 비해 중국의 신약 개발 지적재산 환경은 확실히 약하다. 중국은 미국과 유럽과는 다르게 규제 데이터 보호기간 동안 오리지널 의약품 개발자가 중국 국가약품감독관리국에 제출한 데이터에 후속 지원자들이 접근할 수 있도록 허용하고 있다. 이는 중국의 바이오제약 회사들에게 도움을 주는 동시에 그들의 비용을 상당히 줄여 준다. 종합해 보면, 중국 정부는 많은 개혁안을 이행하는 데 실패했는데, 이는 아마도 핵심 전략은 중국 제네릭 기업들을 부흥하는 것이고 현재의 취약한 지적재산 시스템은 그 전략을 진전시키는 데 도움을 주기 때문이다(차민경 2019a, 15-17).

바이오제약산업이 중국에 있어서 설립된 기업이 거의 없는 새로운 산업이기 때문에 정부가 재정적으로 지원하는 주된 방법은 국가가 지원하고 지도하는 벤처 자금 투자를 통해서이며 이러한 벤처 자금의 대부분은 지방 정부에 의해 제공된다. 2017년 말 정부 주도의 벤처 펀드는 2013년 214개 펀드에서 1,166개 목표 자본 7,800억 달러로 증가했다. 미국 생명공학 기업에도 벤처 투자를 해 왔으며, 2015년 2억 달러에서 2018년 1~3분기에 26억 달러로 증가했다(차민경 2019a, 17).

중국은 추후 맞춤의료에서 중요한 데이터 측면에서 강점을 가지고 있다. 연구를 위해 환자 데이터를 수집하고 사용하는 것을 어렵게 하는 미국의 법률과 달리, 중국에서는 건강 데이터의 사용을 규제하고 제한하는 유사한 법이 부재하다. 게다가 중국 정부는 의료 데이터의 생성과 공유를 우선으로 한다. 중국의 거대한 데이터베이스에 대한 접근을 중국 정부는 외국 유전 연구회사들을 중국으로 끌어들이기 위해 사용한다. 유전정보에 대한 중국의 정책은 본질적으로 중상주의적이며, 특히 중국 법률은 유전자 자료나 유전학 자료의 해외유출을 극히 어렵게 하고 있고, 해외 기업이 중국인의 유전적 자료를 사용하고자 한다면 중국 기관과 협력 협정을 하도록 한다. 중국은 바이오의학 혁신에 관한 중국의 규제가 덜 엄격하다는 이점을 가지고 있다. 인간의 건강을 위협하더라도 중국에는 위험을 감수할 여지가 더 있는 것으로 보인다. 반대로 미국은 기술혁신에 대한 규제적 제한을 부과한다(차민경 2019a, 18-19).

중국은 더 많은 개입주의적 산업정책을 통해 바이오의학 혁신과정에 대한 핵심 투입(연구, 인재, 데이터) 직접적 지원 이상에 관여한다. 중국 정부는 국가 소유를 통해 산업구조에 영향을 미친다. 2006년에 주요 바이오제약회사 중 약 36%가 국유기업이었고 35%는 사유 기업, 나머지 29%는 외국인 소유였다. 국유기업은 중국 국영 은행들로부터 더 많은 돈을 조달하고 더 적은 수입 압력을 받는 이점을 가진다(차민경 2019a, 19).

중국 정부의 정책은 인 바운드 외국인 직접투자를 지지하고 있으며 생명공학 산업은 중국의 외국인 투자 안내 산업 카탈로그 권장 목록에 포함된다. 그리고 외국 시설에 대한 100% 소유권을 개방하고 있지만, 합작회사를

생명과학기술과 정치

설립해야 한다는 장려책과 압박책이 여전히 남아 있어 국내 바이오제약회사를 돕고 있다. 종합해 보면, 많은 국제 기업들은 국내외 관계자들로부터 금융 인센티브, 시장접근 및 관련 사업 확장에 대한 승인을 위해 중국 내 연구개발 센터를 설립하라는 압력을 받고 있다(차민경 2019a, 19-20).

중국의 또 다른 중요한 정책 수단은 지적재산 절도이다. 중국의 천명 인재 계획 또한 중국으로 돌아오는 과학자가 인센티브를 받을 수 있는 한 가지 핵심 자격으로 지적재산에 대한 접근 가능성을 명시하고 있다. 또한, 오랜 기간 진행된 미국 회사 기술 기밀에 대한 중국의 해킹을 볼 때, 중국인들이 미국 바이오제약 회사의 시스템을 해킹한 것은 놀라운 일이 아니다. 그리고 대부분의 기술 분야와 마찬가지로 중국 정부의 후원을 받는 관여자는 사이버 절도와 불량 직원 등을 통해 바이오제약회사의 지적재산을 도용하고자 한다. 중국은 또한 미국에 수입하는 부정의약품의 주요 공급원이기 때문에 저품질 혹은 특허 침해 의약품을 통해 수입을 얻고 있다(차민경 2019a, 20).

요약하면, 중국의 불공정하고 불법적인 정책은 외국기업보다 국내를 선호하는 것, 약한 지적재산 시스템과 지적재산 절도 및 강제 기술이전, 생산과 수출에 대한 보조금, 시장 가격과 조건에 근거하지 않은 외국 회사 인수 등이 있다. 중국 정부는 공정하고 정정당당하게 견제하면서 바이오제약 혁신을 할 수 있다는 것을 세계에 보여 주어야 한다. 하지만 중국 정부는 현재의 혁신 중상주의 전략이 성공적이었다고 생각하기 때문에 이러한 변화가 일어날 가능성은 낮다(차민경 2019a, 22).

4. 생명과학과 미중 패권경쟁

미국과 중국은 현재 신냉전을 벌이고 있다. 이 신냉전에서 핵무기의 역설로 인해 군사적 대결이 객관적으로 어려워진 상황에서, 양국은 기술 패권 경쟁의 양상을 띨 것으로 예상된다. 21세기에는 이 기술 패권 경쟁에서 생명과학 경쟁이 핵심 중의 하나가 될 것으로 예상된다. 과학기술은 유사 이래 전쟁의 승패를 가르는 군사력과 무기체계 발전의 핵심 동력이었다. 과학기술과 혁신의 관점에서 중국의 도전과 미국의 위상을 고찰하는 것은 양국 군사력과 경제력의 미래 및 패권의 향배를 가늠하는 데 도움이 될 것이다. 미국과 중국은 21세기 자국의 위상을 강화하는 데 기술혁신이 중요함을 인식하고 혁신역량 강화를 위해 다양한 노력을 기울여 왔다. 2020년 이후 세계의 기술혁신을 주도하는 분야는 바이오, 청정에너지, 차세대정보통신으로 인식되고 있다(배영자 2019a, 32-35).

미국은 1990년대 이후 정보통신 기술혁신에서 월등하게 앞서고 있으며, 차세대정보통신, 바이오 등에서 기술혁신을 주도하면서 우위를 지키고 있다. 중국 역시 선도 부문 기술혁신의 중요성을 인식하고 이를 활성화하려는 노력을 진행하고 있다. 현재 주요 선도기술 부문에서 미국과 중국은 5~8년의 격차를 보이는 것으로 평가되고 있다. 중국은 선도 부문의 기술혁신의 토대가 되는 기초연구 부문이 취약하고 최상위 연구개발 인력의 안정적 공급에 어려움을 겪고 있다. 아울러 창의성을 배양하는 데 장애가 되는 정치, 교육, 문화 등 각종 제도 등 산재해 있다. 반면에 중국은 광활한 시장을 배경으로 사업가 정신으로 무장된 인력들과 풍부한 벤처 자금, 혁신 생태계 등 혁신이 지속될 수 있는 높은 잠재력을 여전히 보유하고 있다. 잠재적 가능성과 한계가 동시에 존재하는 가운데 향후 10~20년 동안 정치·경

생명과학기술과 정치

제·기술·제도적 한계를 극복하고 혁신을 일관되고 지속적으로 추진할 수 있는지 여부가 중요하다(배영자 2016, 54).

현재 중국은 자원형 국가발전전략에서 혁신형 국가발전전략으로 나가야 함을 강조하면서, 세계 과학기술강국으로 도약하기 위한 기술혁신 역량 강화를 중점적으로 추진해 왔다. 중국 혁신 능력에 대한 해석은 크게 두 가지로 나뉜다. 중국 혁신역량 발전 속도는 충분히 주목할 만하지만 현재 미국이나 세계표준과 비교할 때 미흡한 부분이 많고 정보통신, 바이오 등 첨단 과학기술 각 부문에서 중국이 핵심기술을 창출해 내지 못함을 지적하는 입장이다. 이들은 중국의 혁신역량은 현재까지 질보다는 양적 목표에 초점을 맞추어 왔고 혁신의 형태도 외국기술을 습득하거나 개량하는 방식이 주된 것이라고 본다. 아울러 이들은 느슨한 지적 재산권 제도, 부패, 정책 조정의 비효율성 등이 중국의 혁신역량 제고를 어렵게 하는 난관들이라고 지적한다. 다른 한편, 비록 현재 상황에서 중국의 혁신역량에 부족한 부분이 많지만 지난 10여 년 동안 중국이 이루어 낸 과학기술 발전 속도에 주목하고 광활한 시장, 풍부한 인적 자본, 막대한 투자, 벤처 시장의 활성화 등의 잠재력으로 볼 때 중국 혁신역량이 지속적으로 발전할 것으로 보는 입장이 있다. 이들은 중국의 기업과 대학의 혁신역량이 획기적으로 증대하였으며 몇몇 분야에서는 세계 수준에 이르러 더 이상 모방제품만을 생산하는 국가가 아니라고 주장한다(배영자 2016, 43-44).

생명과학 분야에서 미국에 뒤처져 있는 중국이 미국을 추격하고 있는 상황을 살펴보기로 하자. 미국은 연방정부는 물론 민간의 막대한 연구개발투자와 자원을 앞세워 바이오제약 산업에서 세계를 선도하고 있다. 하지만 중국은 '중국제조 2025' 등의 계획을 통해 생명과학 분야에서 전 세계 리더십을 얻고자 한다. 바이오제약 산업의 경우 중국이 미국에 비해 경쟁력이 많이 뒤처지지만, 정부가 미국 바이오제약 혁신을 따라잡기 위한 국가 전략을 세웠다(차민경 2019a, 3-6).

중국은 바이오의학 지식 창출에 있어 비약적인 진전을 보이고 있다. 2011년부터 2015년까지 중국은 국제 바이오의학 간행물에서 미국에 이어 세계 2위를 차지하였고, 2006년(2.4%)과 2015년(10.8%) 사이에 전 세계 생명공학 논문 점유율도 4배로 뛰었다. 중국은 일부 첨단분야에서 더 빠른 진전을 보이고 있다. 중국 연구진은 2010년 4.5%에서 2014년까지 17.3%로 세계 게놈 관련 학술 논문 비중을 늘렸다. 2008년부터 2015년까지 미국의 제약산업 연구개발 투자가 7.3% 성장한 것에 반해 중국은 254%의 빠른 속도로 증가했다. 중국의 바이오제약 연구개발은 2000년 1억 6,300만 달러였지만 2016년에는 72억 달러로 증가했다. 중국은 혁신적인 신약의 생산국이 되는 방향으로 나아가고 있으며, 기존의 제너럴에 치중했던 중국 굴지의 제약회사들은 기술력을 쌓고 혁신 약품에 투자하기 시작했다. 또한, 많은 중국 바이오제약 회사들이 세계시장을 위해 고안된 다지역 임상실험을 설립하고 있다. 2016년에 중국은 410개의 CRISPR 유전자 편집 특허를 냈다(차민경 2019a, 6-8).

한편, 중국의 바이오제약 성과의 상당 부분은 서양의 일류기업으로부터 단순히 베끼는 관행에 기초해 왔으며, 여전히 중국기업은 전 세계적으로 신물질 신약을 1%도 생산하지 못하고 있다. 하지만 중국이 중대한 진전을 보인 한 가지 이유는 규제환경, 변제를 포함한 시장 접근성 등 바이오제약 혁신을 위한 정책환경 내의 많은 요소들이 개선되고 있기 때문이다. 이러한 정책변화는 많은 세계적인 바이오제약 회사들로 하여금 중국에 대한 투자를 확대하도록 이끌고 있다. 실제로 세계 유수의 20개 제약회사들은 현재 중국에 제조시설을 갖고 있으며, 많은 제약회사들도 중국에 연구개발

센터를 설립하였다. 그리고 중국기업들 또한 세계적인 수준의 바이오 제약 혁신 중심지 등 국제적으로 확장되고 있다. 예를 들어, 많은 중국의 생명공학 회사들이 미국의 주요 생명공학 허브에 새로운 연구개발 시설을 시작했다. 중국 기업들은 그들이 본토에 가져올 수 있는 새로운 기술에 접근하기 위해 이 전략을 사용한다(차민경 2019a, 8).

전체적으로 볼 때, 중국의 바이오제약 전략은 부분적으로 상대적으로 약한 지적재산 시스템과 생명공학 스타트업에 대한 국가 지원, 제네릭 산업 혁신 장려를 통해 제네릭 산업들의 성장 초점을 맞추고 있다. 중국 정부는 바이오제약 산업의 성장을 위해 의약품 규제, 의약품 가격, 지적재산 보호의 변화, 벤처 투자 촉진, 외국인 직접투자 추진, 기술, 데이터, 연구개발 등 핵심 산업 투입 확대 지원 등 지난 몇 년 동안 수많은 정책변화를 단행했다. 하지만 이러한 새로운 정책들 중 대다수는 불법적이고 공정하지 않으며, 미국과 다른 외국기업들을 희생시키면서 중국기업들에게 부당하게 이익을 주게 되어 있다. 중국의 이러한 불법적인 행위는 3절에서 설명한 바 있다 (차민경 2019a, 14).

한편, 2018년 미중 무역분쟁과 관련, 반도체 분야가 부각이 되었지만, 바이오제약 산업 관련 이슈는 상대적으로 주목받지 못했다. 이는 중국의 바이오제약 산업이 다른 산업에 비해 미국에게 작은 위협으로 생각되었기 때문이다. 하지만 중국의 바이오제약 산업은 잠재적 위협이며, 실제 위협이 현실화된다면 적어도 10년은 더 걸리지만, 미국도 이에 대비하고 있는 것으로 보인다. 앞으로 미국 정부는 중국과의 무역 협상에 강제 기술이전, 지식재산 절도, 데이터 전송 제한, 카르텔과 독점문제, 중국 시장에 차별적 접근 등 바이오제약 문제를 포함시킬 것이다. 그리고 미국 정부는 미국 정부의 보조금으로 인해 발생한 지식을 중국에 부적절하게 이전하는 중국인들에 대해 감시하고, 특히 중국인들이 상업적 이점을 개발할 수 있는 분야에 대한 지원을 제한하기 위해 중국과의 연구자금이나 협력을 더욱 세밀하게 감독할 것이다. 또한 미국 정부는 미국 생명과학 기술혁신을 위한 정부 기금의 꾸준한 증가를 이어나갈 것이다(차민경 2019b, 22-33).

중국은 AI와 유전체학의 결합을 통해 미국보다 중요한 우위를 점할 수 있을 것이라는 희망에 크게 투자하고 있다. AI와 유전체학 기술을 통해 거대한 변화를 야기하고 '사이버 식민지화(cyber-colonisation)'를 위한 발판을 마련할 수 있기 때문이다. 중국은 빠르게 차세대 AI-DNA 강국으로 발돋움하고 있으며, 실리콘밸리의 오랜 글로벌 우위인 '바이오 인텔리전스'를 위협하고 있다. 미국과 중국 간의 새로운 지정학적 역학관계는 무역전쟁에 의해서 형성되는 것이 아니라 누가 인공지능과 생명공학을 지배하느냐에 대한 경쟁에 의해서 형성될 것으로 보인다. 중국은 내륙 및 국경 너머에서 AI와 생명공학 능력을 확장하는 데 90억 달러를 투자했는데, 이는 생물 및 게놈 데이터를 상품화하는 능력에 엄청난 도움이 될 것이다. 전체 인구와 생태계 유전적 프로필을 해독할 수 있는 AI 프로그램을 통한 '사이버 식민지화'는 바이오 인텔리전스의 우위를 바꿀 수 있는 잠재력을 가지고 있으며 실현 가능성이 높아지고 있다. 실제로 중국과 실리콘밸리는 현재 전 세계의 경제, 의료, 안보 우위에 영향을 미치는 생물학적 데이터를 누가 통제할 지를 두고 '사이버 레이스'를 눈앞에 두고 있다(차민경 2019b, 2).

AI는 우리의 생물학적 기능을 지도화하고 측정하는 데 점점 더 많이 사용되고 있다. 중국의 한 회사는 근로자의 뇌파를 분석하고 정신 건강을 모니터하기 위해 무선 센서에 의존하고 있다. 중국은 이미 대규모의 저비용 유전자 시퀀싱에서 미국을 능가하고 있다. 세계 최대의 유전 연구센터인 베이징 유전체학 연구소는 약 4천만 명의 DNA 샘플을 보유하고 있다. 이 연

생명과학기술과 정치

구소는 지구상에 알려진 모든 식물과 동물 종들의 DNA 지도를 그리기 위한 연구를 하고 있으며, 60여 개국의 보건 및 생명공학 단체에 시퀀싱 서비스를 제공함으로서 유전자 해독을 통해 질병, 기근, 진화, 인간 지능에 대해 연구 중이다. 2013년 이 연구소가 자체 개발한 고급 게놈 시퀀싱 기계를 제작하고 미국 생산업체가 우위를 갖고 있는 기술을 얻기 위해 미국 캘리포니아의 Complete Genomics를 사들이면서 실리콘밸리와 중국의 경쟁은 큰 타격을 입었다. 그리고 중국은 시장과 새로운 데이터를 얻는 것에 뛰어나다(차민경 2019b, 3).

중국은 세계적인 인공지능과 생명공학 산업을 구축하기 위해 바이두, 텐센트, 알리바바 등 국가 대표기업과 긴밀히 협력하여 자체 전략기술 분야 개발에 막대한 자원을 투입하고, 기술 및 인적 자본, 거대한 데이터를 확보했다. 중국은 실리콘밸리의 거대 기업들이 수년 동안 중국 시장에 들어오지 못하게 했다. 2017년 새로운 사이버 보안법은 외국기업을 포함한 네트워크 사업자에게는 중국 내 서버에 데이터를 저장하도록 한 단계 더 요구함에 비해 정부 관계자의 중국 내 서버 접속을 허용했다. 2018년 상반기 중국 사모펀드와 벤처금융은 미국의 AI와 생명공학 분야에 51억 달러를 투자하여 2017년 전체 투자액 40억 달러를 돌파했다(차민경 2019b, 3-4).

바이오 인텔리전스의 통제는 단순한 맵핑(mapping) 이상의 것을 의미하며, 강력한 자원의 독점은 전체 인구와 혁신에 영향을 미칠 수 있다. 경제학과 의학에서의 영향은 엄청난데, 자국의 경제성장을 위해 AI와 생명공학 분야의 역량을 이용하여 다른 나라의 바이오경제 가치인 게놈, 미생물, 생태계를 가져가거나 해킹할 수 있다. 기술의 이전과 경제적 이익 공유 없이 이러한 새로운 형태의 '사이버 식민지화'가 일어난다면 기술 선도국가들과 기술 구매자들 사이의 불평등이 증가할 것이다. 세계적으로 AI 기술을 활용한 의료수익은 현재 급격히 성장하고 있다. 이전에는 거대한 규모로 인간의 행동, 생리학, 생태계에 대한 데이터를 획득하고 모니터할 수 있는 장비를 갖춘 적이 없었다. 따라서 이러한 역량 증가는 상업화 및 무기화 욕심과 더 많은 바이오 인텔리전스를 불러올 것이다.

AI와 생명공학 연구는 본질적으로 이중 사용이며, 따라서 국가의 보안 측면에서 전략적 이점이 있다. 알고리즘은 DNA 염기서열로부터 잠재적인 위협을 탐지하는 바이오 보안에서 중요한 도구가 되고 있으며, 유전체 데이터에 AI 딥러닝을 적용하면 유전학자들이 게놈 편집을 통해 인간의 건강을 최적화하는 연구에 도움이 될 수 있고 군사력 향상에도 잠재적으로 적용될 수 있다. 중국은 확장, 글로벌 데이터 네트워크, 민간과 군사 산업의 통합을 통해 바이오 인텔리전스 분야에서 우위를 점할 것을 다짐하고 있다. 문제는 다른 나라들이 이러한 조짐에 주목하고 경쟁력을 갖추려고 할 것인가에 있다(차민경 2019b, 4-5).

5. 결론

21세기에는 인간의 건강과 수명을 책임지게 될 생명과학이 세계 경제를 좌우하는 시대가 도래할 것으로 예상된다. 생명과학은 21세기에 들어 가장 혁신적이고 경제발전에 미치는 영향력이 큰 산업으로서 세계 주요국 간의 경쟁이 치열한 분야이다. 중국 정부도 이러한 점을 잘 알고 있기 때문에 장기적으로 이 분야 투자를 꾸준하게 확대해 오고 있으며, 빠른 발전을 이룩하고 있다. 중국 정부는 2049년까지 미국과 대등한 과학기술강국으로 도약하겠다는 비전과 함께 동 기간 세계 1위로 도약하기 위한 4대 중점분야의 하나로 바이오산업이 포함하였다(서울대학교 국제학연구소 2021). 또한 중국은 생명과학이 발전할 수 있는 큰 잠재력을 보유하고 있다고 할 수 있다. 즉, 중국은 전통적으로 바이오 분야에서는 다양한 경험과 능력을 보유하고 있고, 넓은 국토를 이점으로 한 풍부한 생물 다양성, 그리고 거대한 인구를 배경으로 한 우수한 연구 인력과 유리한 임상 여건을 갖추고 있다. 아울러 거대한 국내시장을 갖고 있다.

하지만 중국은 생명공학 분야에서 조만간 미국을 제치겠다는 목표를 실행해 나가는 과정에서 윤리적 문제, 불법적인 행위가 나타나고 있다. 즉, 중국은 목표 지상주의—'수치의 100년'을 청산하기 위해 부국강병을 최고의 목표로 설정함—, 경제발전 우선주의, 전체의 이익을 위해 개인을 희생시키는 경향, 인명 경시 경향, 윤리의 부재(정신의 피폐)의 문제점이 나타나고 있다. 금번 코로나 사태가 중국에서 발생한 것은 우한에 있는 생화학실험실에서 바이러스 연구를 하다가 폐기물을 함부로 버렸기 때문이라는 의혹이 강력하게 제기되고 있다. 그리고 코로나 확산을 막기 위해, 중국 정부는 대단지 아파트, 광범위한 지역을 무자비하게 폐쇄하고 통제하고 있다.

생명공학과 관련 논쟁점은 안전성, 윤리성, 생명공학의 권력과의 야합 가능성, 민주성(콘센서스의 형성과정)이다. 점점 권위주의적 통치 형태를 보이고 있는 중국 공산당 정권이 이러한 논쟁에 있어 부정적으로 가고 있는 것이 아닌지 의심하게 된다. 이와 관련, 중국 정부는 IT기술을 이용하여 안면인식 기술을 통해 국민을 통제하고 있으며, 유전자기술을 통해 또다시 국민을 통제할 가능성이 있다.

한편, 미국과 중국은 현재 기술패권경쟁을 벌이고 있다. 현재로서는 반도체와 관련한 경쟁이 부각되지만 조만간 생명과학과 관련한 경쟁이 치열하게 전개될 것이다. 2021년 초에 취임한 바이든 미국 대통령은 취임하자마자 정부 부처에 미국의 반도체, 전기차 배터리, 희토류, 의약품 등 중국 의존도가 높은 4개 물품에 대한 공급망 검토를 명령했고 보고서가 나왔다. 여기에서 4개 중요 품목 중에 의약품이 포함되었다는 것은 미국도 앞으로 생명과학 분야에서 미중 간에 치열한 경쟁이 발생할 것이라고 인식하고 있음을 의미한다. 특히, 중국이 AI와 유전체학의 결합을 통해 미국보다 중요한 우위를 점할 수 있을 것이라는 희망에 크게 투자하고 있다. 미국과 중국 간의 새로운 지정학적 역학관계는 누가 인공지능과 생명공학을 지배하느냐에 대한 경쟁에 의해서 형성될 것으로 보인다. 최근에는 중국이 인공지능(AI) 연구 분야에서 양적으로는 물론 질적으로도 미국을 앞섰다는 분석이 나왔다. 미국 스탠퍼드대학 보고서에 의하면, 2020년 전 세계 주요 학술지에 실린 AI 관련 논문의 인용 실적에서 중국이 처음으로 미국을 제쳤다. 중국 논문 인용은 20.7%, 미국은 19.8%였다. 2000년 중국 논문 인용 실적이 0%, 미국 논문 인용이 40%였던 것과 비교하면 큰 변화다(동아일보 2021).

참고문헌

권복규. 2018. "동아시아 생명의료윤리학 약사: 중국, 타이완, 일본, 한국의 경험." 『생명윤리』 제19건 제2호(통권 제38호). 한국생명윤리학회.

김유선. 2019. "국외 바이오 정책동향." 『국외 바이오 정책동향』 Vol. 61. 생명공학정책연구센터.

김정석. 2021. "해외 바이오 정책동향." 『2021년 국내외 BT 투자 및 정책동향』 Vol. 87. 생명공학정책연구센터.

김정석. 2020. "해외 바이오 정책동향." 『2020년 BT 국내외 정책동향』 Vol. 72. 생명공학정책연구센터.

김종선. 2021. "중국의 바이오 연구개발 및 투자동향." 『2021년 국내외 BT 투사 및 정책동향』 Vol. 87. 생명공학정책연구센터.

김치구. 2019. "중국의 바이오텍 혁신." 『글로벌동향 보고서』 No. 42. 생명공학정책연구센터.

배영자. 2016. "미중 패권경쟁과 과학기술혁신." 『국제·지역연구』 25권 4호. 서울대학교 국제대학원.

서울대학교 국제학연구소. 2021. "미중 기술, 경제패권 경쟁과 한국의 전략적 선택." 『Global Strategy Report』 No. 2021-04. 2021.6.14.

생명공학정책연구센터. 2020.10.27. "2019년 중국의 생명 및 의료 분야 우수성과."

생명공학정책연구센터. 2019.11.14. "암젠, 중국 바이오제약기업 베이진에 27억 달러 투자."

실라 재서노프 저. 박상준 외 역. 2019. 『누가 자연을 설계하는가』. 서울: 동아시아.

임춘광. 2019. "중국 인체유전자기술 법률규제에 관한 고찰." 『LAW & TECHNOLOGY』 제15권 제2호(통권 제80호). 서울대학교 기술과법센터.

조경매. 2020. "중국의 최신 바이오 정책 및 투자동향." 『2020년 국내외 BT 투자 및 정책동향』 Vol. 72. 생명공학정책연구센터.

차민경. 2020. "기로에 선 중국 제약바이오산업." 『글로벌동향 보고서』 No. 59. 생명공학정책연구센터.

차민경. 2019a. "중국의 바이오제약 전략: 미국 산업 경쟁력에 도전할 것인가 보완할 것인가." 『글로벌동향 보고서』 No. 51. 생명공학정책연구센터.

차민경. 2019b. "중국, 미국과 바이오 인텔리전스 우위경쟁." 『글로벌동향 보고서』 No. 53. 생명공학정책연구센터.

한승훈·이현우·홍현정. 2020. "중국 생물안전법에 대한 연구." 『환경법연구』 제42권 1호. 한국환경법학회.

『동아일보』, 2021.8.8.

『중국 인민망 한국어판』, 2021.4.2.

『中國醫藥生物技術』, 2021. "2020年中國醫藥生物技術十大進展." 제1기.

『中國醫藥生物技術』, 2020. "2019年中國醫藥生物技術十大進展." 제1기.

제8장

싱가포르와 한국의 바이오산업과 발전 패러다임

고우정(성신여대)

1. 서론: 4차 산업혁명과 바이오산업

지난 2019년 12월부터 시작돼, 2년 동안 이어진 코로나19(COVID-19)는 전 세계에 엄청난 변화를 일으켰다. 특히 바이오산업은 코로나19를 극복하기 위한 새로운 대응 방안으로 주목받고 있다. 바이오산업은 4차 산업혁명(4IR: Fourth Industrial Revolution) 속에서 새로운 패러다임으로 전환하였다. 4차 산업혁명은 정보통신기술(ICT: Information and Communications Technology)의 융합으로 이루어지는 차세대 산업 혁명으로, 빅 데이터 분석, 인공지능(AI: Artificial Intelligence), 로봇공학, 사물인터넷(IoT: Internet of Things,), 무인 운송 수단, 3D 프린팅, 나노 기술과 같은 7대 분야에서 이루어지는 새로운 기술 혁신을 의미한다(Schwab 2016). 4차 산업혁명 속에서 바이오산업은 디지털과 결합하여 질병의 이해, 예방, 치료 방법의 영역을 확대하고 효율성을 증대시킴으로써 의료산업의 효율화와 기술적 한계를 극복하고 있다(우봉식 2021).

바이오산업은 4차 산업혁명의 핵심 분야로 떠오르면서 전 세계적으로 관심이 집중되고 있다. 바이오산업은 생물체 기능을 이용하여 제품을 만들거나 유전적 구조를 변형시켜 새로운 특성을 만들어 내는 기술을 기반으로 고부가가치를 생산하는 산업이다. 현재 바이오산업은 헬스케어와 환경 분야에 빠르게 적용되면서 산업의 범위와 규모가 점차 확대되고 있다. 시장의 확대로 인해 바이오산업은 다른 분야에 비해 성장 잠재력이 높은 분야이다. 생명공학정책연구센터의 『글로벌 바이오산업 시장의 동향과 전망(20-27)』에 따르면, 코로나19 이후 진단 및 치료 솔루션의 수요 증가로 세계 바이오산업의 시장규모가 2027년 9,114억 달러, 연평균 7.7%씩 성장할 것이라고 전망된다(박민주 2021). 이러한 높은 성장성을 바탕으로 경제협력개발기구(OECD)는 2030년 바이오산업이 경제 성장을 이끄는 핵심 동력으로 자리 잡는 '바이오경제 시대'가 올 것으로 예측하였다. 이는 인간수명이 길어지면서 건강하게 오래 사는 것에 대한 관심은 커졌기 때문이다.

선진국들은 바이오산업에 대대적인 투자와 연구를 진행하고 있으며, 바이오산업의 육성을 위한 국가 전략을 수립하고 있다. 대표적으로 미국은 2015년 1월 개인 맞춤형 질병 예방과 치료를 통한 의료 효과 제고 및 의료비 절감을 위해 '정밀 의료 추진계획(PMI: Precision Medicine Initiative)'을 발표하였고, 2016년 12월 '21세기 치유법안(The 21st Century Cures Act)'을 공포하여 의료바이오 산업의 기술개발과 산업화 촉진을 위한 제도개혁을 단행했다(심선식 2019).

미국은 제도적 기반 아래 바이오산업을 적극적으로 성장시키고 있으며, 코로나19 이후 백신과 진단키트가 중요해지면서 미국의 제약회사들과 의료바이오산업의 경쟁력은 더욱 커지고 있다. 2021년 1분기 시가총액을 기준으로 전 세계 바이오제약회사 상위 10개 중 5개가 미국의 제약회사이다. 시가총액 1위인 J&J(Johnson and Johnson)를 비롯하여, 화이자(Pfizer), 애보트(Abbott), 애브비(abbvie), 릴리(Eli Lilly and Company) 등 미국의 바이오제약회사는 전 세계에 많은 영향을 미치고 있다.[1] 미국 이외에도 스위스, 독일, 영국 등 유럽의 국가들이 바이오제약 산업을 이끌고 있다.

1990년 이후 동아시아 역시 바이오산업에 과감한 투자와 연구를 진행하고 있다. 특히 싱가포르와 한국은 바이오산업 발전에 적극적으로 나서고 있다. 싱가포르는 적극적인 정부의 지원 아래, 해외 자본과 해외 우수 인력을 유치하여 동남아시아 바이오산업의 허브로 부상하였다. 싱가포르는 1998년 지식주도 산업의 글로벌 허브가 되겠다는 비전을 제시하면서 바이오산업을 핵심적으로 육성했다. 한국도 바이오산업 분야에서 가시적 성과를 보이고 있다. 1990년대 생명공학과학을 기반으로 민간기업들은 바이오산업 분야로 진출하였다. 한국은 바이오산업 중 바이오의료에 대한 연구가 활발하게 진행 중이다.

싱가포르와 한국의 바이오산업의 발전과정은 유사한 측면이 있다. 이는 싱가포르와 한국이 국가 주도의 경제발전을 이루었던 국가로서 유사한 산업발전 패러다임을 가지고 있기 때문이다. 하지만 1990년대 이후 정치적 상황이 변화하면서 상황이 달라졌다. 1987년 한국의 민주화 이후 한국은 민주주의 체제가 유지되고 있는 반면, 싱가포르는 여전히 비자유 민주주의에 머물고 있다. 이러한 정치체제의 차이는 두 국가의 바이오산업의 육성과 발전과정에서도 미묘한 차이를 만들어 내고 있다. 싱가포르는 여전히

---

1 2021년 1분기 시가총액을 기준으로 1위는 J&J, 2위는 스위스의 로슈(Roche), 3위는 미국의 화이자, 4위는 미국의 애보트, 5위는 미국의 애브비, 6위는 스위스의 노바티스(Novartizs), 7위는 독일의 머크(Merck and Co inc.), 8위는 미국의 릴리, 9위는 덴마크의 노보 노디스크(Novo Nordisk), 10위는 영국의 아스트라제네카(AstraZeneca plc)이다.

국가 주도의 바이오산업 육성정책을 추진하고 있는 반면, 한국은 민간기업의 투자와 연구를 중심으로 바이오산업이 성장하고 있다. 이로 인해 싱가포르와 한국의 바이오산업은 여러 부분에서 차이점이 발생하게 되었다. 즉, 싱가포르와 한국의 바이오산업은 자본 형태, 경영·관리, 국가(정부)의 역할, 연구 인력, 연구풍토 등에서 다른 특징을 보이고 있다. 이러한 측면에서 본 연구는 싱가포르와 한국의 산업발전 패러다임을 통해 바이오산업의 발전과정 및 정책, 한계점을 설명해 보고자 한다.

2. 싱가포르와 한국의 경제성장과 산업발전: 발전국가와 포스트 발전국가

과거 싱가포르와 한국은 국가가 주도하는 산업발전 정책을 통해 경제를 성장시켰다. 하지만 최근 양국의 산업발전 정책과 패러다임은 차이를 보이고 있다. 싱가포르는 여전히 비자유민주주의라는 정치체제의 변화 없이 국가 주도의 산업육성과 외국계 다국적 기업의 유치를 통해 산업을 발전시킨다는 생각을 가지고 있다. 반면에 한국은 1990년대 이후 국가−사회의 관계 변화와 세계화, 신자유주의의 등장으로 이전의 발전국가 패러다임이 쇠퇴하고 포스트 발전국가의 시각에서 경제 성장을 도모하고 있다. 바이오산업에 있어서도 정부의 지원 아래 민간기업의 투자와 연구로 산업의 양적·질적 성장이 이루어지고 있다. 이러한 측면에서 과거 싱가포르와 한국의 경제 성장을 설명하는 발전국가론과 최근의 한국의 포스트 발전국가론을 통해 양국의 산업발전 패러다임을 설명해 보고자 한다.

1) 동아시아 경제성장과 발전국가론

발전국가론(Developmental State Theory)은 20세기 동아시아의 신흥국가들(ANICs: Asian Newly Industrialized Countries)이 성취한 고도성장의 설명하는 중요한 이론적 틀이다. 발전국가론은 '통치시장 모델(governed market model)'(Wade 1990), '후발산업화 모델(late-industrialization model)'(Amsden 1989), '자본주의 발전모델(capitalist developental model)'(Johnson 1982), '국가주의 모델(statist model)'(Haggard 1990) 등 다양한 용어로 표현된다. 발전국가를 옹호하는 학자들은 국가 산업발전에 있어서의 국가개입(state intervention)을 아시아 신흥 공업 국가들의 성공 요인으로 간주하고 있다(Amsden 1989; Lall 1994; 이용주 2007).

발전국가론자들은 국가의 경제 성장을 위해서는 "국가가 자율성을 유지하면서 국가 전체의 이익을 위해 역할을 해야 한다"고 말한다(Deyo 1987). 또한 국가가 어떻게 효율적으로 개입하여 국가의 산업발전을 이룰 수 있는지에 대해 고민한다. 에반스(Evans 1995)는 국가의 능력은 효율적인 관료체제에 의한 내부적 응집력(internal cohesion)에 의해서 증진될 수 있다고 주장하였다. 즉, 국가와 시장이 결합하여 국가 주도의 산업발전 패러다임 속에서 경제가 성장할 수 있다는 것이다. 하지만 산업발전에 있어 국가개입은 정실(nepotism)과 부정(corruption)을 유발한다는 측면에서 부정적인 견해도 존재한다(Friedman and Frieman 1981; Krueger 1980). 그러나 동아시아 신흥공업국에게 국가 주도의 발전정책은 경제성장의 원동력이었다. 특히 싱가포르와 한국은 효율적으로 국가가 개입하여 고도의 성장을 이룩할 수 있었다.

싱가포르와 한국은 국가 주도의 산업발전 정책을 추진하였고, 산업발전을 담당하는 기구의 내부적 응집력을 통해 탁월한 성과를 보였다. 싱가포르는 경제기획청(EDB: Economic Development Board)을 통해 산업발전을 주도하였다. 싱가포르의 경제기획청(EDB)은 싱가포르 산업발전을 위한 외국자본을 유치하는 역할을 담당하였다. 한국 역시 경제기획원(EPB: Economic Planning Board)이 경제 성장을 주도하였다. 싱가포르와 한국은 산업발전을 담당하는 기구를 통해 국가가 경제에 적극적으로 개입하였고, 이를 바탕으로 경제 성장을 이루어 낼 수 있었다.

2) 발전국가와 싱가포르

1990년대 후반 동아시아의 경제위기 속에서 경제구조의 개혁을 통해 위기를 극복한 한국, 인도네시아 등의 국가와는 달리 싱가포르는 별다른 체제 전환 없이 위기를 관리하였다. 싱가포르는 적극적으로 외국자본을 유치하여 국가 주도의 산업화를 성공적으로 이루어 냈으며, 이러한 산업구조 속에서 경제위기도 극복할 수 있었다(Khoo 2000; Funston 2002; Cotton 2000; 박은홍 2003). 싱가포르가 산업화를 성공적으로 이끌 수 있었던 것은 발전국가의 관료적 응집성과 행정지도의 성과였다(박은홍 2003, 354).

과거부터 싱가포르의 지속적인 고도 경제 성장은 적극적인 국가 개입을 바탕으로 이루어졌다. 특히 싱가포르 정부와 외국자본의 유기적 결합을 바탕으로 외국계 다국적 기업의 투자를 활용하여 경제를 활성화하였다. 경제발전을 기획하고 집행하는 경제기획청(EDB)의 관료체제가 효율적으로 작동되었으며, 내부적 응집력을 바탕으로 산업발전을 주도하였다.

싱가포르의 경제기획청(EDB)이 내부적 응집력을 가지게 된 것은 정치체제와도 무관하지 않다. 싱가포르의 정치체제는 '비자유 민주주의'(Illiberal democracy)로 설명된다. 비자유 민주주의란 형식적으로는 민주주의 체제를 유지하고 있지만, 실질적으로는 자유가 부분적으로만 허용되는 정치체제를 지칭한다. 형식적인 선거를 통해 지도자를 선출한다는 측면에서 민주주의가 유지된다고 볼 수도 있지만, 실질적으로 시민들의 자유가 제한되고 선거 역시 집권당의 권력이 유지되는 형태로 제도화된다.

싱가포르가 '비자유 민주주의'라는 정치체제를 가지게 된 것은 역사적 경험에 기인한다. 1965년 8월 9일 말레이시아로부터 독립한 싱가포르는 독립과 동시에 '생존의 위기'에 직면했다. 독립 당시 싱가포르는 부패와 비능률, 관료기구의 무사안일주의, 붕괴 직전의 경제, 폭발적으로 증가한 실업률에 따른 국민들의 불만 고조, 다종족·다언어 사회에 기인하는 갈등, 좌익세력의 반정부 투쟁에 따른 정치적 혼란 등 최악의 위기 상황을 겪었다(윤진표 2020, 331). 이러한 상황 속에서 집권한 인민행동당(PAP: People's Action Party)은 갈등을 봉합하고 경제를 성장시키는 것을 최우선 과제로 꼽았다. 따라서 인민행동당은 경제 성장과 국가 생존의 목표를 실현한다는 명목하에 반대파와 시민의 자유를 억압하는 것을 정당화할 수 있었다. 이후 싱가포르의 고도의 경제 성장은 인민행동당의 장기적 집권에 대한 정당성을 보장해 주었다.

고도의 성장을 지속했던 싱가포르는 국가 경쟁력, 1인당 국민소득, 국가 신용도 등에서 높은 수준으로 평가받고 있다. 국제경영개발연구원(IMD: International Institute for Management Development) 산하 세계경쟁력센터(WCC: World Competitiveness Center)가 발간한 『국가경쟁력 연감(IMD World Competitiveness Yearbook)』에 따르면, 싱가포르의 국가 경쟁력은 2021년 기준 5위로 평가받고 있다. 2019~2020년에는 1위로 평가받을 정도로, 국가 경쟁력이 매우 우수한 것으로 나타났다. 1인당 국민소득 역시 높은 수준이다. 세계은행(World Bank)에 따르면, 싱가포르의 1인당 국민소득(per capital GDP)은 2020년 기준 59,798달러이다. 2019년 65,651달러에서 소폭 하락하였지만, 이는 코로나19로 인한 경제 상황 때문으로 판단된다. 싱가포르는 국가 신용도에서도 높은 평가를 받고 있다. 미국의 세계 최대의 증권 회사인 메릴린치(Merrill Lynch)에서는 싱가포르를 투자 적격 2위로 평가하였다.

싱가포르는 우수한 국가 경쟁력을 바탕으로 산업발전과 경제 성장을 지속하고 있다. 이러한 국가 경쟁력을 갖게 된 것은 싱가포르의 '비자유 민주주의'라는 정치체제를 바탕으로 국가가 경제 성장에 개입하는 발전국가 패러다임을 가졌기 때문이다. 현재에도 싱가포르는 발전국가 모델 속에서 외국 자본을 적극적으로 유치하여 경제 성장을 활성화하는 데 노력하고 있으며, 이러한 산업구조 속에서 바이오산업 역시 정부 주도로 이루어지고 있다.

3) 포스트 발전국가와 한국

한국의 경제 성장 역시 동아시아 발전국가의 측면에서 이루어졌다. 한국은 1961년 쿠데타로 집권한 박정희 군사독재하에 개발주의 노선을 밟기 시작했다. 박정희 정권은 민주주의와 시민의 자유보다 국가안보와 경제건설을 최우선으로 하는 개발독재 노선을 추구했다. 1961년 7월 22일 경제기획원(EPB)을 설립하여 국가의 경제발전을 위한 종합 계획의 수립·운영과 투자 계획의 조정, 예산의 편성과 집행 관리, 물가 안정 및 대외 경제정책의 조정을 담당하게 하였다. 박정희 정권은 국가 주도의 산업발전과 경제 성장을 통해 군사정권의 독재를 정당화하고자 하였다. 실제로 한국은 발전국가 패러다임 속에서 수출 지향의 산업화 전략을 바탕으로 고도의 경제 성장을 달성하였다.

하지만 한국의 산업발전 패러다임은 1990년대 이후 변화를 보인다. 1987년 민주화 전환 이후 민주주의의 공고화와 시민사회의 성장은 김영삼 정부 시기 포스트 발전국가(post-development state)로의 전환의 기틀을 마련하였다. 포스트 발전국가는 국가-사회관계의 변화, 세계화와 신자유주의의 등장으로 발전국가가 점차 쇠퇴하면서 이전의 발전국가 패러다임이 변화를 갖게 된다는 것을 의미한다.[2] 한국은 1990년대 이후 내부적으로 발전국가 모델의 해체가 진행되는 가운데 1997년 외환위기를 겪게 되었고, IMF의 구조조정에 의해 신자유주의 경제모델로 강제적인 전환이 이루어졌다(윤상우 2020, 160-161).

1994년 12월 23일 경제발전의 중추 역할을 담당했던 경제기획원(EPB)이 재무부와 통합하여 재정경제원으로 개편되면서 폐지되었고, OECD(경제협력개발기구: Organization for Economic Co-operation and Development) 가입요건을 맞추기 위해 금융·외환 자유화 정책이 추진되었다. 또한 재벌경영의 문제점 등이 하나씩 드러나는 상황은 내부적 혼란을 야기하였다. 이러한 상황 속에서 1997년 12월 사상 초유의 외환위기가 발생하면서 IMF에 의한 강제적 구조조정이 단행되었다. IMF의 구조조정은 신자유주의 정책으로의 전환을 의미하였다. 신자유주의 정책의 일환으로 거시경제 긴축(고금리와 통화·예산 긴축), 자본·외환·무역의 완전자유화, 금융·기업·노동·공공 등 4대 구조조정이 이루어졌다(윤상우 2018). 거시경제 긴축 정책은 지

---

2 신자유주의란 시장에 대한 국가의 제한이라는 자유방임주의를 인정하면서, 문제가 발생하였을 경우에 시장 스스로 자체수정이 가능하고 자원을 효율적으로 분배할 수 있으며, 공적 이익에 부합한다고 전제한다. 고전적 자유주의와 달리 시장의 자생적 질서를 인정하고 있다(브래머 2011).

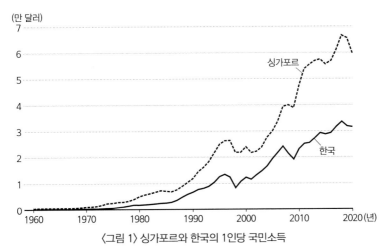

〈그림 1〉 싱가포르와 한국의 1인당 국민소득

출처: World Bank 홈페이지 www.worldbank.or

속되지 못했지만, 자본·외환·무역의 완전자유화, 금융·기업·노동·공공은 이후에도 지속되었고, 이를 통해 한국은 신자유주의적 경제가 유지되고 있다. 이에 따라 국가가 개입하여 산업발전을 주도했던 과거와 달리 현재의 한국은 자유시장에서의 경쟁을 바탕으로 산업발전을 도모하고 있다.

1960~1970년대 발전국가의 시기만큼의 급속한 경제 성장은 이루어지고 있지 않지만, 한국은 여전히 성장하고 있다. 한국은 아시아 국가 중에서 국가 경쟁력, 1인당 국민소득 등에서 꾸준한 성장세를 보이고 있다. 『국가경쟁력 연감』에 따르면, 한국의 국가 경쟁력은 꾸준히 상승하고 있으며, 2021년 기준 23위로 평가받았다. 세계은행에서 발표한 한국의 1인당 국민소득 역시 지속적으로 상승하면서 3만 달러를 넘어섰다. 2019년에 비해 다소 하락하기는 했지만, 2020년 기준 31,489달러를 기록하였다.

한국은 포스트 발전국가 패러다임 속에서도 성장을 거듭하고 있지만, 과거의 영광에 비교해 보면 경제적 동력이 많이 약화된 상황이다. 따라서 신자유주의의 가치와 자유민주주의 정치체제 속에서 4차 산업혁명의 기술 경쟁력을 바탕으로 신산업을 창출해야 한다. 주력 산업과 제조업이 위기에 직면한 지금, 바이오산업은 한국의 신산업 창출이 가능한 분야이다. 이러한 측면에서 최근 한국 정부는 바이오산업에 대한 적극적인 지원을 약속했다. 한국은 세계적 수준의 바이오산업 연구 역량을 바탕으로 혁신적 제품 개발을 통해 글로벌 시장 선점을 노려야 한다. 특히 코로나19로 바이오 의료산업의 가치는 더욱 중요해지면서, 바이오산업에 대한 적극적이고 포괄적인 투자와 연구가 이루어져야 할 것이다.

3. 싱가포르와 한국의 바이오산업

싱가포르와 한국은 발전국가론의 시각에서 경제를 성장시켰다. 싱가포르는 외국계 다국적 기업들의 투자를 통해 경제를 활성화시켰고, 동아시아의 경제 허브로 성장하였다. 독립 당시 자원, 자본, 기술이 충분하지 않았던 싱가포르로서는 외국자본의 유치가 산업발전에 유일한 길이었다. 싱가포르의 산업발전 패러다임과 정책은 바이오산업에 있어서도 동일하게 나타난다. 싱가포르는 바이오산업을 육성하기 위해 외국자본의 투자 유치와 우수한 외국 인재를 유입하는 정책을 펼치고 있다. 한국 역시 1990년대 이후 포스트 발전국가를 바탕으로 새로운 성장 동력을 얻기 위해 바이오산업을 육성하고 있다. 국내 연구 인력의 세계적 수준의 기술력을 통해 바이오산업에서의 경쟁력을 확보하려고 노력하고 있다.

1) 싱가포르의 바이오산업

(1) 싱가포르의 바이오산업 발전과정 및 특징

싱가포르의 산업발전은 싱가포르 정부와 외국자본의 유기적 결합에 의하여 이루어졌다(이용주 2007a, 331). 1961년 경제발전을 기획·집행하는 국가기관인 경제기획청(EDB)을 수립한 이후, 여전히 경제기획청(EDB)은 산업발전을 주도하고 있다. 경제기획청(EDB)은 주로 외국계 다국적 기업의 투자 유치의 역할을 담당한다. 싱가포르 산업발전에 있어 외국자본의 유치는 무엇보다 중요하므로, 경제기획청(EDB)은 싱가포르의 산업발전에 있어 핵심기구로 볼 수 있다. 경제기획청(EDB)에 기반한 싱가포르의 산업발전 정책노선은 모든 산업 육성에도 영향을 미쳤다. 싱가포르의 주요 산업 분야는 외국자본과의 유기적 결합을 통해 성장하였다.

1990년대 이후 바이오산업의 시장규모가 커지면서, 싱가포르는 국가 차원에서 바이오산업을 대대적으로 육성하기 위해 노력하고 있다. 싱가포르 정부는 1998년 지식주도 산업의 글로벌 허브가 되겠다는 비전을 바탕으로 바이오산업을 핵심적으로 육성했다. 특히 싱가포르는 아시아의 바이오산업의 허브로 역할하기 위해 장기적 차원에서 정부가 적극적인 정책을 펼치고 있다. 1999년 경제기획청(EDB)은 제약, 의료기기, 의료 서비스, 생명공학(biotechnology)을 주축으로 하는 지식 집약적(knowledge driven) 바이오산업의 발전을 육성하고 있다(이용주 2007a, 334-335). 이를 위해 경제기획청(EDB)은 공공연구를 관리하기 위해 설립된 NSTB(National Science and Technology Board)를 대폭 개편하여, 과학기술청(A*Star: Agency for Science, Technology and Research)을 설립하였다.

과학기술청(A*Star)은 바이오산업 육성을 위한 인프라 형성을 통해 세계적 수준의 연구를 담당하고 있다. 1987년 설립된 싱가포르 국립대(NUS: National University of Singapore)의 분자 및 세포 생물학 연구소(IMCB: Institute of Molecular and Cellular Biology)를 지원하고, 1996년 이후 바이오산업 연구를 위한 생물의학 연구위원회(BMRC)와 산하의 여러 연구소를 설립하여 지원하고 있다. 생물의학 연구위원회(BMRC)는 싱가포르 공공 연구 자금 지원 기관이며, 연구 수행자 역할을 담당하고 있다. 특히 생물의학 산업의 발전과 성장을 지속하면서, 공공 부문 R&D를 활용하여 싱가포르에서 기업 R&D 및 혁신 활동의 성장을 지원하기 위해 차별화된 제안과 훈련된 인력을 창출하고 있다. 또한 제약, 생물학, 의료 기술, 영양 및 개인 관리 산업 전반을 지원하고 있다(A*Star 홈페이지 https://www.a-star.edu.sg, 검색일: 2021.9.10). 이와 함께 과학기술청(A*Star)은 산하에 10개의 연구소를 운영하고 있다. 과학기술청(A*Star) 산하에는 A*STAR 감염병 연구소(A*STAR Infectious Disease Labs), 생물정보학연구소(BII: Bioinformatics Center), 바이오프로세싱 기술 연구소(BTI: Bioprocessing Technology Institute), 싱가포르 게놈 연구소(GIS: the Genome Institute of Singapore), 생물 공학 및 생물 영상 연구소(IBB: Institute of Bioengineering and Bioimaging), 분자 및 세포 생물학 연구소(IMCB: Institute of Molecular & Cell Biology), 싱가포르 면역 네트워크(SIgN: Singapore Immunology Network), 싱가포르 임상 과학 연구소(SICS: Singapore Institute for Clinical Sciences), 싱가포르 식품 및 생명공학 혁신 연구소(SIFBI: Singapore Institute of Food and Biotechnology Innovation), 싱가포르 피부 연구소(SRIS: Skin Research Institute of Singapore) 등이 있다(A*Star 홈페이지 https://www.a-star.edu.sg, 검색일: 2021.9.10).

싱가포르 정부는 바이오산업 육성정책과 함께 외국계 다국적 기업의 유치에도 적극적으로 나섰다. 외국계 다국적 기업의 유치를 위해 대폭적인

연구소 이름	주요 연구 분야
A*STAR 감염병 연구소 (A*STAR Infectious Disease Labs)	새로운 감염의 위협에 대한 국가의 대비 및 방어를 강화하기 전염병 연구를 중점적으로 진행하고 있으며, 특히 벡터 매개 질병, 호흡기 질환, 항균 저항, 전염병 대비 등을 연구
생물정보학연구소(BII)	생물학적 현상의 기초가 되는 생체 분자 메커니즘을 이해하기 위한 이론적 접근 및 계산 방법의 개발, 생화학적 방법으로 유전자 및 단백질의 예측된 분자 및 세포 기능의 실험적 검증에 중점
바이오프로세싱 기술 연구소 (BTI)	바이오프로세스 과학 및 엔지니어링 분야의 핵심 전문 지식을 갖춘 연구기관으로 생물학적 제제, 세포 및 유전자 치료, 배양육의 혁신을 가속화할 수 있는 통합 역량을 보유
싱가포르 게놈 연구소(GIS)	유전정보를 활용하여 파킨슨병 및 암 치료를 위한 연구를 진행
생물 공학 및 생물 영상 연구소 (IBB)	생물 공학을 통해 건강, 의료 및 지속 가능성 문제를 해결하고 질병 예방, 진단 및 치료의 발전을 촉진하기 위해 새로운 기술과 엔지니어링 솔루션을 개발
분자 및 세포 생물학 연구소 (IMCB)	분자 및 세포 생물학을 연구함으로써 생물의학 연구, 개발 및 혁신을 위한 국제 허브로 전환하는 데 촉매 역할
싱가포르 면역 네트워크(SIgN)	감염성 질환, 암 및 면역 기능 장애에 중점을 둔 면역학 R&D 연구를 수행
싱가포르 임상 과학 연구(SICS)	다양한 임상 과학 실험을 담당
싱가포르 식품 및 생명공학 혁신 연구소(SIFB)	식품, 영양, 공중 보건, 생명 공학, 제조, 농식품 기술 및 안전 연구를 수행
싱가포르 피부 연구소(SRIS)	상처 치유, 피부 미생물군집, 아토피 피부염, 피부 노화 및 기타 피부 감염 및 장애에 중점

출처: A*Star 홈페이지를 참고하여 저자 구성

세금감면 혜택을 주었고, 싱가포르 국립대 근처에 바이오폴리스(Biopolis)를 건설하여 인프라를 확충하였다. 바이오폴리스(Biopolis)에서는 생물의학 연구 및 개발 활동을 위한 공간이 제공되고 있으며, 민간 및 공공 과학 커뮤니티 간의 협력이 추진되고 있다. 이러한 혜택으로 싱가포르는 외국계 다국적 기업의 유치에 성공하였으며, 이를 바탕으로 싱가포르의 바이오산업의 고용창출이 지속적으로 보장되고 있다. 결과적으로 외국계 기업의 유치를 통해 산업발전의 성장기반이 강화되고 있다.

싱가포르 정부가 바이오산업에 외국자본을 적극적으로 유치한 이유는 생명과학산업에 대한 경험이 부족했기 때문이다. 생명과학산업은 대표적인 'High risk, High-return' 산업으로 위험성이 큰 반면, 성과가 매우 높다. 실제로 바이오산업을 통해 수익을 얻기는 쉽지 않다. 제약 산업의 경우에도 트렌드에 부합하지 않는 신약은 기술수출 및 개발 성공에 따른 수익 창출의 가능성이 낮다. 또한 트렌드에 맞는 신약 역시 타사에서 개발 중인 경우가 많기 때문에, 수익 창출로 이어지기는 어렵다.

바이오산업이 갖는 위험성 때문에 싱가포르 정부는 바이오산업에서 외국자본과의 협업을 구상할 수밖에 없었다. 특히 싱가포르는 바이오산업에 대한 연구 경험이 부족하여 단독으로 바이오산업을 육성하는 데는 무리가 있었다. 이러한 측면에서 싱가포르 정부는 외국자본의 유치, 특히 글로벌 제약회사를 유치하여 바이오산업을 육성하였다. GlaxoSmithKline, Novartis, Takeda 등 글로벌 제약회사들은 세계 주요 물류허브이자 지적재산권 보호 시스템이 잘 갖춰져 있는 싱가포르를 제조기지로 활용하고 있다. 글로벌 제약회사를 유치함으로써 싱가포르는 높은 수익성 창출을 보장받고 있으며, 이러한 수익성을 기반으로 다른 분야의 연구 및 투자를 활발하게 진행하고 있다. 특히 의료바이오 기술 및 질병 등을 연구하는 데 집중하고 있다.

싱가포르 정부는 바이오산업을 육성하기 위해 외국자본의 유치와 함께 경험이 많은 해외 우수한 인재를 영입하는 데 적극적인 노력을 기울였다. 바이오산업은 연구 경험이 많고 연구를 주도할 수 있는 전문 인력의 확보 여부가 성패를 좌우한다고 볼 수 있다. 이에 싱가포르 정부는 과학기술청(A*Star) 산하의 연구소를 통해 대규모의 연구자금을 지원하는 정책을 펼치고 있다. 과학기술청(A*Star)이 제공하는 연구자금은 크게 4가지로, 초보 연구자에게 지급되는 종자연구자금(seed funding), 수준급의 연구에 지급되는 프로그램 연구자금(program grants), 학문 간 공동연구에 지급되는 공동연구자금(co-operative grants), 전략적으로 중요한 연구에 지원되는 심층연구자금(core competence grants) 등이 있다(A*Star 홈페이지 https://www.a-star. edu.sg 검색일: 2021. 9. 10). 이러한 연구자금 지원 정책은 바이오산업 연구를 위한 해외의 우수한 인재를 영입하는 데 성공할 수 있는 바탕이 되고 있다.

(2) 싱가포르의 바이오산업의 한계

싱가포르 경제 성장의 동인은 외국자본의 유입이다. 싱가포르는 토착 자본의 축적과 기술의 발전 없이 글로벌 기업들의 투자를 유치하고 우수한 인재를 영입하여 경제 성장을 이루었다. 실제로 싱가포르 경제에서 다국적 기업의 비중은 상당하다. 다국적 기업은 고용의 50% 이상을 차지하고 있으며, 제조업의 경우 투자의 70% 이상을 담당하고 있다(이용주 2007b, 109). 이러한 싱가포르의 경제의 기형적 구조는 바이오산업에도 그대로 나타난다.

싱가포르 바이오산업은 외형적으로는 상당한 발전을 이루어 냈다. 10여 년간 싱가포르의 연구기관은 괄목할 만한 연구 성과를 내놓았으며, 세계적 수준의 연구 결과물을 선보였다(오철우 2004; 이용주 2007a, 12). 하지만 이러한 연구들 중 상당수가 외국 인재들에 의해 진행된 것이다. 또한 싱가포르 국내 인력의 연구조차 선진국의 연구소들과 공동연구의 형태로 진행된 경우가 많았다. 이는 바이오산업의 국내 연구 인력이 부족하기 때문이다. 싱가포르 정부가 바이오산업을 육성하기 위해 해외의 인재를 영입하는 데 집중한 결과, 국내 연구 인력을 지원하는 데는 다소 부족한 측면이 있었다. 이러한 구조적 특징으로 인하여 바이오산업은 지나치게 외국자본과 인재에 의존하는 경향이 있다. 따라서 외국자본과 인력이 지금처럼 원활하게 공급되지 않는 상황이 발생한다면 바이오산업에 큰 타격을 받을 수 있다. 외국자본과 인력에 의존하는 산업구조를 바꾸지 않는 이상, 바이오산업의 육성과 발전은 외국자본과 인력에 의해 좌우된다고 볼 수 있다.

싱가포르 바이오산업은 정치체제의 경직성으로 정보의 투명성과 공유가 부족하다는 한계점도 보인다. 싱가포르는 '비자유 민주주의' 국가로 권위주의 체제로 운영되고 있다. 이러한 권위주의적 정치체제는 연구자들의 자유로운 연구를 방해한다. 자유로운 연구풍토는 연구의 질적 수준 향상에 매우 중요한 요소이다. 하지만 싱가포르는 정치체제의 경직성으로 연구자들의 자율권이 보장받지 못하는 구조이다. 또한 원활한 연구를 진행하기 위해 필요한 정보의 투명적인 공개와 공유가 불가능한 상황이다. 이러한 정치체제의 경직성은 해외 인재에 바이오산업 연구를 의존해야 하는 싱가포르에게는 장애 요소가 되고 있다.

2) 한국의 바이오산업

(1) 한국의 바이오산업 발전과정 및 특징

한국의 산업발전은 발전국가의 시각에서 국가 주도로 이루어졌다. 특히 1961년 설립된 경제기획원(EPB)을 중심으로 경제정책을 추진하였다. 경제기획원(EPB)은 경제정책을 총괄하는 컨트롤타워 역할을 하였으며, 경제개발 5개년 계획 및 국가 자원의 배분 등을 통해 1960~1970년대 한국 경제개발을 주도하였다. 또한 경제기획원(EPB)은 우수한 경제 인재를 발굴하고 육성하기 위해 재정적 지원을 하였다. 이렇게 육성된 인재들은 훗날 그

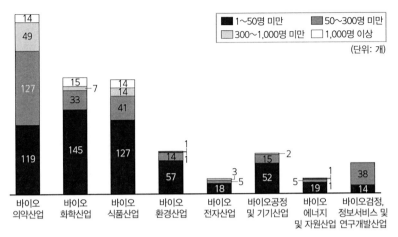

〈그림 2〉 한국의 바이오산업의 분야별 종사자 규모

출처: 이은정 2015, 2

린벨트 설치, 부가가치세 도입, 의료보험과 같은 전문성 있는 제도들을 시행하는 데 큰 도움이 되었다(김동호 2012, 138-143). 경제기획원(EPB)은 주로 재벌의 투자를 이용하여 경제발전을 주도하였다. 재벌기업에 세금감면 등의 혜택을 주어 재벌기업에 의해 경제 성장을 촉진할 수 있도록 지원하였다. 이러한 경제구조는 바이오산업 발전에도 영향을 미쳐 현재에도 대기업이 바이오산업을 발전시키는 주체가 되고 있다. 2000년대 벤처 기업들이 바이오산업에 뛰어들고 있지만, 여전히 대기업들의 비중도 높은 편이다.

1990년대 이후 한국은 바이오산업을 적극적으로 육성하고 있다. 주력 산업과 제조업의 수익 창출이 어려운 시기, 바이오산업은 한국의 새로운 수익 창출이 가능한 분야이다. 한국 정부는 의약, 화학, 식품, 환경, 전자, 공정 및 기기, 에너지 및 지원, 바이오검정, 정보서비스 및 연구개발 산업 등 총 8개 분야를 바이오산업으로 규정하고 지원정책을 펼치고 있다. 이 중 가장 핵심적으로 육성하고 있는 분야는 바이오 의약산업이다.

바이오산업에서 의약산업이 차지하는 비중은 각 발표 자료마다 차이를 보이지만, 전체 시장의 60~90%까지 차지하고 있다. 산업자원부와 한국바이오협회가 공개한 2019년 기준 『국내 바이오산업 실태조사 결과보고서』에 따르면, 한국 바이오산업의 내수 규모는 3.2조원이며, 국내업체 생산 규모는 4.2조이다. 바이오 의약산업의 국내 생산실적은 4조 2,399억 원으로 이 중 국내 판매는 1조 6,236억 원, 수출은 2조 6,152억 원으로 수출이 국내 판매액보다 약 1조 원 더 많다. 전체 바이오 시장규모는 국내 생산(국내 판매+수출)은 12조 3,235억 원, 국내 내수 시장규모는 7조 5,755억 원이다. 한국의 바이오산업에서 가장 큰 비중을 차지하는 것은 바이오 의약산업(49.4%)이다. 2020년 의약품 및 의료기기 분야에서는 사상 처음으로 연간 100억 달러 수출을 달성하기도 했다. 2020년 10월 기준 누적 수출액은 107억 7,000만 달러였으며, 같은 기간 신약 기술수출도 9조 원에 달하고 있다. 이러한 바이오 의약산업의 성장 속에서 한국 제약 산업은 꾸준한 성장을 보이고 있다.

현재에도 바이오 기술을 이용한 의약품 개발연구가 진행되고 있으며, 다양한 신약 개발에 대한 임상실험이 이루어지고 있다. 한국에서는 동아제약과 LG화학 등에서 독자적인 동물세포 배양법을 이용하여 빈혈치료제를 개발함으로써 바이오신약 생산의 기반기술을 확보한 것을 시작으로 다수의 바이오 벤처 기업에서 제약회사와의 협업을 통해 바이오신약 개발을 진행하고 있다. 이러한 상황 속에서 최근 한국 정부는 바이오헬스 분야 주요 기업 36곳과 벤처 기업 5곳을 2023년까지 10조 원 규모로 지원하기로 결정하였다. 삼성바이오로직스, 셀트리온 등 바이오헬스 분야의 주요 기업들에게 2023년까지 대규모의 투자 지원을 결정한 것이다. 산업통상자원부는 개별 기업 투자를 통해 바이오산업 전반의 성장으로 연결되는 선순환 구조를

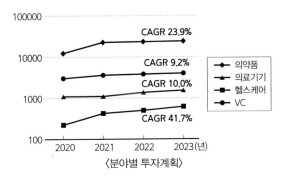

〈분야별 투자계획〉

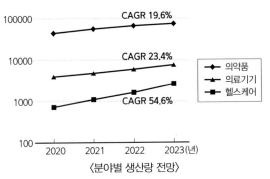

〈분야별 생산량 전망〉

〈그림 3〉 한국의 바이오 분야별 투자계획 및 생산량 전망

출처: 산업통상자원부 2020, 2

만들기 위해 '바이오헬스 산업 사업화 촉진 및 기술 역량 강화를 위한 전략'을 수립하였다. 이에 따라 바이오헬스 분야 연구개발(R&D) 예산을 2020년에 비해 약 30% 확대된 1조 7,000억 원으로 편성했다(산업통상자원부 2020). 바이오산업 지원이 성공적으로 이행되면 연평균 약 20%의 생산 증가와 9,300명 가량의 신규 고용이 창출될 것으로 기대된다.

한국의 바이오산업은 국내 인력을 중심으로 연구가 수행되고 있다. 국내 대학의 바이오 관련학과의 학·석·박사 졸업생은 매년 약 5만 7천 명 수준으로, 바이오 관련 학과의 졸업생 수는 지속적으로 증가하는 추세이다.

〈표 2〉 바이오 관련 학과 졸업생 현황(단위: 명, %)

대분류	소분류	학사	석사	박사	계	
자연과학 계열	농림수산바이오	645	130	51	826	1.4
	임상보건	15,941	166	34	16,141	28.0
	식품영양학	8,273	602	88	8,963	15.6
	약학	2,482	671	262	3,415	5.9
	생명과학	8,416	1,932	1,037	11,385	19.8
	의과학	–	162	143	305	0.5
의학계열	의료	3,424	3,498	1,517	8,439	14.7
공학계열	의공학	1,585	169	53	1,807	3.1
	생명공학	4,944	939	404	6,287	10.9
총계		45,710	8,269	3,589	57,568	100.0

출처: 기획재정부 2020, 3

특히 바이오산업 종사자의 경우 석사 이상의 학력 비율이 25%로 매우 높았으며, 학사 이상의 학력 역시 총 종사자의 65% 이상으로 고학력을 요구하는 산업으로 조사되었다(이은정 2015, 2). 대학(학부) 졸업생 수는 2019년 기준, 5년 새 3.5% 증가하였고, 석사 졸업생 수는 2.0%, 박사 졸업생 수는 9.0% 증가하였다.

한국의 바이오 관련 학과의 졸업생 현황을 살펴보면, 임상보건이 28%로 가장 높은 비율을 차지하고 있고, 생명과학(19.8%), 식품영양학(15.6), 의료(14.7%), 생명공학(10.9%)이 뒤를 이었다. 대학 인력 배출 규모가 많은 임상보건과 의료 졸업자가 대부분 임상 진료 직종에 집중한다고 볼 때, 제약·바이오 등의 산업계 진출은 부족하다고 볼 수 있다. 주요 바이오기업 종사자의 출신학과를 조사한 결과 역시 생명과학(53%) 생명공학(21%) 전공자가 대다수를 차지하고 있었다.

(2) 한국의 바이오산업의 한계

한국 바이오산업은 민간기업들의 과감한 투자와 연구, 그리고 정부의 지원 아래 꾸준히 성장하고 있다. 하지만 정부의 지원정책에도 불구하고 국내 바이오산업의 연구 성과를 상용화하는 것에는 많은 제약과 어려움이 뒤따르고 있다. 특히 바이오 의료분야에서 연구 성과를 상용화하는 것에 어려움을 겪고 있다. 가장 큰 문제점은 바이오의료 시장에서 한국의 신약 기술 경쟁력이 선진국에 비해 부족하다는 것이다. 그동안 바이오산업 분야에 지속적이고 꾸준한 연구를 진행해 온 선진국에 비해 한국의 바이오 산업화 전략은 상대적으로 늦은 것이 사실이다. 빠르게 변화하는 4차 산업혁명 시기, 바이오산업의 후발주자인 한국은 국내 연구 성과를 상용화하는 데 어려움을 겪을 수밖에 없다. 한국 제약회사의 신약의 상용화는 더디게 진행되고 있으며, 이는 전임상 및 임상 단계에서 임상시험 후반기를 담당할 기업의 역량이 취약하기 때문이다. 임상시험 후반기의 취약성을 극복하기 위해서는 임상 단계의 국제 규격에 따른 신뢰성 확보 및 전략적 협력 제휴가 요구되고 있다. 또한 바이오의약품의 높은 가격도 시장의 상황에 맞춰 경쟁력을 가져야만 한국 신약의 상용화가 가능할 것으로 전망된다.

한국 바이오산업의 또 다른 한계점은 바이오산업을 이끌 연구 의사(의사과학자)가 부족하다는 것이다(기획재정부 2020, 1). 우수 인재가 의과대학에 유입되고는 있으나, 환자 진료에 집중하는 의사가 대부분인 상황 속에서 바이오산업에 대한 연구만을 전담하는 의사가 부족하다. 2020년 기준 의대 졸업생 중 기초분야 연구자는 2% 미만에 불과하다. 연구의사의 부족으로 바이오의료 분야의 기업 수요가 충족되지 못하는 상황 속에서 채용수요에도 불구하고 적임자를 찾지 못해 미충원되는 사례가 나타나고 있다. 실제로 바이오 관련 학과의 졸업생들의 양적 규모는 꾸준히 증가하고 있지만,

대학 인력배출 규모가 많은 의료, 임상 보건 분야의 졸업자는 대부분 임상 진료 직종에 집중하여, 제약 혹은 바이오 등의 산업계 진출은 부족한 상황이다. 즉, 기업 현장과의 연계성 부족으로 기업에서 실제로 활용할 수 있는 인재가 부족한 '스킬 미스매치' 현상이 나타나는 것이다(기획재정부 2020, 5). 따라서 바이오산업의 연구를 전담하는 의사를 비롯하여 바이오산업 기업의 인재 충원에 많은 노력을 기울여야 한다. 바이오 관련 학과의 졸업생 중에서 제약 혹은 바이오 등의 산업계 진출을 할 수 있는 인재 육성에 정부의 노력이 필요하다.

바이오산업, 특히 바이오 의료산업은 높은 수익성을 가져올 수 있는 분야이다. 바이오의약품을 개발한 기업과 국가에 엄청난 이익을 가져올 것이다. 그러나 한국은 우수한 바이오 기술에도 불구하고 연구시설, 투자 규모, 연구 성과 부족과 연구 상용화의 어려움 등으로 선진국에 비해 경쟁력이 부족하다. 따라서 정부 차원에서 바이오산업을 육성하기 위해 법적·제도적 지원이 이루어져야 하며, 체계적인 인재육성시스템을 바탕으로 우수한 인력을 키워 내야 한다. 이를 위해서는 정부의 적극적이고 지속적인 투자가 필요할 것이며, 바이오산업 연구에 대한 자금 지원 등 국내 실정에 맞는 전략과 정책을 제시해야 할 것이다.

4. 싱가포르와 한국의 바이오산업 발전 패러다임

1960~1970년대 싱가포르와 한국은 유사한 산업발전 패러다임 속에서 경제 성장을 이룩했다. 발전국가의 측면에서 국가가 개입하여 산업을 발전시켰고, 경제를 성장시켰다. 하지만 1990년대 이후 한국이 포스트 발전국

가의 측면에서 산업을 발전시키면서 싱가포르와 한국의 산업발전 패러다임은 차이를 보이고 있다. 발전국가와 포스트 발전국가라는 패러다임의 차이로 인하여 산업발전 양상이 달라진 것이다. 이러한 측면에서 싱가포르와 한국의 바이오산업 발전 패러다임도 극명한 대조를 보인다.

　싱가포르는 경제 성장의 동력을 발전국가의 시각에서 정부와 외국자본의 유기적 결합에 두고, 바이오산업 역시 정부 주도의 외국자본 투자 유치를 통해 성장시켰다. 뿐만 아니라 바이오산업의 육성을 위해 해외의 우수한 인재를 적극적으로 등용하여 선진국과의 공동연구를 진행하였다. 이를 통해 세계적 수준의 연구성과물을 만들어 냈지만, 국내 연구 인력을 육성하지 못했다는 한계점을 보인다. 바이오산업을 운영하는 기업의 경영 역시 해외 전문 경영인에 의존하고 있다. 외국자본, 외국인 연구 인력, 해외 전문 경영인 등 싱가포르의 바이오산업은 지나치게 대외 의존적이다.

　싱가포르는 '비자유 민주주의'라는 정치체제의 특성으로 바이오산업 발전의 경직성을 보인다. 권위주의적 정치체제로 인하여 정보 제공의 투명성과 연구자의 자율성이 제대로 보장받지 못한다. 이러한 권위주의적 정치체제는 궁극적으로 외국자본의 투자를 감소시킬 수 있는 불안 요소이다. 외국자본의 경우, 국내 정치의 안정적 상황을 투자의 중요한 요소로 보고 있다. 현재까지 싱가포르는 권위주의적 정치체제임에도 불구하고 정치 상황을 비교적 안정적으로 유지하고 있다. 하지만 국내 정치가 불안정해진다면 언제든 외국자본의 투자가 어려워질 수 있다. 만약 국내 정치의 불안정한 상황 속에서 외국자본의 유입이 힘들어지는 상황이 발생한다면, 대외 의존적인 싱가포르의 산업의 특성으로 인하여 싱가포르의 전반적인 경제 상황이 악화될 가능성도 존재한다.

　반면에 한국은 민간 자본이 주도적으로 바이오산업을 발전시키고 있다.

〈표 3〉 싱가포르와 한국의 바이오산업 발전 패러다임 비교

	싱가포르	한국
자본 형태	외국 자본의 투자에 의존	국내 자본(대기업 및 벤처기업)
경영/관리	해외 전문 경영인에 의존	국내 전문 경영인
국가(정부)의 역할	국가가 바이오산업 발전을 주도	민간기업이 바이오산업 발전을 주도
연구 인력	해외의 우수한 인재 영입	국내 연구 인력 중심
연구 풍토	경직성, 정보공개의 투명성 부족, 연구자의 자율성 보장받지 못함.	자유로운 분위기, 정보공개의 투명성 보장, 연구자의 자율성 보장.

출처: 이용주 2004, 143을 바탕으로 저자 재작성

정부의 지원정책도 이루어지고 있지만, 대기업과 벤처 기업 등의 민간기업이 바이오산업 발전의 동력이라고 볼 수 있다. 이러한 바이오산업의 구조적 특성으로 한국은 연구 인력, 기업의 경영 역시 국내 인력을 적극적으로 활용하고 있다. 연구 인력 대부분은 국내의 바이오 관련 학과의 졸업생들로 채용되고 있으며, 바이오산업을 운영하는 기업 역시 국내 전문 경영인에 의해 운영되고 있다. 물론 바이오 관련 학과 졸업생들의 취업이 편향되어 있지만, 국내 연구 인력이 꾸준히 증가한다는 것은 긍정적으로 볼 수 있다.

한국은 자유민주주의 정치체제를 바탕으로 바이오산업을 발전시키기 위한 자유로운 분위기를 조성하고 있다. 바이오산업 관련 정보가 투명하게 제공되고 있으며, 관련 연구자들의 자율성과 독립성이 보장된다. 이러한 자유로운 분위기 속에서 과감하고 실험적인 연구가 나올 수 있으며, 이를 바탕으로 한국의 바이오산업의 연구는 활발하게 진행되고 있다.

싱가포르와 한국의 바이오산업의 발전 패러다임은 자본 형태, 경영/관리, 국가(정부)의 역할, 연구 인력, 연구 풍토 등의 모든 분야에서 대조를 보인다. 싱가포르가 지나치게 대외 의존적인 데 반하여, 한국은 자립적으로 바이오산업을 발전시켜 왔다(이용주 2004, 142-143). 대외 의존적인 산업구

조는 언제든 외국자본이 유입되지 않을 경우, 성장 동력을 잃을 수 있다. 또한 경직적이고 자율성이 보장되지 않는 연구풍토에서 도전적인 연구성과물이 나오기 어렵다. 이러한 측면에서 싱가포르의 바이오산업은 위험 요소를 가지고 있다고 보여진다. 반면에 한국의 바이오산업은 발전가능성의 측면에서 긍정적인 요소가 많다. 아직은 한국이 바이오산업 인프라의 확충과 연구 성과 부족 등으로 인하여 세계적 수준으로 성장하지 못하고 있는 것은 사실이다. 하지만 자립적인 발전과정 속에서 지속적이고 체계적인 산업 육성 정책이 추진된다면, 세계적 수준으로 성장할 가능성은 충분할 것이다.

5. 결론

전 세계적으로 바이오산업은 사회 변화와 미래 전망의 핵심 분야로 자리 잡고 있다. 특히 헬스케어와 환경 분야에서 바이오산업은 그 대응방안의 중심에 있다. 4차 산업혁명에 따른 기술 혁신으로 바이오산업은 성장 가능성이 더욱 커지고 있으며, 데이터와 AI를 중심으로 기술 혁신이 이루어지면서 바이오산업은 급속하게 변화되고 있다. 특히 의료분야에서는 화학 합성의약품에서 바이오의약품 중심으로 제약시장이 재편되고 있고, AI와 로봇 등 융복합 의료기기 시장이 급성장하고 있다(기획재정부 2020, 1).

바이오산업의 중요성이 커지면서 국가별로 바이오산업의 육성을 위한 정책이 이루어지고 있으며, 이를 바탕으로 시장이 확대되고 있다. 실제로 글로벌 의약품 시장에서 상위 20개 제품의 매출액이 전체 시장의 10%를 차지하고 있으며, 바이오화학의 경우 전 세계 화학 시장규모의 10%를 넘는 것으로 전망되었다. 향후에도 바이오산업은 고부가가치의 수익성이 높은 산업으로 전망되고 있어, 꾸준히 성장할 것으로 전망된다.

바이오산업의 장밋빛 전망으로 많은 국가들이 바이오산업을 육성하기 위한 국가 전략을 수립하고 있다. 싱가포르와 한국도 예외는 아니다. 싱가포르는 국가 주도로 바이오산업 육성을 위한 외국자본의 유치에 적극적으로 나서고 있으며, 한국은 민간기업의 연구 및 기술개발을 토대로 정부의 지원의 규모를 확대하고 있다. 싱가포르는 외국자본과 인재를 영입하여 바이오산업의 인프라 구축과 세계적 수준의 연구 성과를 올려 바이오산업의 동아시아 허브가 되었다. 하지만 싱가포르는 지나친 대외의존도와 권위주의적 정치체제의 특성으로 바이오산업 육성에 위험 요소를 가지고 있다고 볼 수 있다. 반면에 한국은 바이오산업 인프라 구축과 세계적 수준의 연구 성과가 싱가포르에 비해 다소 늦은 것은 사실이지만, 자유로운 연구 환경 속에서 국내 자본과 인력을 바탕으로 성장 가능성이 더 높을 것으로 기대된다.

특히 한국은 그동안 고도성장을 이끌어 온 제조업과 중화학 공업의 경제 성장이 아닌 기술 경쟁력을 바탕으로 수익 창출을 보장받는 신산업을 육성해야 하는 과제를 안고 있다는 측면에서 바이오산업을 보다 적극적으로 육성해야 한다. 바이오산업은 한국의 기술력을 바탕으로 성장 가능성이 큰 분야가 될 수 있다. 무엇보다 고부가가치 산업이고, 향후 바이오 의료산업에서 지속적인 시장 확대가 예상되는 만큼 바이오산업은 지속적인 경제 성장과 일자리 창출에도 기여할 것이다. 따라서 바이오산업에 대한 정부의 적극적인 지원과 포괄적이고 장기적인 발전방안이 구축되어야 할 것이다.

참고문헌

기획재정부. 2021. 『바이오산업 혁신 대책 IV: 바이오산업 인재양성 추진방안』.

김동호. 2012. 『대통령 경제사』. 서울: 책밭.

박민주. 2021.11.26. "세계 바이오 산업, 연평균 7.7%씩 성장할 것." 『헬스코리아뉴스』 http://www.hkn24.com. (검색일: 2021.12.30.)

박상영. 2012. "한국 포스트발전국가론의 발전과 전개: 90년대 이후 한국 발전국가 연구 경향과 향후 연구 과제." 『현대정치연구』 5집 1호. 서강대학교 현대정치연구소. 63-90.

박은홍. 2003. "개방경제, 발전국가, 그리고 민주주의: 싱가포르와 말레이시아의 국가-사회 관계." 『한국정치학회보』 37집 5호. 353-371.

브레머. 2011. 『국가는 무엇을 해야하는가?』. 서울: 다산북스.

산업통상자원부, 한국바이오협회. 2020. 『국내 바이오산업 실태조사 결과보고서』.

산업통상자원부. 2020. 『바이오헬스 산업 사업화 촉진 및 기술 역량 강화를 위한 전략』.

심선식. 2019. 4. 22. "바이오산업, 지속 가능한 헬스케어와 환경, 경제성장을 위한 융합산업." 『바이오타임즈』 http://www.biotimes.co.kr. (검색일: 2021. 9. 10.).

오철우. 2004. 5. 19. "과학저널 쌍두마차: 네이처와 사이언스." 『한계레』. (검색일: 2021. 9. 11.).

우봉식. 2021. "포스트코로나 새대의 보건의료 패러다임." 보건의료산업학회 전기학술대회. 서울. 5월.

윤상우. 2018. 『신자유주의와 자본주의의 사회학』. 서울: 한울엠플러스.

윤상우. 2020. "포스트 발전국가로의 전환: 한국·일본·대만의 경험." 『아시아리뷰』 9집 2호. 서울대학교 아시아연구소. 159-189.

윤진표. 2020. 『현대 동남아의 이해』. 서울: 명인문화사.

이용주. 2004. "싱가포르와 한국의 생명과학 산업발전의 비교연구." 『현상과 인식』 28집 3호. 한국인문사회과학회. 125-145.

이용주. 2007a. "싱가포르 바이오산업에 관한 고찰: 한국사회에 주는 교훈." 『동아연구』 53호. 서강대학교 동아연구소. 361-389.

이용주. 2007b. "싱가포르의 경제사회 발전에 대한 고찰." 『현상과 인식』 31집 4호. 한국인문사회과학회. 100-120.

이은정. 2015. "국내 바이오산업 동향." 『식품산업과 영양』 20집 1호, 한국식품영양과학회. 1-3.

Amsden, Alice. 1989. *Asia's Next Giant: South Korea and Late Industrialization*. New

York: Oxford University Press.

Cotton, James. 2000. "The Asian Crisis and the Perils of Enterprise Association: Explaining the Different Outcomes in Singapore, Taiwan and Korea." Richard Robison et al., eds. *Politics and Markets in the Wake of the Asian Crisis*. London: Routledge.

Deyo, Frederic C. 1987. "State and Labor: Models of Political Exclusion in East Asian Development." Frederic C. Deyo, ed. *The Political Economy of the New Asian Industrialism*. Ithaca and London: Cornell University Press.

Evans, Peter. 1995. *Embedded Autonomy: State and Industrial Transformation*. Princeton: Princeton University Press.

Fredmen, A., and R. Friedman. 1981. *Free to Choose*. Harmondsworth: Penguin.

Funston, John. 2001. "Malaysia: Developmental State Challenged." John Funston, ed. *Government and Politics in Southeast Asia*. Singapore: ISEAS.

Haggard, Stephan. 1990. *Pathways from the Periphery: The Politics of Growth in the Newly Industrializing Countries*. Ithaca and London: Cornell University Press.

Johnson, Chalmers. 1982. *MITI and the Japanese Miracle*. Stanford, CA: Stanford University Press.

Khoo, Boo Teik. 2001. "The State and the Market in Malaysian Political Economy." Garry Rodan, Kevin Hewison, and Richard Robison, eds. *The Political Economy of South-East Asia*. Oxford: Oxford University Press.

Krueger, Ann. 1980. "Trade Policy as an Input to Development." *American Economic Review* 70(2): 288-292.

Lall, Sanja. 1994. "Industrial Policy: The Role of Government in Promoting and Industrial and Technological Development." *UNCTAD Review* 29. Oxford: Oxford University Press.

Schwab, Klaus. 2016. "The Fourth Industrial Revolution: what it means, how to respond." *World Economic Forum*. (검색일: 2021. 9. 1.).

Wade, Robert. 1990. *Governing the Market: Economic Theory and the Role of Government in East Asian Industrialization*. Princeton. Princeton University Press.

Singapore A*Star 홈페이지. https://www.a-star.edu.sg (검색일: 2021. 9. 10.).

World Bank 홈페이지 www.worldbank.org (검색일: 2021. 9. 12.).

생명과학기술과 정치

저자소개

고우정

성신여자대학교 정치외교학과를 졸업하고 동대학에서 석사·박사 학위를 받았으며, 현재는 성신여자대학교 동아시아연구소에 재직 중이다. 주요 연구주제는 비교정치 및 동남아시아·인도네시아 정치이다. 한국과 동남아시아의 비교연구에 관심을 두고 있으며, 『한-아세안 청년 상호 인식 조사』 등을 출간하였다.

권혜연

포항공과대학교 생명과학과 학사 졸업 후, KDI국제정책대학원에서 공공정책학 석사, 서울대학교 행정대학원에서 정책학 박사학위를 받았다. 현재 한국과학기술연구원(KIST) 융합연구정책센터에 재직 중이다. 주요 연구주제는 과학기술 및 혁신 정책이며, 과학기술의 사회적 전파와 관련된 국가 간 비교연구를 수행해 왔다. "R&D Spillovers for Public R&D Productivity (*Global Economic Review*, 2019, 48(3))", "Effects of the development of competition framework and legal environment for media contents on the generational transition of mobile networks(*Telematics and Informatics*, 2021, 63(Oct)" 등을 발표하였다.

김동현

중앙대학교 정치외교학과를 졸업하고 미국 Temple University에서 석사학위, 영국 University of Glasgow에서 정치학박사 학위를 받았다. 현재 서강대학교 사회과학연구소 상임연구원으로 재직 중이다. 주요 연구주제는 자유의 창발적 속성, 인식으로서 선입견의 본질이며, "The Concept of Filial Piety in East Asian Confucian Culture from the Perspectives of Gadamer and Habermas"(2020), "선입견, 역사, 그리고 이성: 가다머 '선입견' 개념의 비판적 고찰"(2019) 등 다수의 논문을 발표하였다.

김영근

도쿄대학교 대학원 총합문화연구과에서 박사학위(국제관계학 전공)를 받았으며, 현재 고려대학교 글로벌일본연구원 교수로 재직 중이다. 주요 연구주제는 글로벌 위기관리 및 재해 안전학, 일본의 정치경제, 동아시아 국제관계, 국제기구 등이다. 미국 예일대학교 국제지역연구센터(YCIAS) 파견연구원, 일본 아오야마가쿠인대학 국제정치경제학부 협력연구원, 현대

경제연구원 동북아연구센터 연구위원, 무역투자연구원(ITI) 무역정책실 연구실장, 계명대학교 국제대학 일본학과 조교수를 역임했다.

박지영

중앙대학교 정치외교학과 졸업 후, 서울대학교 외교학과와 미국 듀크대학교 환경정치학과에서 석사학위를 받았고, 미국 뉴욕주립대학교 스토니브룩에서 정치학 박사학위를 받았다. 현재는 성신여자대학교 정치외교학과 조교수로 재직 중이다. 주요 연구주제는 투표행태, 정치심리학, 정치커뮤니케이션이며, 주요 논문으로는 "Social Media Use and Participation in Dueling Protests (*International Journal of Press/Politics*)", "A Heterogeneous Rally Effect for a Corrupt President (*Democratization*)", "빅데이터 분석을 통해 살펴본 미디어의 정치적 편향성 및 선택적 미디어 노출로 인한 정치적 양극화 (『한국정치연구』)" 등이 있다.

박진곤

예일대학교 역사학과를 졸업하고 코넬대학원 정치외교학과에서 석사와 박사 학위를 받았다(정치사상 전공). 현재는 성신여자대학교 정치외교학과 강사로 재직 중이다. 주요 연구주제는 근현대 정치사상 및 자유주의 사상이다.

연상모

서울대학교 섬유공학과를 졸업하고, 대만 국립정치대학교에서 석사, 성신여자대학교에서 박사학위를 받았다. 외교부에서 오랫동안 중국과 동북아시아 업무에 집중했고, 주상하이 부총영사, 주니가타 총영사를 역임했다. 서울대학교 중국연구소 초빙연구원을 역임했으며, 현재 성신여대 동아시아연구소 연구위원으로 있다. 중국 문제에 관심을 두고 있으며, '우리의 대중국 외교 방향' 등의 주제로 글을 쓰고 있다.

정진화

성신여자대학교 정치외교학과를 졸업하고 동 대학에서 박사학위를 받았으며 현재는 성신여자대학교 동아시아연구소 학술연구교수로 재직 중이다. 전공 분야는 정치사상 및 정치철학으로 분배정의론과 복지국가를 연구하며 도서 『복지국가:이론, 사례, 정책』을 발간한 바 있고, 최근에는 생명공학과 정치, 민주주의의 상관성에 관한 연구에 초점을 맞추고 있다.

한의석

중앙대학교 정치외교학과를 졸업하고 동대학원 석사 및 뉴욕주립대학교 올버니 정치학 석사, University of Southern California에서 박사학위를 받았으며, 성신여자대학교 정치외교학과 교수 및 동아시아연구소장으로 재직 중이다. "팬데믹 속의 2020 도쿄올림픽과 일본의 국내정치"(『일본연구논총』, 현대일본학회), 『스마트 거버넌스: 초연결 지능정보사회의 온라인 공론장과 거버넌스』(공저, 푸른길) 등을 출간했다.